ADVERTISEMENT

THE present Series of JEWISH CLASSICS was projected in continuation of the previous publication of the English Translation of the HOLY SCRIPTURES—the greatest classic of Hebrew literature and of all times.

When the New Translation of the Scriptures was approaching completion, the late Jacob H. Schiff, through whose munificence the publication of that translation was rendered possible, further proposed to the Jewish Publication Society of America that they should issue a representative selection of the various classes of literature produced by Jewish writers after the close of the Biblical Canon, and for that purpose placed a fund at the disposal of the Society.

In the deed of gift of Mr. Schiff, which was intended to make the present Series possible, a Committee was named by him consisting of the following:

Dr. Solomon Schechter, Chairman
Dr. Cyrus Adler, Vice-Chairman
Rev. Dr. H. G. Enelow
Prof. Israel Friedlaender
Rev. Dr. Kaufmann Kohler
Prof. Alexander Marx
Rev. Dr. F. de Sola Mendes

1

Rev. Dr. David Philipson
Rev. Dr. Samuel Schulman
The Hon. Mayer Sulzberger

Later the Committee was increased by the addition of Prof. Louis Ginzberg, Prof. Jacob Z. Lauterbach, and Prof. Henry Malter. Upon the death of Dr. Schechter, Dr. Cyrus Adler was elected Chairman, and Prof. Israel Davidson was recently named to succeed Prof. Friedlaender.

The plan of the Series, however, was outlined during the Chairmanship of our distinguished colleague, the eminent scholar, Dr. Solomon Schechter.

The first principle adopted was that in all cases in which a Hebrew text was extant, it was to be printed along with the English translation, and that an endeavor should be made to present a critical text based not only upon previous editions, but also upon the available manuscripts. For this purpose manuscripts have been photographed in the libraries of England, Italy, Germany, Austria, and Hungary—wherever important manuscripts bearing upon the Series were to be found—and the Committee feel that in offering this Series they are not only making accessible to English readers some of the treasures of Jewish literature, but are adding to Jewish scholarship by presenting carefully edited texts, which they hope will become the standard texts of the Jewish Classics.

In giving the original Hebrew text the Committee have been able to add a feature which was absent in the publication of the translation of the Scriptures, the English text of which was published without the original Hebrew. This was not due to any desire on the part of the Board in charge to substitute the English text for the original, but the demand for an English version on the part of English-speaking Jews was so urgent, and the facilities in the United States for printing Hebrew at the time so meagre, that the Board felt any further delay of a work that had been anxiously expected for twenty years would be inadvisable. It is the hope of the Jewish Publication Society to publish, when its opportunities permit, the Hebrew text of the Bible, side by side with the translation.

The Committee were limited in the preparation of the Series by the amount of the fund, which, though most generous, could not provide for a complete presentation of the Jewish Classics, which might well cover hundreds of volumes.

They therefore decided, in the first instance, to omit, by reason of their availability in the English language, certain works which would otherwise naturally be expected to appear in such a Series. This is notably the case in regard to two great philosophical works—the Kuzari of Judah ha-Levi, which has been translated into English by Doctor Hartwig Hirschfeld, and the Guide of the Perplexed of Moses Maimonides, which has an English version at the hands of the late Doctor Michael Friedländer. Similarly two great names like those of Flavius Josephus and Philo of Alexandria, although rightfully belonging to a series of Jewish Classics, were not included because we were given to understand that they had already been selected for publication in the Loeb Classical Library.

The Committee deemed it necessary to limit the Series to about 25 volumes, and they will endeavor to include in this number representative works of the various classes of Jewish literature under the headings of Apocrypha and Pseudepigrapha, Mishnah, Talmud, Midrash, Codes, Hebrew Poetry, Philosophy, Ethics, Mysticism, History, Epistles, Travels, Homiletics, and Folklore.

It was decided to inaugurate the Series with a selection from the religious poetry of Solomon ibn Gabirol, the greatest of mediaeval Jewish poets, who flourished in the golden age of the Spanish-Jewish period, and the Committee deem themselves especially fortunate in being able

4

to present a translation in English verse by so eminent a poet and writer as Israel Zangwill, who has performed his task with the utmost devotion. The Committee believe, too, that through the painstaking labors of Professor Israel Davidson, a distinguished authority on Hebrew poetry and Jewish liturgy, they are able to present a text greatly surpassing in accuracy any hitherto published. This volume will in due course be followed by a collection of all of the remaining poems of Gabirol including several hitherto unpublished, prepared by the same editor. In the meantime other works, which are in the course of publication, will soon appear.

The Committee trust that this Series will awaken the interest and command the support of those who feel the obligation to see to it that the Jewish Classics, which, with few exceptions, have been unknown to English readers, shall come into their own, and take their rightful place among the classic literatures of all peoples.

September, 1923.

The SCHIFF LIBRARY
of JEWISH CLASSICS

SELECTED RELIGIOUS POEMS

OF

SOLOMON IBN GABIROL

TRANSLATED INTO ENGLISH VERSE
BY
ISRAEL ZANGWILL

FROM A CRITICAL TEXT EDITED
BY
ISRAEL DAVIDSON, Ph. D.
Professor of Mediaeval Hebrew Literature in the Jewish Theological
Seminary of America

PHILADELPHIA
THE JEWISH PUBLICATION SOCIETY OF AMERICA
5705–1944

מחברת משירי קדש

אשר

לשלמה בן יהודה אבן גבירול

לקטו נערכו והוגהו

על ידי

ישראל דאווידזאן

פרופיסור בבית מדרש הרבנים דנו-יורק

עם תרגום אנגלי

מאת

ישראל זאנגוויל

THE JEWISH PUBLICATION SOCIETY OF AMERICA
EST. 1888

פילאדלפיא

החברה היהודית להוצאת ספרים אשר באמריקה

תש"ה

DEDICATED
BY THE TRANSLATOR
TO HIS OLD FRIEND,
THE HON. LOUIS MARSHALL, LL.D.,
PRESIDENT OF THE AMERICAN JEWISH COMMITTEE
AND OF THE COMMITTEE OF THE JEWISH DELEGATIONS
AT THE PEACE CONFERENCE,
IN GRATITUDE, PERSONAL AND IMPERSONAL,
TO A TIRELESS AND FEARLESS WORKER FOR OPPRESSED JEWRIES
AND FOR JEWISH AND AMERICAN IDEALS,
A DOCTOR OF HEBREW LAW,
A LOVER OF HEBREW POETRY,
AND A JEW AFTER IBN GABIROL'S OWN HEART.

CONTENTS

CONTENTS

INTRODUCTION

POETRY, philosophy, and science, apparently three distinct fields of intellectual endeavor, are essentially but three different manifestations of the same spiritual force, which urges man onward to search for the solution of the riddle of existence. Science attacks the problem from the physical side; philosophy grapples with it from the rational, or mental side; poetry tries to penetrate the mystery with its vision.

Poetry need not necessarily reveal itself through the art of versification. The astronomer whose eye sweeps through the vast vacancies of space and whose ear catches the harmony of the spheres, the mathematician who calculates the eons, and the physicist who measures the electron and weighs the sun are indeed greater poets than those who merely compose melodious lines. On the other hand, the great poet, who ascends by the light of the divine fire within him to the heights of Pisgah, whence he may look at life from a higher altitude and see it more complete, more in its totality, often catches in a flash of inspiration that which it takes the scientific investigator years of painstaking labor to discover. The difference between those three seekers after truth is only in the method. The aim is the same—to penetrate the veil that hides from us the ultimate truth of life.

That none of them has ever succeeded, or is ever likely to succeed, in lifting the veil that shrouds the great mystery, matters not. The effort in itself is of the greatest moment to mankind. The ceaseless striving and unquenchable yearning after the ultimate truth leaves us at least nobler and purer for the attempt. It also matters little to us when the poet or philosopher or investigator lived. Their achievements are ever present, ever exerting their influences. If the law of motion holds good in the physical world, it holds still stronger in the world of ideas. An idea once set in motion will travel onward and onward and will gain in momentum as it proceeds on its course down the ages. The great poet therefore does not live for his own time. His mission is for all times.

The time and place of the poet are, however, of great moment to the poet himself. More than the philospher and the physicist, is he affected by his surroundings. The soul of the poet is a most delicate instrument, extremely susceptible to everything that comes in contact with it. Like the harp that hung over David's couch, the faintest breath will play a tune upon it. The coloring of the sunset, the rumbling of the thunder, the perfume of the woods, are all reflected, echoed or exhaled by it. Of no less importance to the poet are his social surroundings. Encouragement is the breath of his nostrils; disparagement, the blasting wind that withers. In an atmosphere of warm sympathy his genius will put forth the finest fruit of his imagination. In an environment of cold criticism his soul will shrink and shrivel up.

With these reflections in view, the personality of Solomon ibn Gabirol becomes doubly interesting. For he was not only a great poet but also a great philosopher. His vision was broad and his penetration keen. He saw further than the ordinary poet and felt deeper than the ordinary philosopher. He even cultivated science in his effort to grapple with the riddle of existence. His genius flourished in an atmosphere of exceptional instability—now warm, now cold; now hostile, now cordial; and this constant change in the condition of his environment is not without its corresponding change in the temper of his poems.

To obtain an adequately complete view of the life of this poet-philosopher it would have been well to step out of the present and, leaping over centuries and bounding over continents, transfer ourselves to one of those delightful towns of Spain, of nine hundred years ago. It would have been necessary to depict the past with such vivid colors that we could visualize this man of the eleventh century as he lived his daily life, as he feasted or fasted, as he communed with his God or chatted with his neighbor, as he greeted his friends or raged against his enemies, as he pored over his books or roamed in the fields—as he suffered at times and at other times bubbled over with joy. To know him more intimately we should have to enter his private study and watch him work, look over his shoulder and see how he wrote and polished what he wrote, how he passed all problems through the fiery crucible of his brain ere he put them before the world. But to accomplish such a feat one must have abundant material or else possess the magic wand of the poet. I have only a few slender threads with which to weave the story of his life. The biographical material is so scant and, in certain instances, so contradictory that practically all that can be said of him with certainty must be gathered from casual utterances scattered through the multitude of his verses. And, since a poet's verses are often unintelligible until interpreted by the events of his life, we are in danger here of moving in a vicious circle, trying to make the verses yield up some facts of his life so that these facts, in turn, may help us understand his verses. Under these circumstances, the life of Solomon ibn Gabirol must remain obscure in parts. Still we may succeed in drawing a picture in which the salient features of our poet shall stand out clear and distinct in spite of the shadows of uncertainty here and there.

To begin with, we must deal with the outstanding facts of Gabirol's life. Solomon ibn Gabirol was born in Malaga,[1] a town in the south of Spain, sometime during the period covering the end of 1021 and the beginning of 1022.[2] His father Judah hailed from Cordova[3] whence he is supposed to have emigrated to Malaga during the political upheaval of 1013. As far as we can gather from the poems of his son, he must have been a scholar and a man of considerable repute, for Gabirol often signs himself ב'רבי (a sign of distinction for the father) and in one of his poems speaks of him as the "ornament of the world" (עדי תבל).[4] From the conclusion of the same poem in which he speaks of his father's death, we learn that his father must have been the last of his near relations to depart from life. "Enough," he says, "my fears have come true, but my soul will see no further misfortune."[5] That Solomon ibn Gabirol was left an orphan early in life may be gathered from another poem in which he says: "Grieved, without mother or father, inexperienced, lonely and poor, I am alone without a brother and without friends, save my own thoughts."[6] The order of the words "without mother or father" is not required by the meter and we should expect to find the biblical usage of mentioning the father first.[7] Hence, we may bring this as an additional argument that his mother died first and his father later.[8] The same verse states also that he had no brothers. It is therefore safe to assume that, when his father died, he was left without kith or kin.

In Malaga he remained only during his childhood. His formative years he spent in Saragossa. For this we have the evidence of Moses ibn Ezra, in his well-known Arabic work "Al-Muḥaḍarah wal-Muḍhakarah" (Discussions and Memoirs).[9] It is possible that his father migrated to Saragossa and took his son with him, or that, on the death of his father, he was taken by some friend to Saragossa, which was then an important center of Jewish culture. It was the seat of Jonah ibn Ganaḥ, Joseph ibn Ḥasdai and a host of other scholars. It was also the seat of a prominent man by the name of Yekutiel who would have remained unknown in Jewish history but for the fact that he befriended the

young poet who immortalized him in his poems.[10]
Through the kindness of this Maecenas, Gabirol
was able to develop his powers without having
to trouble about mundane matters.

Who were Gabirol's masters? This question
must remain unanswered. Among all his poems
there is only one place in which he speaks of
himself as a disciple. In his epistolary poem,
addressed to R. Nissim of Kairwan, he says:
"Men of my counsel, bring greetings to my friend,
and may he accept blessing from his disciple."[11]
This would seem to support the statement of
Sa'adya ibn Danan that, when R. Nissim came
to Granada to give his daughter in marriage to
Joseph, the son of Samuel ha-Nagid, Gabirol was
one of his disciples.[12] But aside from the fact that
ibn Danan is not quite reliable,[13] the marriage
of R. Nissim's daughter took place in 1049,[14]
when Gabirol was at least twenty-seven years
of age, which would make it rather improbable
that at that age he sat at the feet of any man.
We must therefore consider the verse of Gabirol,
mentioned above, as a mere poetic compliment.
His precocity undoubtedly kept him from regard-
ing anyone as his particular master.

His literary activity began at a remarkably
early age. We know of five poems which he
composed at the age of sixteen[15] and one of

these,[16] according to the testimony of Sambari,[17] was no less than his versification of the six hundred and thirteen commandments, known as *Azharot*, and it is not unlikely that the *Azharot*, beginning אלהיך אש אוכלה, which are written without meter, were composed at even an earlier date.

Endowed with remarkable gifts, it is no wonder that Gabirol easily acquired all the learning of the age. The only branch of knowledge into which he did not inquire was that of medicine. Again and again he dwells upon his devotion to learning for its own sake:

> How can I forsake wisdom,
> And the spirit of God has made a covenant between me and her?
> Or how can she forsake me when she is to me like a mother and I to her as a child of old age? . . . .
> For my soul has sworn that I rest not until I find the knowledge of her Maker.[18]

Again:

> From my youth I labored in the cause of wisdom, for her goal is pleasant.
> She was my sister from my childhood, and of all men she chose me as her friend.[19]

As these two lines occur in a poem which he composed at the age of sixteen, the expression "from my childhood" is significant, pointing to a much earlier period of intellectual activity.

It is also not surprising to find that he was conscious of his powers from the very beginning of his career. It must have produced a spirit of antagonism among his contemporaries to hear a youth of sixteen proclaim himself superior to anyone of his generation. One of his imaginary interlocutors says:

> Know that you are unique in your generation.[20]

And in another poem he says:

> I am the Mastersinger and Song is my slave. . . .
> Though I am but sixteen, I have the wisdom of a man of eighty.[21]

This must have sounded to them as vain boasting. We, however, can see that it is not vulgar boasting. It is rather the self-expression of exuberant youth. The lines in which he sets forth his prowess remind one of a young warrior issuing forth to challenge the enemy—Sohrab leaving his tent to fight Rustum—and it is not so much himself that he exalts as the weapons which God has given him.

> I search out the secrets of Rhetoric and open the gates of knowledge and understanding;
> I gather stray phrases into strings of thought, and from scattered words I collect pearls of wisdom. . . .
> I penetrate into places closed to all men of understanding,
> And sing songs that make the soul rejoice and deliver the heart from sorrow. . . .

> My song is the legitimate offspring of poesy—
> Theirs the child of harlotry. . . .
> My song is as polished as pearls and through it I am
> exalted above all men in all times.[22]

We who are removed from him by nearly a millennium and know the true merit of his work feel that he did not overestimate himself. He was indeed the greatest poet of his day and one of the few great poets of all times. Even critics like Moses ibn Ezra and Judah al-Ḥarizi, who were removed from him only by one or two generations, felt the same way about him and placed him above all his contemporaries.[23] But his contemporaries evidently did not relish his claims to superiority. Their antagonism soon grew into resentment, and resentment turned into hatred. Their hatred, in turn, only roused his anger and brought forth such caustic lines as the following:

> I am filled with wrath when I behold fools parading
> as wise men. . . .
> They deem their song superior to mine whereas they
> do not even understand it. . . .
> Tiny little ants that they are, they venture to compare
> themselves with me.[24]

He certainly understood the gentle art of making enemies. Moses ibn Ezra says of him: "Although he was a philosopher as far as his intellectual attainments were concerned, yet his

anger always got the better of his understanding.
He was unable to control his temper and was
easily led to ridicule great men and subject them
to contempt in his writings."[25] In fact, he him-
self admits this weakness on his part:

> When my anger is roused,
> The heavens rumble with my thunder....
> I am not like the man who speaks mellow words and
> bows and scrapes in humility.[26]

Again, in reproaching a friend, who proved
false to him, he boldly tells him that while he
humbles himself to his friends it is by no means
because of his inferiority. He proclaims his
own value in no doubtful terms:

> My light is diffused through the world,
> It has reached the confines of Shinar and Elam....
> Yet I am dirt beneath the feet of my true friends,
> Dust to those who keep faith with me....
> But to my enemies I am a sky raining fire upon their
> heads.
> They can sooner reach the sky with a ladder than they
> can reach me....
> Now that you have failed me I untie the bonds of
> friendship;
> I blot thy name from my speech, and will never stoop
> to mention it again.[27]

In an age when the execution of a happy couplet
was considered an achievement, when literary
quarrels were taken seriously, such lines as the
above were bound to bring trouble to their

author. As long as Yekutiel lived, Gabirol's
enemies were unable to harm him, but when,
in 1039, Yekutiel himself fell at the hands of
his political enemies, Gabirol was at the mercy
of his opponents. They certainly could not
fight him with his own weapons, but they em-
bittered his life to such an extent that he had
to leave Saragossa. In the poem with which
he took leave of this city he says:

> My dwelling is amongst ostriches,
> Among the crooked and the fools who think they are
>   very wise. . . .
> They are a people whose fathers I would disdain to
>   set with the dogs of my flock. . . .
> Woe unto knowledge, woe to me
> In the midst of such a people do I dwell.[28]

But in spite of all his difficulties, his literary
activity went on apace and one masterpiece after
another issued from his pen. Allusion has al-
ready been made to the poems which he com-
posed at the age of sixteen. During that early
period in his life he also wrote the various
panegyrics on Yekutiel,[29] since the latter died
before Gabirol was eighteen. At the age of
nineteen he composed a poem of four hundred
verses in which he set forth the rules of Hebrew
grammar.[30] In 1045, before he left Saragossa,
while still in the early twenties, he completed
his Arabic work on the "Improvement of the

Moral Qualities."[31] Graetz justly assumes that in depicting certain evil traits of character, he had in mind some members of the Saragossa community and that his characterization was so bold that it drew upon him the bitter enmity of these people.[32] Likewise, I do not think it far-fetched to assume that Moses the Miser, against whom he indited his famous satire ככלות ייני, was a native of Saragossa and that this Miser was one of those instrumental in bringing about Gabirol's departure from the city where he had spent his youth. We do not know when he completed his collection of Proverbs, "The Choice of Pearls," and his philosophic work, "The Source of Life." Nor can we give any definite dates for most of his poems. These extended over the whole of his life, and even if we hold to the opinion that he lived as late as 1069 or 1070, he lived his life fully to produce, in the short space of forty-seven years, over three hundred poetic compositions besides works on philosophy and ethics.

His productivity may have been enhanced by the fact that he never had to engage in practical occupations. As Ḥarizi puts it, he was one of the few fortunate who sold their pearls at high prices.[33] When Yekutiel died, Samuel ha-Nagid took up his cause, and while we frequently hear

Gabirol complaining of ill-fortune, it is not unsafe to assume that his complaints have no reference to material want. It is rather his ill-health and the fickleness of friends that he has in mind. Thus, he was free to devote all his energies to his literary pursuits. Another fact that may have contributed to his large literary productivity was that he had no one dependent upon him. It is quite safe to assume that he never married. Nay, he boasts that he never loved. "Behold," he says, "I have spent my life in search after truth while others have wasted their substance on love."[34] He had no other passion in life but the passion for wisdom and truth. His sole ambition was to study and enjoy the friendship of great men.[35] That he realized his ambition cannot be doubted, for he certainly numbered among his friends and admirers the most exalted personages of his time, and his search after knowledge resulted in the production of literary monuments that have withstood the currents of a millennium and will undoubtedly remain on their high pedestal for ages to come.

Of his life outside of his studies very little can be said. Even the date of his death is a much mooted question. There is a brilliant array of counsel on each side. Dukes, Steinschneider, Neubauer, and Kaufmann are inclined to consider the statements of Moses ibn Ezra and Ḥarizi as authentic that Gabirol died before he reached his thirtieth year. On the other hand, Munk, Geiger, Graetz, and Sachs[36] hold that he lived at least as late as 1069 or 1070, which would bring his age to about forty-seven or forty-eight years. I feel that the arguments on both sides are equally balanced and that a decision must be reserved. We must wait for further evidence.[37]

Gabirol's literary activity may be classified under the following headings: Biblical Exegesis, Grammar, Philosophy and Ethics, and Poetry. That he actually wrote a commentary on the Bible is doubtful, but there are indications that he did not neglect the Bible entirely. Abraham ibn Ezra cites him on three occasions in his commentary on the Pentateuch, once in his commentary on Isaiah, twice in his commentary on Psalms, and once in his commentary on Daniel.[38] All these instances, however, are examples of the allegorical method of interpretation, and it is possible that they were taken from some philosophical work of Gabirol or from some special work on the subject of biblical allegory. In fact we have two citations from Gabirol in David Kimḥi's commentary on Psalms (37-8,

23) which are taken from his ethical work.[39]
But the biblical illustrations in which this very
work on ethics abounds lend countenance to
the suggestion that Gabirol also engaged in
biblical exegesis.

Of his work in the field of Hebrew philology
we happily possess more tangible proof in the
poem on Hebrew Grammar alluded to above,
of which Abraham ibn Ezra speaks in the high-
est terms of praise.[40] Unfortunately, only
about one-fourth of the four hundred verses of
this poem has come down to us. Already in
the time of R. Solomon Parḥon, in the twelfth
century, the remainder of this poem had been
lost,[41] and the greater part of the fragment be-
fore us is given to remarks of a general nature.
Still, even this fragment is sufficient to show
that he was a master of the subject.[42] We may
look askance at compositions of this sort, but
we must remember that, in the days of Gabirol,
the art of versification was not limited to emo-
tional subjects. Law, medicine, and even mathe-
matics were considered legitimate themes for
the poet. And, in this particular instance,
Gabirol seems to have sensed the incongruity
between the theme and the form and justified
himself by saying that he used the poetic form
so that it may be more easily remembered.[43]

The introductory part of this poem has a special interest for us. His plaintive lines on the neglect of the study of Hebrew seem to fit our own times even more than his:

> I know that the holy tongue has languished among them, nay, almost perished.
> Their language is foreign to the Hebrew, strange to the Jewish speech;
> Half of them speak the language of Edom and half in obscure Kedar-tongue hold discourse....
> They know not the prophets, they know not the Book, How then should they read secular writings?....
> The Lord will call you to account, O remnant of Jacob, for forsaking the most chosen of languages....
> Is it fit that a mistress become a maid-servant, waiting upon the concubine?
> Woe unto her who does not tend her own vineyard but nurses the vineyards of others.[44]

Gabirol's more arduous labors, however, lay in the field of philosophy and ethics for which he, in common with his contemporaries, employed Arabic, the language of the country. And here it must be pointed out, first of all, that what has come down to us of Gabirol's philosophical works represents but a small part of his labors in this field. To Senior Sachs we are indebted for a more exact knowledge of Gabirol's philosophical activities. In a most ingenious as well as convincing manner, Sachs showed that a number of pseudepigraphic compositions,

ascribed to King Solomon, really belonged to
Solomon ibn Gabirol. This is the story of his
discovery: Johanan Allemano, the teacher of
Pico della Mirandola (fifteenth century), in the
introduction to his commentary on the Song of
Songs,[45] wherein he collected all sorts of com-
positions, ascribed to King Solomon, cites in the
name of an Arabic philosopher, Abu Aflah, an
older contemporary of Maimonides, seventeen
philosophical essays under the title "Essays of
King Solomon, the Jew."[46] In the name of
Apollonius, Allemano cites also four other com-
positions[47] ascribed to King Solomon, making
twenty-one compositions in all. Sachs showed
that "King Solomon, the Jew" was none other
than Solomon ben Judah ibn Gabirol.[48] How
this poor poet was elevated to a kingdom was
very simple. Gabirol was often called The Mal-
agan, after his native city, Malaga. In fact,
he occasionally signed himself so in the acrostics
of his poems.[49] In Arabic this appellation would
be written אלמלאק or אלמלאך which is but one
step from אל מלך, the king. In this way Gabirol
was elevated to the throne and was lost to us.
Sachs also pointed out that two of the works
cited by Allemano are no other than his "Im-
provement of the Moral Qualities" and the
"Choice of Pearls" under different titles.[50] Nor

does this opinion rest on mere ingenious conjecture. Gabirol himself remarks in one of his poems that he had written twenty books,[51] a number borne out by the titles cited by Allemano.

Unfortunately nothing but the titles of these books and essays has come down to us, and our estimate of Gabirol as a philosopher must rest only on two of his works which have survived the ravages of time. Even of these two, the larger and more important one exists no longer in the original and is to be studied only in a Latin version, and in an eclectic Hebrew translation. We have seen how Gabirol travelled down the ages under the disguise of King Solomon, we shall now see that Fate cloaked him also with other disguises. The "Source of Life," his chief work in philosophy, was translated from the Arabic into the Latin in the middle of the twelfth century by Dominicus Gundissalvus, archdeacon of Segovia, with the assistance of a converted Jewish physician, Ibn Daud, afterwards called Johannes Hispalensis. Henceforth, the *Fons Vitae*, as it is called in Latin, became a work to be reckoned with in the world of scholasticism. And just "as Ibn Sina was corrupted by the Latin writers into Avicena and Ibn Roshd into Averroes, so Ibn Gabirol became, in turn, Avencebrol, Avicembron, Avicebron; and the scholastics who fought about his philosophy had no idea he was a Jew and celebrated as a writer of religious hymns used in the Synagogue."[52] The reason for this confusion is inherent in the work itself. "Gabirol nowhere betrays his Judaism in the *Fons Vitae.* He never quotes a Biblical verse or a Talmudic dictum......The treatise is purely speculative."[53] And so, for centuries, Gabirol marched through the philosophic schools of Mediaeval Europe, some taking him for a Christian and some for a Mohammedan, none suspecting that he was a Jew. It was on November 12, 1846, that the learned world was startled by the announcement of Solomon Munk, in the *Literaturblatt des Orients* that the well-known scholastic Avicebron was identical with the still better known Solomon ibn Gabirol.

The details of this discovery need not be gone into again, nor can I enter here on a learned disquisition on all the various problems connected with the *Fons Vitae.* Such investigation must be left to men who have devoted their lives to this field of research. For quite different reasons Gabirol's other philosophic works need likewise not detain us long. The "Improvement of the Moral Qualities" is a meritorious work, but far from epoch-making, and the "Choice of Pearls," which may be grouped in this class, lays no claim to originality.[54] All that may be claimed for Gabirol in connection with this work is that in the collecting and arranging of the proverbs he showed a fine sense of discrimination and a fair skill of classification. On the other hand, I regard it as my special privilege to glean from Gabirol's poetic compositions whatsoever bears upon his philosophy. This is the לקט שכחה ופאה, the poor man's portion of the harvest in the field of philosophic research to which I am justly entitled.

While a philosophic strain may be detected in many of Gabirol's poems, we, on our part, need dwell here only on a few of them—those in which the philosophic note is more strongly pronounced and which may really be regarded as philosophic thoughts expressed in the measured cadences of verse rather than poetic reflections with a philosophic coloring.

The first stanza of a Piyyuṭ recited in the Musaf service of the New Year, according to the Sephardic ritual, begins:

> He who dwelleth forever, exalted is He alone from of yore.
> Solitary in His royal grandeur is He, and there is none by His side.
> From the light in which He is cloaked He fashioned the universe
> In the manner of the three sealed books.[55]

Here we see Gabirol giving expression to the fundamental principle of Jewish philosophy—that God is the first cause, and that to Him the conception of time and place does not apply. Furthermore, the universe is but an emanation of God. What he meant by the last phrase, "in the manner of the three sealed books," becomes clear in the light of one of his remarks in the "Source of Life": "The active Will of God is analogous to the Scribe; the Form resulting from the action of the Will upon Matter can be compared to the Script, while Matter is analogous to the tablet upon which the writing is engraved."[56] By שלשה ספרים, therefore, he does not mean literally three books, but the threefold etymological conception that may be attributed to the letters ס-פ-ר, namely סופר, ספור, and ספר. In other words, the three entities which are accountable for the creation of the universe, namely, Will, Form, and Matter, may be compared to the three agencies involved in the writing of a book, the Scribe, Script, and Scroll, an idea which Gabirol very likely borrowed from the Sefer Yezirah.[57]

The influence of the Sefer Yezirah is even more evident in the remaining stanzas of this poem where he speaks of the ten *Sefirot*, the *'En Sof*, and the twenty-two letters of the alphabet. In fact, the poem gives the impression of being little more than a versification of the Sefer Yezirah.

In another poem, for a long time known only through a quotation in Ibn Daud's *Emunah Ramah*[58] and for the first time edited by Senior Sachs[59] and further elucidated by David Kaufmann,[60] Gabirol sums up his theory of Matter in two lines. Matter, according to him, is an emanation of God. But as long as it is without form, it has only a pseudo-existence; therefore, in order to make its existence real, Matter strives after form as one friend longs for another. This idea is put in the following two verses:

חכמים אמרו כי סוד היות־כל למען כל אשר הכל בידו
והוא נכסף לשומו יש כמו־יש כמו חושק אשר נכסף לדודו.[61]

This may be rendered freely as follows:

> The wise men have said that the origin of all material existence lies in the All-embracing-One who has everything in His hand.
> Like the lover seeking after the beloved, so does Matter long after the Form, that its semblance of existence (כמו־יש) may be turned into real existence (יש).

The longest philosophic poem, however, is the well-known "Royal Crown." In it Gabirol gives expression to his philosophic ideas in a clear and lucid style.

It is simple in its grandeur and all-embracing in its simplicity. As Gabirol himself has said, in the introductory couplet to this hymn, "The wondrous ways of God inspired this song of praise that it may help mankind find the path of right and worth."

It is difficult to say which is to be admired the more—the exquisite beauty of expression or the great depth of thought. He is a consummate master of both. Indeed, we must agree with the poet that of all his hymns this is the "Royal Crown".

We may now turn our attention to the other poems of Gabirol and endeavor to estimate his achievements as a poet, pure and simple. From Moses ibn Ezra and Judah Ḥarizi, themselves no mean poets, to the literary critics of the present time, all agree that Gabirol has reached the pinnacle of the Hebrew Parnassus, and it is no mean testimonial to have lived in the hearts of men for nearly a thousand years. There must be something perennial in him to have survived the turbulent torrents of taste and the shifting currents of opinion through which Jewish culture has passed since the golden days of the Spanish period. There must be that in his poetry which makes a permanent appeal to the emotions, aspirations and passions of mankind.

It is not the style alone, it is not the skill in versification alone—it must be something elemental, something that touches the spring of human nature, human suffering, human exultation, which makes his poetry as inspiring to-day as it was nine centuries ago. His real greatness lies in his religious poems. Matthew Arnold has somewhere remarked that mankind will discover more and more that we have to turn to poetry to interpret life for us, to console us, to sustain us. And this is exactly what we find in Gabirol's religious lyrics. Sometimes he touches our heart-strings and plays upon them the melody of eternal hope. Sometimes he lays bare the wounded heart of Israel and lets the sacred fountain of consolation play upon it a stream of healing waters that soothe and sustain, and sometimes the agony of his people stabs his soul so deep that he raises a piercing cry to heaven and we feel that in him we have a pleader whose voice must be heard. He brings us nearer to God, and we feel that we have a Father in heaven.

But while the religious poems of Gabirol are as fresh and full of meaning to-day as they were when they were first written down, his secular poems are at times difficult to understand. By reason of the fact that we are far removed from the life of that period, these poems do not appeal to us as strongly as they did to Gabirol's contemporaries. We are no longer able to grasp fully the allusions and metaphors because they were, in a great measure, borrowed from the Arabic. In our estimate of these compositions, therefore, we must fall back for a true judgment upon the opinions of the mediaeval critics who were better able to appreciate them.

Moses ibn Ezra, in the afore-mentioned Arabic work, says:

> Younger though he was than his contemporaries, he surpassed them in the art of expression, although, in a general way, they were distinguished for their language which was choice and full of sweetness. While they may have differed in the order of merit, they all ranked alike for the beauty of their style and charm of expression. But Abu Ayyub was an accomplished author and an eloquent writer who made himself master of that which poetry considers its aim. He attained the end in view and reached the goal. In his writings he used the finest figures of speech, imitating the modern Arabic poets. He was called the Knight of Style and the Master of Verse because of the polish of his style, the fluency of his expression and the charm of the subjects which he treated. All eyes were directed to him and everyone pointed to him with admiration. It was he who first opened the door of prosody to Jewish poets, and those who entered after him upon the same road made their fabric from his material. . . . In his poetry he embodied ideas which were based upon the laws of the Torah and were in harmony with tradition.[62]

In a more facetious style, Ḥarizi, in the chapter on the poets of Spain written in rhymed prose, says:

> Before the Song of Solomon, the Small—all great poets in our estimation fall. Since the cradle of Hebrew speech—none did ever his station reach. With unusual gifts dowered—he above his generation towered. Though dubbed small, he surpassed them all. He alone to Parnassus' pinnacle did ascend—the wisdom of the Muses to comprehend. Art claimed him as her first-born—and with a scarlet thread did his arm adorn. All the poets that before him sang—like the wind upon the void their voices rang. None like him has since arrived—no matter how much they may have strived. He is the master of them all—and they in his footsteps fall. The Lord anointed him his nation's King of Songs—and his verse is the Song of Songs. Even great poets find it hard—to grasp the meaning of this bard. For his style is too profound—its depth none can sound.[63]

The verdict of these two critics may be accepted without reservation, and if some of the poems do not seem quite clear to us we must, with Ḥarizi, ascribe it not to Gabirol's ambiguity of style but to our shortcoming; our inability to fathom the depth of meaning.

In the history of Hebrew poetry in Spain Gabirol belongs to the third period. Begun by Menahem ben Saruḳ and Dunash ibn Labraṭ and continued by their disciples, Isaac ben Kapron, Isaac ibn Gikatillah, Jehudi ben Sheshet and others, such as Joseph ibn Abitur and Isaac ben Saul of Lucena — Hebrew poetry in Spain had reached its highest form of development in the age of Samuel Ha-Nagid, the older contemporary of Ibn Gabirol. When Gabirol came upon the scene, there was already a well-established literary tradition, both in secular as well as religious poetry; still, because he brought the art of Hebrew poetry to perfection, we may, with Moses ibn Ezra and Ḥarizi, regard him as the founder of a new school. He surpassed his contemporaries not only by the quality of his compositions but also by their quantity. He wrote upward of three hundred poems, half of them secular and half religious, besides the "Royal Crown" and the "Azharot" each of which would make a little volume by itself. His secular poems are mostly of a personal nature; his religious compositions cover nearly all religious occasions of the year. If in the technique of his secular poetry, he was the path-finder of his generation, in the structure of his religious poems, he followed the trodden path. In his secular poetry he showed the influence of Arabic culture; in his religious poems he displayed a wide acquaintance with Jewish learning. One can easily see from them that he was well versed in the Talmud and Midrash.

The fate which befell his poems, both secular and religious, is that common to all our mediaeval classics. With the exception of the "Royal Crown" and the "Azharot," which are well known, his religious poems are scattered in scores of rituals, some of them so rare that they are as inaccessible as manuscripts, while his secular poems are thus far so badly edited that they are virtually as if they had never seen the light of day.

In 1858 Leopold Dukes published a volume of Gabirol's secular poems which he gathered from manuscripts in Oxford, Parma, and Vienna.[64] With the exception of two poems which were in the possession of Carmoly, and to which Dukes evidently had no access, this volume, though containing only sixty-nine poems, represented almost all that was then known of Gabirol's secular poetry.[65] Ten years later, in 1868, Senior Sachs made an attempt to gather and elucidate the religious poetry of Gabirol.[66] But his method of elucidation was so comprehensive that a work of one hundred and sixty-seven pages contained only twenty-nine poems, most of them very short.

Neither Dukes nor Sachs made any reference

to having seen a complete, independent Diwan of Gabirol's poems. Steinschneider's list of sixty-five poems is based on the Oxford MS. מחנה הנשאר, which is only an appendix to the Diwan of Judah Ha-Levi (מחנה יהודה), and contains the compositions of many other poets;[67] while Luzzatto, who began to make a list of Gabirol's poems, likewise made no mention of any special collection.[68]

The first intimation of the existence of a Gabirol Diwan was given by Harkavy in the prefatory note to four poems of Gabirol published by him in 1893,[69] although he did not emphasize this point. Then came the list of one hundred and fourteen poems published by Neubauer[70] from a Genizah manuscript which seems to have been originally an index to a Diwan of Gabirol.[71] Further proof that the poems of Gabirol were at one time gathered into a Diwan has been furnished by the thirty-three leaves from the Genizah in the possession of E. N. Adler. This fragment, which has been identified and edited by Brody,[72] contains the greater part of thirty-four poems of Gabirol,[73] thirteen of which had been entirely lost to us.[74] And in 1913 I was so fortunate as to discover in the Taylor-Schechter collection a fragment of a Diwan which furnishes additional and conclusive evidence that the poems of Gabirol had at one time been gathered in a complete collection.[75]

But no one can expect that such a collection will some day turn up in its original completeness. The most we may look forward to is to find a leaf here and a leaf there.[76]

It is, therefore, meet and proper that we undertake the task anew, and gather all the poetic compositions of Gabirol together, irrespective of any similar effort that was made in the past. Such, in fact, is the plan of the edition of Gabirol contemplated for the Classics Series which this volume inaugurates. The edition under consideration will contain upward of three hundred compositions, gathered from printed as well as manuscript sources. And while it is not impossible that even in this large collection one or more poems have been overlooked, it may be said, with some degree of satisfaction, that it will contain the largest number of compositions ever recorded under the name of Gabirol. Luzzatto's list (*Ozar Ṭob*, 1880, pp. 69–73), hitherto the largest known, enumerated only 134 religious hymns, whereas the edition contemplated will contain about 175 religious and 146 secular poems. This complete collection of Gabirol's poetry may indeed serve as a fitting mausoleum on his grave, as a lasting monument of his great personality, a monument built not out of common brick and mortar but out of the treasures which he left behind him. His lyrics may indeed become a sanctuary to which the weary at heart will turn for consolation, the troubled in mind for guidance, and all who love the beautiful for the participation of that which is a joy for ever.

ISRAEL DAVIDSON

ON TRANSLATING GABIROL

I

In his well-known "Romanzero" the greatest modern poet of Jewish birth, Heinrich Heine, satirizing the ignorance of Hebrew literature, wrote—I cite an early translation of my own which preserves the metre of the original—

> Jewish girls of wealth and fashion,
> Future mothers of free burghers,
> Culling all the latest knowledge
> In the dearest Paris *pensions*,
>
> Know by heart the names of mummies,
> All the stuffed Egyptian Pharaohs,
> Merovingian shadow-monarchs
> Whose perukes were yet unpowdered,
>
> Also pig-tailed Kings of China,
> Porcelain-pagoda princes,
> Pat from tongue it all comes tripping.
> Clever girls!   But oh, good heavens!
>
> Should you ask about the famous
> Names that formed the golden triad
> Of our Jewish constellation,
> Our Arabic-Spanish singers,

> These three stars if you should ask of,
> Our Jehuda ben Halevi,
> Or our Solomon Gabirol,
> Or our Moses Ibn Ezra,
>
> Should you bring up names of that sort,
> Then with large eyes will regard you
> All the girls, the pretty darlings,
> Dumb-struck, mud-stuck, disconcerted.

Later in the same poem, Ibn Gabirol is singled out as the thinker among poets, and the poet for thinkers; and finally our eleventh-century singer is compared to that troubadour, that mediæval nightingale, who delicately in the dusk of the Dark Ages sang "The Romance of the Rose." Gabirol, says Heine, is the nightingale of piety, the consecrated Minnesinger whose rose was God.

II

The present volume of translations from this rare singer of the Ghetto limits itself to such of his poems as have been incorporated in or designed for the liturgy of the Synagogue, though it is far from exhausting even these. But Gabirol is not exclusively a devotional poet.

All the arts began with religion, and in Gabirol we catch sight of Hebrew poetry in its period of transition when it was passing from a purely devotional to a secular character. Even the devotional begins to root itself not in tradition but in the individual experience. In a remarkable poem beginning "Three witnesses have I," Gabirol speaks of the starry world without and the moral law within almost with the modern cosmic mysticism of a Kant or a Wordsworth. There is thus a double movement by which the devotional is freeing itself from the hypnotism of the Biblical and liturgical *Anschauung* and taking on a personal quality, while at the same time the subject-matter is enlarging itself with elegies, epigrams, and Horatian epistles. Gabirol's Hiawatha-like jingle on the meanness of his host who failed to give him wine—

> "May the man, his son or daughter
> Be for ever doomed to water!"

—is sometimes cited as the first secular lyric in Hebrew poetry; but although this is not accurate, little that is prior has been preserved except versified mnemonics about the calendar, or grammar, and verse of a gnomic if not a pious character. While the Bible itself is full of matchless poetry, both primitive and cultured, the purely profane element was so discountenanced in this thesaurus of national literature that "the Song of Solomon" slipped in only as a religious allegory, "Ecclesiastes" scraped through under the ægis of Solomon, while "Job" was ascribed to Moses. And this tendency to make Hebrew literature synonymous with sacred literature was aggravated by the limitations of Jewish life in the Diaspora, whose sole organ of common consciousness was the Synagogue with its holy lore.

The Jew, living as a "Son of the Law," and continuing to live only *because* he was a "Son of the Law," did not readily develop a lay literature. Life circled round the Bible. And Torah, not wine, woman, or song, was the poet's expected theme. Luther's trio of themes came along more copiously in Moses Ibn Ezra and Judah ha-Levi; in al-Ḥarizi we get a semi-burlesque Hudibras method, modelled on the *Makamat* of Ḥariri, and in our own day this evolution from liturgical literature has reached its climax in the nature-poetry of a Jacob Cohen, the sensuous strains of a Shneor or the massive bitterness of a Byalik.

But in the Spanish-Hebrew period we see the poet, like some tropical lung-fish that can breathe either in air or water, moving equally between the sacred and the profane. Gabirol is the first Hebrew poet to use the secular image of

the Muse, which he figures as a dove, white as a
lily of Sharon, with golden wings and a bell-like
voice. He is the first to paint the sunset or the
autumn, and in a Shelley-like image to show us
Night spreading her wings over the tired Day.
And he is the first Hebrew poet to handle phi-
losophy.

If he is not also the first to handle rhyme, he
is the first great singer to cramp himself with
that exhilarating restriction. Rhyme was not
an element of Hebrew poetry at its Biblical
period. And as Joseph Jacobs has pointed out,
Hebrew lends itself less freely to rhyme than
Arabic, having fewer of those primitive inflec-
tions which smooth the poet's path, with the
result that much of Hebrew rhyming is in *o* or
im or *os* in damnable iteration. 'Rhyme,' to
quote from my book, *The Voice of Jerusalem*,
'was not introduced into Hebrew poetry before
the seventh century, when it appears in the Piy-
yutim of Yannai. Milton calls rhyme "that bar-
barous invention to set off lame metre"; but
there was not even metre in Hebrew then. That
was not brought in till three centuries later, by
Dunash ibn Labrat, a young poet of Bagdad
origin, who probably picked it up from the Fez
poets. "Such a thing hath hitherto been un-
known in Israel," said Saadia, the great Gaon

of Sura, when Dunash showed him Hebrew jigging to Arab measures.'

Without rhyme or metre, what was it that constituted Hebrew poetry? Some say parallelism. But even parallelism was not an indispensable element. The only indispensable element of Hebrew poetry was accent. In short what we now call free verse is closest to the old Hebrew form of expression. Sincerity, not art, is the first quest of the young poet of to-day. Art was never in the thought of a Biblical singer, so consumed was he by sincerity. And thus in free verse do the ends of the ages meet.

But Gabirol cumbers himself both with rhyme and metre, for he is almost Swinburnian in his technical mastery, in his power of dancing in fetters—witness the amazing virtuosity of his versified Hebrew grammar. I have made no effort to follow his exact verse-schemes, well content if I could get an analogous effect by the use of English measures appropriate to his theme. To translate him into bare prose seems to me the only license unpermissible, for poetry is largely verbal enchantment, and to leave out the singing element is to falsify the original even more badly than by mistranslation. But the effort to reproduce this singing element literally, especially the effort to render the exact Hebrew rhyme-scheme, would equally conduce to falsification. Butler shrewdly pointed out in "Hudibras" that

> "Rhyme the rudder is of verses
> By which like ships they steer their courses."

Even if Gabirol himself never had to deviate from his meaning or from lucidity to steer round rhyming point, it is almost impossible for translators not to tack or divagate, with the result that many versified versions of Hebrew poetry are so padded out for rhyme's sake as occasionally to conceal altogether the structure of the original. I do not suppose I have always escaped this reef, but only in one poem—"Benediction" —have I permitted myself any marked expansion of the theme, and here the original seemed to be swelling gloriously with the implied but unsaid.

III

In translating the *Keter Malkut*, I have regarded a rhyme-scheme as apt to mislead me from my original. It is noteworthy that in this his greatest poem, Gabirol, though he conserves rhyme largely, throws over the jingle of a fixed metre, as if to give sincerity and spontaneousness freer scope. It is as loose as the Arabic *Makamat*, and each stanza being a law to itself, the poet can follow the ebb and flow of his mood, trammelled only by the need of rhyme. If, then, I rid him of his last fetters, I bring back his poem to a truer Hebraism.

It will be a great proof of Gabirol's domination of rhyme if, when stripped of it, he is seen to have kept his meaning undistorted by it, and to recall at times the great note of his Old Testament predecessors. For, trammelled by neither rhyme nor metre, and aiming only at this Old Testament simplicity, I have escaped all temptation to eke out the poet's plain meaning. You might use me as a crib. And where Gabirol—as so often—is quoting, I have generally adopted the ultra-accurate version of the Bible which we owe to the Jewish scholars of America.

This trick of quotation, which is almost, though not quite, unknown in other poetic literature—even Wordsworth uses it—may puzzle a hearer unfamiliar with neo-Hebrew poetry. It is not like our own decaying practice of classical or of Shakespearean quotation, a mere illumination of the argument, nor is it that rich literary allusiveness of a Hazlitt or a Lamb; it rests upon the Bible almost as on a foundation, to the cramping and even the distorting of the poet's own vision. To the mediaeval Jew the quotation with which Gabirol closed every stanza of his *Keter Malkut* seemed only an additional beauty. The Bible, regarded as a uniform whole, everywhere inspired and inspiring, about which you could move *per saltum*, skipping from Genesis to Micah, or from Job to Chronicles, was "familiar in our mouths as household words." And this familiarity bred not contempt but enhanced delight. The quotation seemed to form the climax up to which the whole stanza was built, and the more unexpected the application, or rather the misapplication, and the more it was applied to a context or a category of ideas with which it had originally no connection, the more *double entendre*, so to speak, the greater the pleasure, as at a crowning stroke of wit. It is as if *Punch* speaking of Joseph Chamberlain should say "a generation arose that knew not Joseph." This sort of punning, legitimate enough in a Hudibras-like work such as al-Ḥarizi's *Taḥkemoni*, becomes grotesque in a poem of the sublimity of the *Keter Malkut*, and it reaches its acme of bad taste when "that white bright spot" mentioned in the Levitical diagnosis of leprosy is used as an image of the moon—Shelley's "orbèd maiden with white fire laden."

It says much for Gabirol's genius that despite

the familiarity with every nook and cranny of the Old Testament, which his quotations evince, he was yet able to add so much of his own to these second-hand thoughts, and to keep such a personal vision of the universe.

These quotations cannot, of course, be eliminated from my version. But there is one last feature of Gabirol's poetry which I have had to disregard—the alphabetical acrostic. An English book in my possession, called "Literary Frivolities," not unjustifiably includes acrostic verses among them. I fear that Gabirol's acrostical frivolity cannot be attributed, like his rhymes, to the Arab environment, for it seems pan-Semitic, being found in Babylonian, Samaritan and Syrian literature, as well as in copious and curious passages of the Old Testament, notably Psalm CXIX and the first four chapters of Lamentations.

I remember, in the remote period of my courtship, composing, with possibly hereditary Semitism, a sonnet on my future wife, the first letters of each line forming her name. She was much touched by the contents of the poem till I proudly pointed out the acrostic, when her emotion changed to disgust. She could not realize that a genuine feeling could be expressed with such ingenuity. A similar suspicion haunts us when we read the mediaeval Hebrew poems that run from Aleph to Tav, or—worse still—ostentate the author's name. It is fortunate that in my love-poem I at least put the lady's name and not my own. Yet that is what Gabirol is always doing, though the object of his love is God. There is a whole sheaf of poems by him with the acrostic "*Shlomoh*" or "*Ani Shlomoh*" (like "Here we are again"), sometimes modestly varied by "Shlomoh ha-Katon" ("Solomon the Small").

And yet all art consists in conquering the material difficulties of the medium. Just as Michael Angelo in the Sistine Chapel succeeded in expressing the noble poetry of creation, though he had to do it on the ceiling, and paint awkwardly upwards, so Gabirol, like Swinburne, has triumphed over the limitations set by his own pride of craftsmanship. Consider only that spiritual gem, "At the Dawn," which nobody would guess was in the original a Solomonian acrostic.

It is now in the New Year's Service, and who shall deny its right to that pride of place, even though the familiar Shlomoh skips from stanza to stanza? A similar triumph was won in the sixteenth century by the author of *Lechah Dodi*, which, despite its inclusion of Solomon ha-Levi's name and its intricate rhyme-scheme, has been translated into German by Herder and Heine, and is characterized by Schechter as "perhaps one of the finest pieces of religious poetry in existence." This Poetry of Ingenuity, with its quotations, acrostics and over-rhymings, of which Kalir was the greatest exemplar, though not the initiator, has been aptly compared by Rabbi Cohen of Sydney to the "Emblem" poetry in the seventeenth century English literature, the wings, cups, harps and crosses into which true poets like Quarles, Wither and George Herbert fashioned their verses.

Fortunately the *Keter Malkut* is singularly free from Gabirol's acrostical ingeniosity. He falls into it only with his *Ashamnu Bagadnu*—that alphabetical confession of Sin which is the poet's sole sin against sincerity of art. And yet there is something to be said for the effect of completeness which the poet aimed at by sinning his sin with an *Aleph*, and a *Beth*, till sin exhausted itself in the *ultima Thule* of the *Tav*. It has been alleged that the acrostic in the Psalms was designed to aid the worshipper's memory in the days before prayer-books. I am more inclined to regard it as inspired by this same desire to express completeness—what was the object of the alliteration of the *Echah* but to express the totality of desolation? Compare, too, the alphabetical Piyyutim which render the greatness of

God.   But whether the justification be æsthetic
or mnemonic, Gabirol's confessional in the *Keter
Malkut* may plead either ground.

IV

As the astronomic portions of the *Keter Malkut*
seem to be omitted, as if in shame, from modern
German versions of the poem, it may be as well
to set its science in its historic perspective.
Gabirol was a contemporary and fellow-country-
man of the Cid, Spain's national hero.   Born
about 1020, the astronomy he absorbed in Sara-
gossa was the astronomy of the eleventh century.
And Copernicus did not publish his system till
the middle of the sixteenth.   Dante in the thir-
teenth century gives us in his *Convito* Ten
Heavens, each symbolizing a branch of study,
and the last corresponding to the Divine Science,
Theology.   These Ten Heavens reappear in his
Paradiso, nine revolving round the earth, with
a fixed all-encircling Empyrean.   Gabirol's chart
of the celestial vault is of the same order as the
Tuscan poet's, and his poetry in its æsthetic
aspect is as little affected by the inaccuracy of
his astronomy—if indeed in these days of Ein-
stein there is anything but a relative inaccuracy.
Maimonides, born half-way between Gabirol
and Dante, in his introduction to the Mishnah

Tractate *Zera'im*, remarks on the astonishment of the ignorant on learning that the sun, which appears to them as a small flat sphere, is a round body one hundred and sixty-six and three-eighths times greater than the earth, and the philosopher himself is amazed at the unerring science which can calculate celestial dimensions even to a three-eighths. We now believe that "unerring science" was wrong by considerably over a million; not unlike a modern Chancellor of the Exchequer. But the religious emotion which the poet desires to evoke by his figures is as little impaired by such errors as the beauty of his poetry: on the contrary the emotion is augmented by our enhanced sense of the vastness and mystery of the universe. If a sun, one hundred and seventy times as large as the earth sufficed to arouse Gabirol's cosmic rapture, how much more overwhelming is a sun over a million and a quarter times the volume of the globe that holds our petty fortunes, a sun down one of whose rifts, as a Royal Society lecturer said the other day, the earth could be dropped and lost like a boy's marble.

Nor need we be put off by the poet's astrology, that pseudo-science which has still not been slain outright, and of which our *Mazzol tob* is a survival. In Gabirol's day, and long after, it occu-

pied no less proud a place than astronomy, and
Jews, owing to their Chaldean origin, were re-
garded as peculiarly awesome Masters of the horo-
scope. And in truth they both produced famous
astrologers of their own and translated the Arabic
astrologers into Hebrew or Spanish. A century
after Gabirol, Maimonides derided astrology, but
a century after Maimonides, Dante is found still
ranking it as the science of the seventh heaven,
above Grammar, Music, and even Geometry.
Indeed, Gabirol and Dante are at one in their
conception of science, which differs literally *toto
caelo* from the modern. For if Gabirol admits
planetary influences, these are but secondary
agencies: to our poet the force that set the
planets in motion has never abdicated, and he
still salutes, like the great last line of the Divine
Comedy,

"The love that moves the heaven and all the stars."

ISRAEL ZANGWILL

TEXT AND TRANSLATION

I

AT THE DAWN

At the dawn I seek Thee,
  Rock and refuge tried,
In due service speak Thee
  Morn and eventide.

'Neath Thy greatness shrinking,
  Stand I sore afraid,
All my secret thinking
  Bare before Thee laid.

Little to Thy glory
  Heart or tongue can do;
Small remains the story,
  Add we spirit too.

Yet since man's praise ringing
  May seem good to Thee,
I will praise Thee singing
  While Thy breath's in me.

I

בַּקָּשָׁה

— — ⏑ — | — — | — — | — — ⏑ — | — — | — —

שַׁחַר אֲבַקֶּשְׁךָ צוּרִי וּמִשְׂגַּבִּי
אֶעְרוֹךְ לְפָנֶיךָ שַׁחְרִי וְגַם עַרְבִּי
לִפְנֵי גְדֻלָּתְךָ אֶעְמֹד וְאֶבָּהֵל
כִּי עֵינְךָ תִרְאֶה כָּל מַחְשְׁבוֹת לִבִּי
מַה־זֶּה אֲשֶׁר יוּכַל הַלֵּב וְהַלָּשׁוֹן
לַעְשׂוֹת וּמַה כֹּחַ רוּחִי בְּתוֹךְ קִרְבִּי
הִנֵּה לְךָ תִּיטַב זִמְרַת אֱנוֹשׁ עַל כֵּן
אוֹדְךָ בְּעוֹד תִּהְיֶה נִשְׁמַת אֱלוֹהַּ בִּי.

2

MY SOUL SHALL DECLARE

My soul shall declare to Thee Thou art her former
  And shall Thee as her maker, O God, testify,
  At Thy word 'Be, O Soul' did she take on
    existence,
  And from naught didst Thou draw her as light
    from the eye.

Of Thee she shall own and affirm, hand uplifted,
  'Twas Thou that didst breathe her in me,
    and as due
For that work she shall pour out her thanks and
    bear witness
  That to me she was given Thy bidding to do.

She serves Thee as handmaid while yet in the
    body,
  And the day she returns to the land whence
    she came,
In Thee will she dwell, for in Thee is her being,
  Doth she rise, doth she sit, Thou art with her
    the same.

She was Thine when unborn ere the day of her
    breathing,
  With wisdom and knowledge by Thee she was
    fed,
And to Thee for her ordinance looks, and sub-
    sistence,
  Indebted to Thee for her water and bread.

2

בַּקָּשָׁה

— — ◡ | — — — — ◡ | — — — ◡

לְךָ נַפְשִׁי תְסַפֵּר כִּי יְצַרְתָּהּ
וְתַגִּיד כִּי בְיָדְךָ אֵל פְּעַלְתָּהּ
לְךָ בִּדְבַר „יְהִי" אָז נִמְצְאָה הִיא
וּמֵאַיִן כְּאוֹר עַיִן מְשַׁכְתָּהּ
לְךָ תַאְמִין וְגַם תּוֹדֶה בְיָמִין
וְתָעִיד כִּי בְקִרְבִּי אַתְּ נְפַחְתָּהּ
לְךָ תוֹדֶה עֲלֵי־עַבְדוּת בְּעֵדוּת
אֱמֶת כִּי לַעֲשׂוֹת חֶפְצְךָ שְׁלַחְתָּהּ
לְךָ אָמָה בְּעוֹדָהּ בָּאֲדָמָה
וְיוֹם תָּשׁוּב לְךָ כַּאֲשֶׁר נְתַתָּהּ
לְךָ עַצְמָהּ וְאַתָּה הוּא מְקוֹמָהּ
וְאַתְּ עִמָּהּ בְּכָל־קוּמָהּ וְשִׁבְתָּהּ
לְךָ מֵעֵת הֱיוֹתָהּ עַד חֲיוֹתָהּ
וּמִפִּיךָ תְּבוּנָתָהּ וְדַעְתָּהּ
לְךָ תִדְרֹשׁ דְּבַר חָקָּהּ וְשִׂפְקָהּ
לְךָ תוֹדֶה עֲלֵי־מֵימָהּ וּפִתָּהּ

Her gaze is to Thee, and in Thee is her hoping
   When like novice in child-birth she cries in
    affright.
O take her torn heart as a sacrifice offered,
   And her ribs lacerated for fiery rite.

To Thee let her pour out her tears as drink-
    off'ring,
   Let the breath of her sighing as incense-cloud
    be,
At her gate and her doorway she watches with
    prayer,
   She is burning like flame with her passion for
    Thee.

She must ever approach Thee as servant his
    master,
   Or as handmaiden looks to her mistress's eye,
She must spread out her palms in request and
    petition
   And turn herself humbly to Thee in her cry.

For call Thee she must, nor endure to be silent,
   Like a bird in the net her one hope is in flight,
In the depth of the night she must rise and keep
    vigil,
   For her work is Thy works to declare and recite.

For Thee she must pine and of Thee make
    entreaty,
   Her hand must be clean and as stainless her
    thought.
Her breach do Thou heal, be her hope and her
    helper,
   When she draws nigh redeem her, her sin count
    as naught.

לְךָ תוֹחִיל בְּיוֹם תִּזְעַק וְתָחִיל
בְּרֹב צָרָה כְּמַבְכִּירָה בְלִדְתָּהּ
לְךָ תַקְרִיב קְרָב לִבָּהּ כְּקָרְבָּן
וְצַלְעוֹתָיו עֲצֵי אֵשׁ מַעֲרַכְתָּהּ
לְךָ תִשְׁפֹּךְ דְּמָעֶיהָ כְּנֶסֶךְ
וַאֲנָחָתָהּ מְקוֹם עֶשֶׁן קְטָרְתָּהּ
לְךָ תֵיקַד בְּלֵב כִּיקוֹד וְתִשְׁקֹד
בְּקוֹל שִׂיחָהּ עֲלֵי־פִתְחָהּ וְדַלְתָּהּ
לְךָ תִקְרַב כְּמוֹ עֶבֶד לְמוּל רַב
וְכִשְׁפְחָה תְּצַפֶּה אֶל־גְּבִרְתָּהּ
לְךָ תִכֹּף וְתִפְרֹשׂ כַּף לְמוּל סַף
וְתִתְהַפֵּךְ וְתִשְׁתַּפֵּךְ בְּגַעְתָּהּ
לְךָ תֶהֱמֶה וְלֹא תִדְמֶה וְתִדְמֶה
לְצִפּוֹר קִוְּתָה לָנוּד בְּרִשְׁתָּהּ
לְךָ תָקוּם חֲצוֹת לַיְלָה וְתִשְׁמֹר
לְסַפֵּר מַלְאֲכוּתֶיךָ מְלַאכְתָּהּ
לְךָ תִכְלֶה וּפָנֶיךָ תְחַלֶּה
בְּבֹר כַּפָּהּ וְנִקְיוֹן מַחֲשַׁבְתָּהּ
רְפָא שִׁבְרָהּ הֱיֵה שִׂבְרָהּ וְעֶזְרָהּ
קְרָא יִשְׁעָהּ מְחֵה פִשְׁעָהּ בְּגִשְׁתָּהּ

Behold her affliction, and hark to her weeping,
   In the sphere of the soul she with Thee is alone,
Repay and restore her, attend to her anguish,
   When her sobs and her tears her backslidings
      bemoan.

Bemock, O Almighty, the foes that bemock her,
   Avenge with due vengeance her insults and
      shame,
In her stress be a rock of support 'gainst her
      foeman,
   Nor yield up the child Thou to manhood didst
      frame.

No enemy came, whose reproach could be borne
      with,
   No cruel one hunted her down in her track,
'Twas the friends of her household betrayed her—
      her passions—
   'Twas her comrade who bloodily stabbed in the
      back.

I ever am seeking my body's best welfare,
   Yet it in return would my spirit undo.
Ah, truly the fruit of the tree in its root is,
   The proverb "Like mother, like daughter" is
      true.

רְאֵה עֲנִיָּה שְׁמַע בִּכְיָהּ לְךָ יָהּ
בְּמָקוֹם בִּלְתְּךָ אֵין שָׁם וּבִלְתָּהּ
גְּמוּל תָּשִׁיב וְלָהּ תּוֹשִׁיב וְתַקְשִׁיב
לְשַׁוְעָתָהּ וְדִמְעָתָהּ בְּרִדְתָּהּ
לְעַג שַׁדַּי לְצָרִים לָעֲגוּ לָהּ
נְקֹם נִקְמַת כְּלִמָּתָהּ וּבָשְׁתָּהּ
הֱיֵה מִצָּר לְצוּר מִבְצָר בְּמֵצַר
וְאַל תַּסְגֵּר יְחִידָה שֶׁגִּדַּלְתָּהּ
וְלֹא אוֹיֵב יְחָרְפֶהָ וְתִשָּׂא
וְלֹא אַכְזָר יְצוּדֶהָ בְּלֶכְתָּהּ
אֲבָל אַנְשֵׁי שְׁלוֹמָהּ בָּגְדוּ בָהּ
וְדָמָהּ וַחֲמָסָהּ עַל חֲבֶרְתָּהּ
אֲנִי כָּל עֵת אֲבַקֵּשׁ אֶת־שְׁלוֹמָם
וְהֵמָּה בִקְשׁוּ נַפְשִׁי לְקַחְתָּהּ
וְאָמְנָם כִּי פְּרִי הָעֵץ בְּשָׁרְשׁוֹ
וְהַמָּשָׁל אֱמֶת כָּאֵם כְּבִתָּהּ.

3
THE MESSIAH.

Lord, tell me when
Shall come to men
Messiah blest,
When shall Thy care
His couch prepare
To be my guest,
To sleep on my golden bed,
    in my palace rest.

Wake, dear gazelle,
Shake off thy spell,
Nor slumber still.
Dawn like a flag
Surmounts the crag
Of Tabor's hill,
And its flame it unfurls o'er my
    Hermon, the hoar and chill.

From the wild-ass brood
To the grace renewed
Of Thy dainty roe,
O Lord, return,
For behold we yearn
Our love to show,
And our soul with Thy soul at
    one as of yore to know.

Thrice welcome he
Who comes to me
Of David's line,
My palace treasure
Is at his pleasure
With all that's mine,
My pomegranate, cinnamon, spice, and
    the jars of my old sweet wine.

3

רְשׁוּת

— — | — ⌣ — — | — — | — ⌣ — —

שׁוֹכֵב עֲלֵי מִטּוֹת זָהָב בְּאַרְמוֹנִי
מָתַי יְצוּעוֹ, יָהּ, תָּכִין לְאַדְמוֹנִי
לָמָּה צְבִי נֶחְמָד תִּישַׁן וְהַשַּׁחַר
עָלָה כְנֵס עַל רֹאשׁ תָּבוֹר וְחֶרְמוֹנִי
מֵעַל פְּרָאִים סוּר וּנְטֵה לְיַעֲלַת חֵן
הִנְנִי לְכָמוֹךָ גַּם אַתְּ לְכָמוֹנִי
הַבָּא בְּאַרְמוֹנִי יִמְצָא בְּמַטְמוֹנִי
עָסִיס וְרִמּוֹנִי מוֹרִי וְקִנְּמוֹנִי.

4

INVITATION

Come up to me at early dawn,
Come up to me, for I am drawn,
Belovèd, by my spirit's spell,
To see the sons of Israël.
For thee, my darling, I will spread
Within my court a golden bed,
And I will set a table there
And bread for thee I will prepare,
For thee my goblet I will fill
With juices that my vines distil:
And thou shalt drink to heart's delight,
Of all my flavours day and night.
The joy in thee I will evince
With which a people greets its prince.
O son of Jesse, holy stem,
God's servant, born of Bethlehem!

4

רְשׁוּת

— — | — ⌣ — — ı — — | — ⌣ — —

שַׁחַר עֲלֵה אֵלַי דּוֹדִי וְלֵךְ עִמִּי
כִּי צָמְאָה נַפְשִׁי לִרְאוֹת בְּנֵי עַמִּי

לָךְ אֶפְרְשָׂה מִטּוֹת זָהָב בְּאֻלַמִּי
אֶעְרוֹךְ לְךָ שֻׁלְחָן אֶעְרוֹךְ לְךָ לַחְמִי

מִזְרָק אֲמַלֵּא לָךְ מֵאַשְׁכְּלוֹת כַּרְמִי
תִּשְׁתֶּה בְטוּב לֵבָב יִיטַב לְךָ טַעְמִי

הִנֵּה בְךָ אֶשְׂמַח שִׂמְחַת נְגִיד עַמִּי
בֶּן עַבְדְּךָ יִשַׁי הָרֹאשׁ לְבֵית לַחְמִי.

5

THREE THINGS CONSPIRE

Three things conspire together in mine eyes
To bring the remembrance of Thee ever
    before me,
And I possess them as faithful witnesses:
Thy heavens, for whose sake I recall Thy name,
The earth I live on, that rouseth my thought
With its expanse which recalleth the expander of
    my pedestal,
And the musing of my heart when I look within
    the depths of myself.
Bless the Lord, O my soul, for ever and aye!

5

רְשׁוּת

— — ◡ — | — — — ◡ — | — — — ◡

שְׁלֹשָׁה נוֹסְדוּ יַחַד לְעֵינָי
יְשִׁימוֹן זִכְרְךָ תָּמִיד לְפָנָי
לְשָׁמֶיךָ—אֲנִי אַזְכִּיר שְׁמֶךָ
וְהֵם עֲדַי—לְעַדַי נֶאֱמָנָי
מְקוֹם שִׁבְתִּי—יְעוֹרֵר מַחֲשַׁבְתִּי
בְּרָקְעוֹ—אֶזְכְּרָה רוֹקַע אֲדָנָי
הֲגִיג לִבִּי בְּהַבִּיטִי בְקִרְבִּי
בְּכָל עֵת בָּרֲכִי נַפְשִׁי אֲדֹנָי.

6

BEFORE MY KING

In prayer prone before my King,
   I bend to Him my face and knee,
   My heart His sacrifice shall be,
My tear His liquid offering.

In waiting for the sun's caress,
   In watching for the morning light
   To scatter all my godless night,
My soul consumes in weariness.

Though He delays, shall I not start
   To seek His face? Nay, of a sooth
   I yet shall find his word of ruth
Bring comfort to my bitter heart.

The promise Zechariah gave,
   How sweet it tastes in this our woe!
   My soul shall bid my heart to know
I trust the living God to save.

6

רְשׁוּת

— — ⏑ | — — — ⏑ | — — — ⏑

שְׁעָלַי אֶפְרְשָׂה תָמִיד לְמַלְכִּי
וְאֶקּוֹד לוֹ עֲלֵי אַפִּי וּבִרְכִּי
לְפָנָיו אֶעֱרוֹךְ לִבִּי כְּקָרְבָּן
וְדִמְעִי אֶשְׁפְּכָה נֶגְדּוֹ כְּנִסְכִּי
מְיַחֵל כָּלְתָה נַפְשִׁי לְחַסְדּוֹ
בְּתוֹחַלְתִּי לְאוֹר בֹּקֶר בְּחָשְׁכִּי
הֲלֹא פָנָיו אֲשַׁחֵר אִם יְאַחֵר
וְיָדַעְתִּי אֱמֶת כִּי יַעֲנֵכִי
וְלִבִּי מַר יְשִׂיחֵנִי בְּמַאְמַר
זְכַרְיָה כִּי מְאֹד מָתוֹק לְחִכִּי
וְנִשְׁמָתִי תְּדַבֵּר עַל לְבָבָהּ
דְּעִי כִּי לֶאֱלֹהַּ חַי תְּחַכִּי.

7

OPEN THE GATE

Open the gate, my love,
  Arise and open the gate,
For my soul is dismayed
And sorely afraid
  And Hagar's brood mocks my estate.

The heart of the hand-maid's sons
  Is hateful and haughty grown,
And all because of the cry
Of Ishmael piercing the sky,
  Ascending and reaching the Throne.

I stumble 'twixt beast and beast,
  The wild ass swift to slay
Has followed my flight
From the courts of Night
  Where crushed of the boar I lay.

Alas! for my thick-sealed fate,
  Ah woe for the days to come!
It helps but to pain me
That none can explain me,
  And I, myself, I am dumb.

7

רְשׁוּת

— —|— —|— ◡ — —|— ◡ —

שַׁעַר פְּתַח דּוֹדִי קוּמָה פְּתַח שָׁעַר
כִּי נִבְהֲלָה נַפְשִׁי גַּם נִשְׂעֲרָה שָׁעַר
לִי לָעֲגָה שִׁפְחַת אִמִּי וְרָם לִבָּהּ
יַעַן שְׁמוֹעַ אֵל קוֹל צַעֲקַת נָעַר
מִנִּי חֲצוֹת לַיִל פֶּרֶא רְדָפַנִי
אַחֲרֵי אֲשֶׁר רָמַס אֹתִי חֲזִיר יָעַר
הַקֵּץ אֲשֶׁר נֶחְתַּם הֹסִיף עֲלֵי מַכְאוֹב
לִבִּי וְאֵין מֵבִין־לִי וַאֲנִי בָעַר.

8

POUR OUT THY HEART

Pour out thy heart to the Rock,
  Pour out thy inmost soul
To the stronghold naught can shock,
  As the mornings and evenings roll.

To Him who around and before
  Is, whether thou rest or roam,
To Him let thy thoughts upsoar,
  Be thou on the road or at home.

Thus tested by praise and belief,
  Thou favour divine shalt gain,
He will turn His ear to thy grief,
  He will bend His eye on thy pain.

Behold, He will pay thy reward,
  Thou shalt share the abode of the blest,
For the day thou return to the Lord,
  He will draw thee close to His breast.

8

רְשׁוּת

— —|— ◡ — —|— —|— ◡ — —

שִׁפְכִי לְצוּר לִבֵּךְ נַפְשֵׁךְ וְגַם קִרְבֵּךְ
הוֹדִי לְמִשְׂגַּבֵּךְ שַׁחְרֵךְ וְגַם עַרְבֵּךְ
לְנֶגְדֵּךְ וְלִסְבִיבֵךְ קוּמֵךְ וְגַם שָׁכְבֵּךְ
יַעַל בְּמַחְשָׁבֵךְ לֶכְתֵּךְ וּמוֹשָׁבֵךְ
מַהְלָל בְּהֵיטִיבֵךְ יִרְצֵךְ וְיַקְשִׁיבֵךְ
יִפֶן לְמַעְצָבֵךְ יַבִּיט לְמַכְאוֹבֵךְ
הִנֵּה גְּמוּל טוּבֵךְ יְשַׁלֵּם בְּיוֹם שׁוּבֵךְ
אֵלָיו וְיוֹשִׁיבֵךְ אֶצְלוֹ וְיַקְרִיבֵךְ.

9

SIX YEARS WERE DECREED

Six years were decreed for a slave to wait
　　When his freedom he sought at his master's
　　hand,
But the years of my bondage lack term or date,
　　It is hard, O my Master, to understand.

Why, Sire, should a hand-maid's son bear sway,
　　And me with affliction and anguish task?
There cometh no answer, howe'er I pray,
　　In despite that each day for reply I ask.

What word at the last wilt Thou say, my King?
　　An Thou findest no ransom, O Lord, take me!
Take me for Thy people as offering,
　　I will serve Thee for ever and ne'er go free.

9

רְשׁוּת

— — | — ⌣ — — — ‖ — — — | — ⌣ — —

שֵׁשׁ נִגְזְרוּ לָצֵאת, עֶבֶד פְּדוּת רוֹצֶה
וּשְׁנֵי עֲבוֹדָתִי אֵין סוֹף וְאֵין קֵצֶה
לָמָּה אֱהִי מַלְכִּי עֶבֶד לְבֶן אָמָה
וּבְיַד יְלִיד בַּיִת מָצוֹק וְצַר מוֹצֵא
מִיּוֹם לְיוֹם אוֹחִיל לֹא אֶשְׁמְעָה דָבָר
מַה־תַּעֲנֶה אֹתִי מַלְכִּי וּמַה־תִּפְצֶה
הִנֵּה לְקָחֵנִי אִם אֵין פְּדוּת עִמָּךְ
אֶהְיֶה לְךָ עֶבֶד עוֹלָם וְלֹא אֵצֵא.

10

'TIS JOY TO ME

'Tis joy to me to dwell in Thee,
   At thought of Thee all grief retreats,
Thy mercies call for thanks, but all
   I have to pay are tongue's conceits.

Not heaven's height can bound Thy might,
   How then shall thought due praise assign?
Teach me, and bless with righteousness,
   And let my will but further Thine.

The praise I bring as offering
   Accept in lieu of sacrifice,
My service call memorial,
   Pleased with Thy worshipper's device.

Let Thy clear eye, O Lord, descry
   How wretched are my fears and hopes,
And send Thy light to chase the night
   In which my blinded spirit gropes.

In kindness great, compassionate,
   O guard for me Thy tenderness,
Within its wideness let me hide
   The vastness of my trespasses.

And as Thy name to me became
   A treasure in my heart to stand,
So let to Thee my spirit be
   A treasure held within Thy hand.

10

רְשׁוּת

— — ◡ | — — — ◡ | — — — ◡

שְׂשׂוֹנִי רַב בְּךָ שֹׁכֵן מְעוֹנִי,
זְכַרְתִּיךָ וְנָס מִנִּי יְגוֹנִי
לְךָ חֶסֶד וְיֵשׁ עָלַי לְהוֹדוֹת
וְאֵין בַּמֶּה, לְבַד הֶגְיוֹן לְשׁוֹנִי
מְרוֹמִים לֹא יְכִילוּן תַּעֲצֻמָךְ
וְהֵיךְ יוּכַל שְׂאֵתוֹ רַעֲיוֹנִי
הֲבִינֵנִי וְחָנֵּנִי נְכֹחָה
וְיָפֵק אֶת רְצוֹנְךָ רְצוֹנִי
קְחָה שֶׁבַח מְקוֹם זֶבַח וְיִיטַב
כְּקָרְבָּנִי וּמִנְחַת זִכְרוֹנִי
טְהוֹר עַיִן פְּקַח עַיִן לְעָנְיִי
שְׁלַח אוֹרְךָ וְהָאֵר עִוְרוֹנִי
נְצֹר גֹּדֶל חֲסָדֶיךָ לְמַעְנִי
יְהִי סֵתֶר עֲלֵי גֹדֶל עֲוֹנִי
כְּמוֹ שִׁמְךָ לְפִקָּדוֹן בְּלִבִּי
תְּהִי רוּחִי בְיָדְךָ פִּקְדוֹנִי.

II

MY REFUGE

I have made Thee my refuge, my terror and
    trembling,
  And when straitly besieged I have made Thee
    my tower,
When to left and to right I have sought for a
    helper,
  I could look for dear life to no aid but Thy
    power.
More than all earthly treasure I have made Thee
    my portion,
  Through all cares the delight and desire of my
    days,
In the flood of Thy love I have rapture eternal
  And prayer is but an occasion for praise.

II

רְשׁוּת

— — — ⏑ — — | — — — ⏑ — —

שַׁתִּי בְךָ מַחְסִי פַּחְדִּי וְחֶרְדָּתִי
וּשְׁמָךְ בְּעֵת מָצוֹר שַׂמְתִּי מְצוּדָתִי
לִשְׂמֹאל וְעַל יָמִין אַבִּיט וְאֵין עוֹזֵר
כִּי אִם בְּיָדֶיךָ אַפְקִיד יְחִידָתִי
מִכָּל יְקַר אֶרֶץ חֶלְקִי נְתַתִּיךָ
מִכָּל עֲמָלִי אַתְּ חִשְׁקִי וְחֶמְדָּתִי
הִנֵּה בְּרֹב אַהֲבָה אֶשְׁגֶּה בְךָ תָמִיד
עֵת תֵּת זְמִירוֹת לָךְ הָיְתָה עֲבוֹדָתִי.

12

ECSTASY

My thoughts astounded asked me why
Towards the whirling wheels on high
In ecstasy I rush and fly.

The living God is my desire,
It carries me on wings of fire,
Body and soul to Him aspire.

God is at once my joy and fate,
This yearning me He did create,
At thought of Him I palpitate.

Shall song with all its loveliness
Submerge my soul with happiness
Before the God of Gods it bless?

12

רְשׁוּת לְנִשְׁמַת

— — ⌣ | — — — ⌣ | — — — ⌣

שְׁאָלוּנִי סְעִפַּי הַתְּמֵהִים
  לְמִי תָרוּץ בְּגַלְגַּלֵּי גְבוֹהִים
לְאֵל חַיַּי תְּשׁוּקַת מַאֲוַיַּי
  וְנַפְשִׁי עִם בְּשָׂרִי לוֹ כְמֵהִים
מְשׂוֹשִׂי עִם מְנָת כּוֹסִי בְּעוֹשִׂי
  אֲשֶׁר עֵת אֶזְכְּרָה אוֹתוֹ וְאָהִים
הֲיִנְעַם שִׁיר לְנִשְׁמָתִי עֲדֵי כִּי
  תְּבָרֵךְ שֵׁם יְיָ הָאֱלֹהִים.

13

I HAVE SOUGHT THEE DAILY

I have sought Thee daily at dawn and twilight,
  I have stretched my hands to Thee, turned
    my face,
Now the cry of a heart athirst I will utter,
  Like the beggar who cries at my door for grace.
The infinite heights are too small to contain Thee,
  Yet perchance Thou canst niche in the clefts
    of me.
Shall my heart not treasure the hope to gain
    Thee,
  Or my yearning fail till my tongue's last plea?
  Nay, surely Thy name I will worship, while
    breath in my nostrils be.

13

רְשׁוּת לְנִשְׁמַת

⌣ — — — | ⌣ — — — | ⌣ — —

שְׁחַרְתִּיךָ בְּכָל שַׁחְרִי וְנִשְׁפִּי
וּפָרַשְׂתִּי לְךָ כַּפַּי וְאַפִּי
לְךָ אֶהֱמֶה בְּלֵב צָמֵא, וְאֶדְמֶה
לְדַל שׁוֹאֵל עֲלֵי פִתְחִי וְסִפִּי
מְרוֹמוֹת לֹא יְכִילוּךָ לְשִׁבְתָּךְ
וְאוּלָם יֵשׁ מְקוֹמְךָ תּוֹךְ סְעִיפִּי
הֲלֹא אֶצְפּוֹן בְּלִבִּי שֵׁם כְּבוֹדָךְ
וְגָבַר חֶשְׁקְךָ עַד יַעֲבוֹר פִּי
אֲנִי עַל כֵּן אֲהוֹדֶה שֵׁם יְהוָֹה
בְּעוֹד נִשְׁמַת אֱלֹהִים חַי בְּאַפִּי.

14

HUMBLE OF SPIRIT

Humble of spirit, lowly of knee and stature,
But in fear and awe abounding,
I come before Thee.
And in Thy presence to myself appear
As a little earth-worm.
O Thou, who fillest the earth and whose greatness
    is endless,
Shall one like me laud Thee,
And how shall he honour Thee?
The angels of heaven do not suffice,
How then one like me?
Thou hast wrought good and hast magnified
    mercies,
Wherefore the soul shall magnify praise of Thee.

14

רְשׁוּת לְנִשְׁמַת

‿ — — —|‿ — — —|‿ — —

שְׁפַל רוּחַ שְׁפַל בֶּרֶךְ וְקוֹמָה
אֲקַדֶּמְךָ בְּרֹב פַּחַד וְאֵימָה
לְפָנֶיךָ אֲנִי נֶחְשָׁב בְּעֵינַי
כְּתוֹלַעַת קְטַנָּה בָּאֲדָמָה
מְלֹא עוֹלָם אֲשֶׁר אֵין קֵץ לְגָדְלָךְ
הֲכָמוֹנִי יְהַלֶּלְךָ, וּבַמָּה?
הֲדָרְךָ לֹא יְכִילוּן מַלְאֲכֵי רוּם
וְעַל אַחַת אֲנִי כַּמָּה וְכַמָּה
הֱטִיבֹתָ וְהִגְדַּלְתָּ חֲסָדִים
וְלָךְ תַּגְדִּיל לְהוֹדוֹת הַנְּשָׁמָה.

15

FOR A MARRIAGE

Send to the prince's daughter
　　Her ruddy, fair-eyed king,
Like a fruitful branch he blossoms,
　　Transplanted to a spring.

Thy Torah has his worship,
　　He runs, to taste its charms,
Before Thee like a warrior,
　　Accoutred in his arms.

I day by day am waiting
　　Salvation's promised day,
Enquiring how and whence it
　　Will come to be my stay.

Restore the tortured People
　　To the friend of her youth divine,
And bring the two together
　　To the house of joy and wine.

15

רְשׁוּת לְחָתָן

— — | — ◡ — — ⁞ — — | — ◡ — —

שְׁלְחָה לְבַת נָדִיב אָדֹם יְפֵה עָיִן
יִפְרַח כְּבֵן פֹּרָת שָׁתוּל עֲלֵי עָיִן
לִזְכֹּר דְּבַר תּוֹרָה הוּא רָץ לְפָנֶיךָ
תָּמִיד כְּמוֹ גִבּוֹר נֹשֵׂא כְלֵי זָיִן
מִיּוֹם לְיוֹם אוֹחִיל יוֹם יֶשְׁעֲךָ לֵאמֹר:
מֵאָן בֹּא יָבֹא עֶזְרִי וּמֵאָיִן
הָשֵׁב מְעֻשָּׁקָה לַאְלוּף נְעוּרֶיהָ
יַחְדָּיו תְּבִאֵמוֹ אֶל בֵּית לְמוֹ יָיִן.

16

THE SUN

Like a bridegroom the sun
Dons his robe that is spun
    Of light,
Which from Thee emanated
Yet in no wise abated
    Thy light.

Taught to go westward round
With obeisance profound
    To his Lord,
He by service so loyal
To a master so royal
    Is a lord.

While his homage each day
Serves to mark and display
    Thy glory,
'Tis Thy hand that investeth
The robe on which resteth
    His glory.

16

רְשׁוּת לְחָתָן

‒ ‒ | ‒ ◡ ‒ | ‒ ◡ ‒ ‒

שֶׁמֶשׁ כְּחָתָן יַעֲטֶה סוּת אוֹר

מֵאוֹרְךָ נֶאֱצַל וְלֹא נֶעֱדָּר

לָמַד לְסוֹבֵב אֶל פְּאַת מַעֲרָב

מִשְׁתַּחֲוֶה אֶל כִּסְאֲךָ, נֶאְדָּר

מִיּוֹם עֲבָדְךָ, שָׁר, וְכֵן עָבַד

יֶהְדַּר פְּנֵי רַבּוֹ יְהִי נֶהְדָּר

הוּא יוֹם בְּיוֹם מִשְׁתַּחֲוֶה לָךְ גַּם

אַתְּ מַעֲטֶה עָלָיו מְעִיל הָדָר.

5

17

THE REDEMPTION

The despoiled and dispersed Thou shalt gather
    to Zion,
    Restoring the slaves who were sold without fee,
And the priests to their ritual robes, while the
    scion
    Of families ruling shall once more be free
    To carol, high God, his thanksgiving to Thee.

To the heathen a banner to raise Thou wilt hasten,
    Thou shalt strengthen and gird up the loins
      that we trust,
And the suppliants whom Thy dispersal did
    chasten
    Thou wilt raise as of yore from captivity's dust,
    The breastplate of righteousness clothing the
      just.

My impudent foe seeks my life-faith to sever,
    To my face he enquires how long yet wilt thou
      wait,
But I am afflicted, not cast off for ever,
    For my God is the help of the low in estate,
    Protecting the poor as He humbles the great.

17

גְּאֻלָּה לְשַׁבָּת שְׁלִישִׁית אַחַר פֶּסַח

שְׁדוּדִים נְדוּדִים לְצִיּוֹן תְּקַבֵּץ
מְכוּרִים בְּלֹא הוֹן תְּשׁוֹבֵב לְמַרְבֵּץ
הָשֵׁב עֲבוֹדַת לְבוּשֵׁי תַשְׁבֵּץ
תִּרְעַת שִׁמְעַת מִשְׁפְּחוֹת יַעְבֵּץ
לְהוֹדוֹת וּלְזַמֵּר לְשִׁמְךָ עֶלְיוֹן.

לְגוֹיֵי הָאֲרָצוֹת תָּחִישׁ שְׂאֵת נֵס
יָנוֹן תְּגַבֵּר וּמָתְנָיו תְּשַׁנֵּס
עֲתָרַי תֶּאֱסֹף וּפוּצַי תְּכַנֵּס
תְּחַדֵּשׁ גְּאֻלָּה כְּטָאנֵס וְחָנֵס
צַדִּיק לוֹבֵשׁ צְדָקָה כַּשִּׁרְיוֹן.

מְשַׂנְאַי יְדַבֵּר עַזּוּת בְּפָנַי
מְבַקֵּשׁ לְאַבֵּד תּוֹחֶלֶת אֱמוּנַי
יְרִיבֵנִי עֲד אָן תּוֹחִיל לְעֵינַי
עֲנִיתִיו כִּי לֹא יִזְנַח לְעוֹלָם ה׳
מָעוֹז לַדָּל מָעוֹז לָאֶבְיוֹן

His heritage shall to the exile be given,
  And a strong hand the sick and the punished
    replace,
The abased and abandoned, by every fang riven,
  Shall their freshness renew by the patriarchs'
    grace
  And the strangers be scorched like a tropical
    place.

הָשֵׁב גְּרוּשָׁה לְנַחֲלַת יְרֻשָּׁה
וּפְקוֹד אֲנוּשָׁה בְּיַד צָר עֲנוּשָׁה
אֲכוּלָה בְּכָל־פֶּה נְתוּצָה וּנְטוּשָׁה
וְחַדֵּשׁ צִדְקַת אָבוֹת שְׁלֹשָׁה
וְזָרִים תַּכְנִיעַ כְּחוֹרֶב בְּצָיוֹן.

18

GOD AND ISRAEL

God:

Though bereaved and in mourning, why sit thus
    in tears?
Shall thy spirit surrender its hopes to its fears?
Though the end has been long and no light yet
    appears,
        Hope on, hapless one, a while longer.

I will send thee an angel My path to prepare,
On the brow of Mount Zion thy King to declare,
The Lord ever regnant shall reign again there,
        Thy King, O proclaim, comes to Zion.

Israel:

How long, O my God, shall I wait Thee in vain?
How long shall Thy people in exile remain?
Shall the sheep ever shorn never utter their pain
        But dumbly through all go on waiting?

18

גְּאֻלָּה לְשַׁבָּת רְבִיעִית אַחַר פֶּסַח

(בדרך שיחה בין הקב"ה וכנסת ישראל)

הקב"ה

שְׁכוּלָה אֲכוּלָה לָמָּה תִבְכִּי
הֲנוֹאָשׁ לִבֵּךְ מֵאֲשֶׁר תְּחַכִּי?

כנסת ישראל

קִצֵּךְ נִמְשַׁךְ וְאָרַךְ חָשְׁכִּי.

הקב"ה

הוֹחִילִי עֲנִיָּה עוֹד־מְעַט, כִּי
אֶשְׁלַח מַלְאָכִי לְפַנּוֹת דַּרְכִּי
וְעַל הַר צִיּוֹן אֶסּוֹךְ מַלְכִּי
בֹּא־יָבֹא מְבַשֵּׂר לְפַנּוֹת שְׁבִילָךְ
אִמְרוּ לְצִיּוֹן י"י מָלָךְ
הִנֵּה מַלְכֵּךְ עוֹד יָבֹא־לָךְ.

כנסת ישראל

לְאֵל, אֵלִי, כַּמָּה אֲיַחֵל
וְעַד־אָן תִּמְשׁוֹךְ גָּלוּת הַחֵל
וּבְנֵי רָחֵל גְּזוּזִים כְּרָחֵל
וַאֲנִי בְּכָל־זֹאת תָּמִיד אֲיַחֵל.

God:

Have faith, hapless one, I will pardon and free,
Not always shalt thou be abhorrent to Me,
But be Mine e'en as I shall return unto thee,
    'Tis yet but a little space longer.

Israel:

How long till the turn of my fate shall draw near,
How long ere the sealed and the closed be made
   clear,
And the palace of strangers a roof shall appear?

God:

    Hope on for a shelter and refuge.
With healing shall yet thy entreaties be graced,
As when Caphtor was crushed shalt thou
   triumph re-taste,
And the flowers cast off shall re-bloom in the
   waste,
    Hope on but a little space longer.

Israel:

My people of yore 'neath one people was drowned,
But from Egypt or Babel deliverance found,
But now we are hopelessly compassed around
    By four birds of prey grim and speckled.
They have eaten my flesh, yet to leave me are
   loath.

הקב"ה

הוֹחִילִי עֲנִיָּה לְפוֹדֶה וּמוֹחֵל
כִּי לֹא לְעוֹלָם בָּךְ אֲנִי בוֹחֵל
עוֹד מְעַט וְהָיִית לִי וַאֲנִי לָךְ.

כנסת ישראל

מָתַי יִקְרַב וְיַגִּיעַ הַתּוֹר
סָתוּם וְחָתוּם מָתַי תִּפְתּוֹר
אַרְמוֹן זָרִים מָתַי תִּסְתּוֹר?

הקב"ה

הוֹחִילִי עֲנִיָּה לְמַחְסֶה וּמִסְתּוֹר
כִּי עוֹד יֵשׁ לָךְ מַרְפֵּא וּמַעְתּוֹר
וְיִדּוֹם כַּפְתּוֹר כְּיוֹם אִי כַפְתּוֹר
וְיָצִיץ בְּמִצְחֵךְ צִיץ אֲשֶׁר נִשְׁלָךְ.

כנסת ישראל

הֲמוֹנֵי לְפָנִים בְּאַחַת נִטְבַּע
מִנֹּף וּבָבֶל בְּקָרוֹב נִתְבַּע
הֱיוֹת אֲנִי, עוֹד כְּעַיִט נִצְבַּע
נִקְבְּצוּ עָלַי מַלְכֻיוֹת אַרְבַּע
וְאָכַל בְּשָׂרִי וְעוֹד לֹא נִשְׂבַּע.

God:

The Rock you must trust to remember His oath,
Your lover that went shall return to His troth,
Hope on, hapless one, a whit longer.

הקב״ה

הוֹחִילִי עֲנִיָּה לְצוּר אֲשֶׁר נִשְׁבַּע
כִּי בָא יָבֹא דוֹד אֲשֶׁר הָלָךְ.

30

19

REASSURANCE: A TRIALOGUE.

Cantor to God:
"What profits it to see Thy people wallow,

  A prostrate lily whelmed in floods of water?

She twitters like a caged and frightened swallow,

  When Thou art girt with weapons for her
    slaughter.

Be over her, O Rock, a shield erected,

And make Thy corner-stone of that rejected!"

Congregation:
"Before my foe I am humiliated,

  He sits in fatted ease while I must wander,

Before his flouts and roars and blows prostrated,

  Yet I endure and fix my vision yonder,

And wait for healing, with my crying stifled,

Like Hannah's, and a heart subdued and rifled."

19

יוֹצֵר לְשַׁבָּת חֲמִישִׁית אַחַר פֶּסַח

(בדרך שיחה בין המשורר וכנסת ישראל והקב"ה)

המשורר להקב"ה

שְׁזוּפָה נְזוּפָה. בְּשִׁבֹּלֶת שְׁטוּפָה.
מַה־לָּךְ כְּפוּפָה. בְּלִי קוֹמָה זְקוּפָה.
תֵּשֵׁב עֲטוּפָה. כְּשׁוֹשַׁנָּה קְטוּפָה.
בְּכָל עֵת אֲשֶׁר תָּגוּר. כְּלֵי מָוֶת חָגוּר.
תְּצַפְצֵף כְּעָגוּר. בְּתוֹךְ מַסְגֵּר סָגוּר.
הֱיֵה לָהּ צוּר צִנָּה.
מְאוּסָה תִהְיֶה לְרֹאשׁ פִּנָּה.

כנסת ישראל

לִפְנֵי מְשַׂנְאַי אֲנִי תָמִיד נִכְנָע
רַעֲנָן וְשַׁאֲנָן וַאֲנִי נָד וָנָע
יִלְעַג וְיִשְׁאַג וְיָדוֹ לֹא יִמְנַע
אֲקַוֶּה לְעֵת מַרְפֵּא. וְאוֹחִיל וַאֲצַפֶּה.
וְאָשִׂים יָד עַל פֶּה. בְּלֵב נִכְפֶּה וְנִסְפֶּה.
כְּחַנָּה מוּל פְּנִנָּה.

Cantor to Congregation:
"What ails thee that soul-sick and bitter-
hearted,
   Thou faintest, face and hands with teardrops
streaming?
Sow charity, and kindness shall be carted,
   Who trusts in force is ignorantly dreaming.
Oppression passes, trampled by oppression,
And violence breeds violent succession."

Congregation to Cantor:
"My years have gone in sorrow and in sighing,
   I hoped for respite but instead comes wailing,
Before the balm arrives behold me dying."

Cantor to Congregation:
"Ah wait, faint heart, that sighest, sick and fail-
ing,
Thyself against God's mercy do not harden,
Thou, eased of foes, shalt flower like a garden."

Congregation to God:
"Mine eyes are sick and faint from hope's de-
pression,
   Dumb like a sheep I bear Thy storm of fury,
Perchance my pain shall cancel my transgression,
   Crush not the plagued and stricken son of
Jewry,

המשורר לכנסת ישראל

מַה־לְּךָ דְּוֵה לֵב בְּמַר לֵבָב תַּעֲטוֹף
אַפֶּיךָ וְכַפֶּיךָ בְּדִמְעָתְךָ תִּשְׁטוֹף
זְרַע לְךָ צְדָקָה כִּי חֶסֶד תִּקְטוֹף
הֲלֹא עָוֶל יִמַּס. וְגַם יִהְיֶה לְמִרְמָס.
וְכָל אוֹהֵב חָמָס. . . . .
לְזֶרַע מִי מָנָה.

כנסת ישראל

הָלְכוּ שְׁנוֹתַי בְּיָגוֹן וַאֲנָחָה
אֲקַוֶּה רְוָחָה וְהִנֵּה צְוָחָה
בְּטֶרֶם צֳרִי בָא נַפְשִׁי נִלְקָחָה.

המשורר

דְּוֵה לֵבָב נֶאֱנָח. קַוֵּה וְאַל תָּנַח.
לְאֵל כִּי לֹא יִזְנַח. וּמֵאוֹיֵב תְּהִי נָח.
וְתִפְרַח כְּמוֹ גַנָּה.

כנסת ישראל להקב"ה

חָלוּ וְכָלוּ עֵינַי מִיַּחֵל
זַעְפְּךָ אֶשָּׂא וְנֶאֱלַמְתִּי כְּרָחֵל
אוּלַי מְצוֹקִי יְהִי לְפִשְׁעִי מוֹחֵל
אַל תִּדְכֶּא. נָגוּעַ וּמֻכֶּה.

The broken-hearted, crouching 'neath Thy rod,
He waits Thee, night and day, O jealous God.

Gripped like a bird within its captor's fingers,
And crushed to dust, I groan beyond all bearing."

God:
"Hearken, afflicted one, for hope yet lingers,
    And look to Me, whose angel is preparing
My path, for though at night be tears and sadness
Yet in the morning come delight and gladness."

בְּלֵב נִשְׁבָּר וְנִדְכֶּה. לַיִל וָיוֹם יְחַכֶּה.
לְשִׁמְךָ אֵל קַנָּא.

קְשׁוּרָה בְּיַד צָר כְּצִפּוֹר בְּכַף תִּינוֹק
יְדַחֵק וְיִשְׂחַק וְהִיא תֶּאֱנֹק אָנוֹק

הקב"ה

שִׁמְעִי נָא עֲנִיָּה יוֹשֶׁבֶת צִינוֹק
צַפִּי לִי וְחַכִּי. מְהֵרָה אָנֹכִי.
אֶשְׁלַח מַלְאָכִי. לְפַנּוֹת אֶת דַּרְכִּי.
בָּעֶרֶב בֶּכִי וְלַבֹּקֶר רִנָּה.

20

DUOLOGUE

God:
"Daughter of Zion, tried in Sorrow's furnace,
　　E'en as I swore thy fathers, be at rest.
I swore it for My sake, and now thy crying
　　Hath mounted to My habitation blest,
　　And I have heard, for gracious is My breast."

Israel:
"Obeisance low I made, for I am feeble,
　　Thy kindliness responds to all who yearn.
Come back, dear Lord, whose name is linked with
　　　pardon,
　　No other saviour Israel can discern,
　　Unto his myriad families return!"

God:
"Where'er thy origin, whosoe'er thy master,
　　A man shall come—nay, I—thy cause to plead,
Whoever holds the bill of thy divorcement.
　　Like wall or tower of fire I guard thy seed,
　　Then wherefore weep or heart affrighted
　　　heed?"

20

גְּאֻלָּה

(בדרך שיחה בין הקב"ה וכנסת ישראל)

הקב"ה לכנסת ישראל

שְׁבִיָּה בַּת צִיּוֹן צְרוּפָה בְּכוּר עֳנִי
שְׁבוּעַת אֲבוֹתַיִךְ נִשְׁבַּעְתִּי לְמַעֲנִי
שַׁוְעָתֵךְ נִשְׁמְעָה עָלְתָה לִמְעוֹנִי
שָׁמַעְתִּי, כִּי חַנּוּן אָנִי

כנסת ישראל

שַׁחוֹתִי לִמְאֹד יָדִי כִּי אֵין לְאֵל
שִׁמְךָ טוֹב וְסַלָּח נִדְרָשׁ לְכָל שֹׁאֵל
שׁוּבָה כִּי אֵין לִי זוּלָתְךָ גֹּאֵל
שׁוּבָה אֲדֹנָי רִבֲבוֹת אַלְפֵי יִשְׂרָאֵל

הקב"ה

לְמִי אֵיפוֹא מְכַרְתִּיךְ יָבֹא אִישׁ רִיבֵךְ
לְמִי סֵפֶר כְּרִיתוּת אָרִיב אֶת יְרִיבֵךְ
לְמִגְדַּל אֵשׁ וְחוֹמָה אֲנִי אֶהְיֶה סְבִיבֵךְ
לָמָּה תִבְכִּי וְלָמָּה יֵרַע לְבָבֵךְ

Israel:

"Why do I weep? Because Thou keepest silence,
  Though violence rages and, all uncontrolled,
The mob destroys, and we as slaves to strangers,
  Master and man together, have been sold,
  And no Redeemer do our eyes behold."

God:

"Who art thou thus to shrink from man in terror
  And be dismayed because of mankind's scorn?
My angel I will send, as wrote the prophet,
  And gather Israel winnowed and new-born:
  This miracle shall be to-morrow morn."

Israel:

"To gather me my chieftains Thou didst promise,
  The day comes not and miracle is none,
Nor see I Temple built nor any herald
  Of Peace arrive to be my Holy One—
  Ah, wherefore lingers Jesse's promised son?"

God:

"Behold, I keep the oath I swore to gather
  My captives—kings shall bring their gifts to
      thee;
Created for a witness to the nations,
  My holy ones shall testify to Me—
  Yea, Jesse's son Mine eyes already see."

כנסת ישראל

לָמָּה אֶצְעֲקָה חָמָס וְלֹא תַעֲנֶה
לְהַשְׁמִיד וּלְאַבֵּד יֹאמַר הַמּוֹנֶה
לְזָרִים נִמְכַּרְנוּ יַחַד עֵר וְעֹנֶה
לַעֲבָדִים וְלִשְׁפָחוֹת וְאֵין קֹנֶה.

הקב"ה

מִי אַתְּ וַתִּירְאִי מֵאֱנוֹשׁ הַבּוֹזֶה
מַלְאָכִי אֶשְׁלַח כְּמִכְתַּב הַחוֹזֶה
מְזָרֵה יִשְׂרָאֵל אֶאֱסֹף מִזֶּה וּמִזֶּה
מָחָר יִהְיֶה הָאוֹת הַזֶּה.

כנסת ישראל

מוֹעֵד שַׂמְתָּ לִי לְקַבֵּץ שָׁלִישָׁי
מוֹפֵת לֹא אֶרְאֶה לְקוֹמֵם מִקְדָּשָׁי
מַשְׁמִיעַ שָׁלוֹם לֹא בָא לִקְדוֹשָׁי
מַדּוּעַ לֹא בָא בֶן יִשָׁי.

הקב"ה

הֵן בִּי נִשְׁבַּעְתִּי לֶאֱסֹף נִכְבָּשָׁי
הֲלֹא אָז הַמְּלָכִים לָךְ יוֹבִילוּ שָׁי
הִנֵּה עֵד לְאֻמִּים שַׂמְתִּי לִקְדוֹשָׁי
הִנֵּה רָאִיתִי בֵּן לְיִשָׁי.

21

ESTABLISH PEACE

Establish peace, for us, O Lord,
　In everlasting grace,
Nor let us be of Thee abhorred,
　Who art our dwelling-place.

We wander ever to and fro,
　Or sit in chains in exile drear,
Yet still proclaim where'er we go,
　The splendour of Our Lord is here.

Sore-tried, involved in heathen mesh,
　Deep-sunk as though in midmost sea,
Each morn the thought is roused afresh,
　Who will arise to set us free?

From rampart and from mountain reft,
　Immured in thick and pitchy gloom,
Had not the Lord a remnant left,
　Death in the dust had been our doom.

21

בַּקָּשָׁה לְשַׁבַּת נִצָּבִים

מְסְתַּגַּאב יְיָ תִּשְׁפּוֹת שָׁלוֹם לָנוּ:

יְיָ שְׁלוֹמְךָ שִׂים עָלֵינוּ
לָעַד וְאַל תִּגְעָלֵנוּ
יְיָ מָעוֹן אַתָּה הָיִיתָ לָּנוּ

אָמְרָה גוֹלָה וְסוּרָה
אֲשֶׁר בְּיַד צָרִים עֲצוּרָה
בְּעוֹדָהּ בְּגָלוּת סְגוּרָה
שָׁם אַדִּיר יְיָ לָנוּ

בְּחוּנָה בְגָלוּת יוֹשֶׁבֶת
כְּדָמָה בְּלֶב־יָם שׁוֹכֶבֶת
בְּכָל יוֹם תְּעוֹרֵר מַחֲשֶׁבֶת
לֵאמֹר מִי יַעֲלֶה לָנוּ

גְּרוּשָׁה מֵחֵל וָעוֹפֶל
סְגוּרָה בְמַחְשָׁךְ וְאוֹפֶל
כִּמְעַט תֹּאבַד מִשֵּׁפֶל
לוּלֵא יְיָ צְבָאוֹת הוֹתִיר לָנוּ

All realms behold our driven seed,
  Like wounded doves we fly their hate.
All nations hunt us and impede
  And in the desert lie in wait.

Gripped as a bird within a net,
  Ever pursued in deadly chase,
With harsh devices daily met,
  Perchance our God will grant us grace.

How many periods are past,
  And we in exile lingering,
By enemies encompassed fast,
  Who jeer that now we have no King!

They plot and league in lying spite
  God's truth with cunning to eclipse,
Our tongues, they say, shall give us might,
  We own no master to our lips.

Shine forth, great God, in splendid flame,
  Bare Thy great arm of ancient days,
Be jealous for Thy glorious name,
  Not unto us, O Lord, the praise.

דְּחוּיָה עַל כָּל מַמְלֶכֶת
כְּיוֹנָה קְצוּצָה נִשְׁלֶכֶת
צָדוּ צְעָדֵינוּ מִלֶּכֶת
בַּמִּדְבָּר אָרְבוּ לָנוּ

הַכְּלוּאָה כְּצִפּוֹר בְּתוֹךְ רֶשֶׁת
בְּכָל עֵת לִשְׁחֵט נִדְרֶשֶׁת
וְהִיא בְּכָל יוֹם חוֹרֶשֶׁת
אוּלַי יִתְעַשֵּׁת הָאֱלֹהִים לָנוּ

וְכַמָּה זְמַנִּים נֶחְשָׁבוּ
וְעַמְּךָ בְּגָלוּת יָשָׁבוּ
וְאוֹיְבִים עָלֵינוּ נָסַבּוּ
כִּי עַתָּה יֹאמְרוּ אֵין מֶלֶךְ לָנוּ

זָמְמוּ שֶׁקֶר לְהַחְבִּיר
וְכִחֲשׁוּ בְּדָת אֵל כַּבִּיר
אֲשֶׁר אָמְרוּ לִלְשׁוֹנֵנוּ נַגְבִּיר
שְׂפָתֵינוּ אִתָּנוּ מִי אָדוֹן לָנוּ

חֲסִין יָהּ הוֹפַע בְּהוֹדְךָ
וְגַלֵּה כְּמֵאָז יָדֶיךָ
וְקַנֵּא לְשֵׁם כְּבוֹדֶךָ
לֹא לָנוּ יְיָ לֹא לָנוּ

To dust the Arab kingdom sweep,
  The ravenous beasts who tear and bite,
Who rend our scattered sons as sheep,
  Whose motto is to seize by might.

Our heritage they have possessed,
  Exiled, devoured us at their will,
Consumed and wasted and oppressed
  And machinate against us still.

So low our nation hath been brought,
  So many masters override,
A little more and it were naught,
  Had not the Lord been on its side.

Beneath the feet of slaves we bend,
  In pit and prison we are pressed,
The hunters at our necks impend,
  We labour still and have no rest.

Where is that kindness from above
  Of which Thy servitors have heard,
The boon of Thy peculiar love,
  For which we have our fathers' word?

טָאֵט מַלְכֵי נְבָיוֹת
וּטְרוֹף פְּרִיצֵי חַיּוֹת
טוֹרְפִים פְּזוּרִים כְּשֵׂיּוֹת
אֲשֶׁר אָמְרוּ נִירְשָׁה לָנוּ

יָרַשׁ אוֹתָנוּ שֵׂעִיר וְהֶגְלָנוּ
וְהַיּוֹם כַּמָּה אֲכָלָנוּ
הָאִישׁ אֲשֶׁר כִּלָּנוּ
וַאֲשֶׁר דִּמָּה לָנוּ

כְּאַיִן תַּמְנוּ וְאָבַדְנוּ
מֵרוֹב אֲדֹנִים עֲבָדְנוּ
כִּמְעַט מִגּוֹי נִכְחַדְנוּ
לוּלֵי יְיָ שֶׁהָיָה לָנוּ

לְרַגְלֵי עֲבָדִים כָּפַפְנוּ
וְאֶל בּוֹר וּמַסְגֵּר אֻסַּפְנוּ
עַל צַוָּארֵינוּ נִרְדָּפְנוּ
יָגַעְנוּ וְלֹא הוּנַח לָנוּ

מָרוֹם אַיֵּה חֲסָדֶיךָ
גָּמַלְתָּ מֵאָז יְדִידֶיךָ
אֲשֶׁר שָׁמְעוּ עֲבָדֶיךָ
וַאֲבוֹתֵינוּ סִפְּרוּ לָנוּ

O glorious sovran of the height,
   Abase, destroy their topmost tower,
The final marvel bring to light,
   Arise and save us, show Thy power.

Uplift the lowly from the mire,
   And make our meditation sweet,
The lily gather from the brier,
   And our salvation, Lord, complete.

With joy the lost and wounded bless,
   Wipe from all eyes the tears that run
Unveil the orb of righteousness,
   For unto us is born a son.

O break the yoke, the slave release,
   Rebuke the arrogant again,
And send Thy messenger of peace,
   Whose feet are welcome as the rain.

Rejoice, my dear despised, the King
   In all His beauty thou shalt see,
And this the song that men shall sing
   In Judah's land, our own and free

נָאוֹר גֵּאִים שַׁקֵּץ
וְנִרְדָּם מִנּוּם הָקֵץ
וְגַלֵּה פְּלִיאַת הַקֵּץ
קוּמָה עֶזְרָתָה לָנוּ

שַׂגֵּב שְׁפָלִים מִשְּׁחוֹחַ
וְשִׂיחָם יֶעֱרַב כְּנִיחוֹחַ
וּלְקוֹט שׁוֹשָׁן מֵחוֹחַ
וּלְכָה לִישׁוּעָתָה לָנוּ

עֲצוּבָה עֲזוּבָה תְּשַׂמַּח
וְדִמְעַת לְחָיָהּ תִּמַּח
וְשֶׁמֶשׁ צְדָקָה תְּצַמַּח
כִּי יֶלֶד יֻלַּד לָנוּ

פְּרוֹק עֻלִּי וְהָסֵר
וְזֵדִים תּוֹסֵף לְיַסֵּר
וּשְׁלַח רַגְלֵי מְבַשֵּׂר
וְיָבֹא כַגֶּשֶׁם לָנוּ

צַהֵל יַקִּיר וְנִבְזֶה
וּמֶלֶךְ בְּיָפְיוֹ נֶחֱזֶה
וְיוּשַׁר הַשִּׁיר הַזֶּה
בְּאֶרֶץ יְהוּדָה עִיר עָז לָנוּ

The prayer of the meek finds grace,
   And God will hearken and forgive,
Tread down corruption, sin erase,
   And in His light will let us live.

My song of penitence He ranks
   As though an altar-sacrifice.
Healed of my sins I give Him thanks,
   Who 'spite our deeds remits the price

Delight and peace from Thee we hail,
   Thy hand Thy people's sin outscored
Drew o'er iniquity a veil
   Nor gave wrongdoing its reward.

Perpetual ascend to Thee
   Thy people's and Thy servants' cries,
O let us Thy compassion see,
   And Thy salvation greet our eyes.

קְרִיאַת עֲנָוִים תְּצַלַּח
וְאַתָּה תִּשְׁמַע וְתִסְלַח
וְתִמְחֶה עָוֹן נֶאֱלָח
אֵל יְיָ וַיָּאֶר לָנוּ

רִנַּת עוֹשֵׂי תְשׁוּבָה
תִּהְיֶה כְעוֹלָה חֲשׁוּבָה
וְיוֹדוּ רְפוּאֵי מְשׁוּבָה
לֹא כַחֲטָאֵינוּ עָשָׂה לָנוּ

שָׁלוֹם וְחֶדְוָה עָשִׂיתָ
וַעֲוֹן עַמְּךָ הִמְסִיתָ
פֶּשַׁע וְחַטָּאָה כִּסִּיתָ
כִּי לֹא כְמַעֲשֵׂינוּ פָּעַלְתָּ לָנוּ

תָּמִיד תִּהְיֶה נֶגְדֶּךָ
שַׁוְעַת עַמְּךָ וַעֲבָדֶיךָ
הַרְאֵנוּ יְיָ חַסְדֶּךָ
וְיֶשְׁעֲךָ תִּתֶּן לָנוּ.

22

JUDGMENT

My breast I am smiting,
My own sins indicting.
  How then canst Thou draw me
  To strife and thus awe me,
And bring Me to judgment?

My branch hangeth ailing,
My eyelid is failing,
  My aims to derision
  Are turned by the vision
Of Thee bringing judgment.

The creditor calleth,
The dread decree falleth,
  The awful day breaking
  God's creatures sets quaking
In fear of His judgment.

Through Thy attributes preaching,
Almighty, and teaching,
  O weigh aberration
  In the scale of salvation,
Nor bring us to judgment.

In Thy merciful fashion
Award us compassion,
  That man who but dust is
  May handle with justice
The haters of judgment.

22

מְקַדְּמָה לְמִשְׁפָּטִים לְלֵיל רִאשׁוֹן שֶׁל רֹאשׁ הַשָּׁנָה

אַכֶּה כַפִּי עַל רֹב אַכְפִּי
אֵיךְ לִי תַקְרִיב וְתַגִּישׁ לְרִיב
וְאוֹתִי תָבִיא בְמִשְׁפָּט

נוֹחַל סַרְעַף וְכָלָה עַפְעַף
נִבְהַל רַעְיוֹן בְּקָרְאִי חֶזְיוֹן
וְקָרַבְתִּי אֲלֵיכֶם לַמִּשְׁפָּט

יוֹם בֹּא נוֹשֶׁה בְמוֹ דִין קָשֶׁה
יְצוּרִים יַרְעִישׁ וְאוֹתָם יַגִּישׁ
לַעֲשׂוֹת בָּהֶם מִשְׁפָּט

שַׁדַּי מוֹרֶה לִשְׁלֹשׁ עֶשְׂרֵה
שְׁקוֹל נָא פֶשַׁע בְּמֹאזְנֵי יֶשַׁע
וְאַל תָּבֹא בְמִשְׁפָּט

לָכֵן תַּחֲמוֹל וְחֶסֶד תִּגְמוֹל
לְמַעַן יִצְדַּק מֵאָבָק דַּק
הַמְתַעֲבִים מִשְׁפָּט

Like a vapour evanished,
Man is melted and banished,
   His birth is coëval
   With a harvest of evil,
'Tis Thou must bring judgment.

We await—O behold us—
Thy love to enfold us.
   Did Thy warning not hasten
   Our impulse to chasten?
For the Lord loveth judgment.

מָה אֱנוֹשׁ נָמֵס יַהֲלוֹךְ תֶּמֶס
מִיּוֹם נוֹצַר עַוְלָה קָצַר
וְהַצִּיג בְּשַׁעַר מִשְׁפָּט

הִנְנוּ נְצַפֶּה חֶסֶד כְּלַפֵּי
הֲכִי מִהַרְתָּ וְלָנוּ הִזְהַרְתָּ
כִּי ה׳ אוֹהֵב מִשְׁפָּט.

23

PRAYER FOR THE ḤAZZAN

As the servant longs for the master's hand, so
craves the cantor's soul,
O extend Thy mercy upon him, rend his debt-
recording scroll.
"Unto Me return, then will I to thee"—were
this Thy word unsaid,
Like a captain humbled while at his post he
now would droop his head.
To Thy servant, Lord, Thou wilt surely ope the
penitential way,
May his fruit be sweet as he stands to lead
our prayers to Thee to-day.
As we watch our brother, behold, we note the
grey that streaks his hair,
And his heart a-swim in a sense of sin as
praying stands he there.
Let the fervent breath of Thy suppliant be
witness for his heart,
Let him but return to Thee this once, he never
will depart.

23

רְשׁוּת לְנִשְׁמַת יוֹם רִאשׁוֹן שֶׁל רֹאשׁ הַשָּׁנָה

— — | — ◡ — — | — — | — ◡ — —

שׁוֹאֵף כְּמוֹ עֶבֶד יִשְׁאַף לְיַד רַבּוֹ
חַסְדְּךָ פְּרוֹשׂ עָלָיו וּקְרַע שְׁטַר חוֹבוֹ

לוּלֵי אֲמִירָתְךָ שׁוּבוּ וְאָשׁוּבָה
הָיָה כְּרַב חוֹבֵל נִכְנַע בְּמַצָּבוֹ

מִשְׁעוֹל תְּשׁוּבָתְךָ תִּפְתַּח לְעֶבֶד קָם
הַיּוֹם לְהִתְפַּלֵּל לָךְ יֶעֱרַב נִיבוֹ

הָהּ לוֹ בְּעֵת רוֹאוֹ שֵׂיבָה זְרוּקָה בוֹ
לִבּוֹ בְּיָם חֶטְאוֹ יִשְׂחֶה בְמוֹ עָצְבּוֹ

נִשְׁמַת מְחַלֶּיךָ תָּעִיד עֲלֵי לִבּוֹ
לֹא יַעֲשֶׂה עָוֶל מֵאַחֲרֵי שׁוּבוֹ.

24

TWO THINGS HAVE MET

Two things have met in me, one in their ways,
  And stand within me, above or below,
My tongue that hastes to proclaim Thy praise,
  My heart Thy greatness to see and know.
The angels on high cannot speak of Thy glory,
Then how shall contemptible man tell its story?

When men bring tribute, an ox, say, or dove,
  The lean or the fat gives Thee equal delight,
If but 'tis brought by a heart full of love.
  So too take my prayer as priestly rite,
For my soul and spirit unite in Thy praise,
Two things having met in me, one in their ways.

24

רְשׁוּת לְיוֹם שֵׁנִי שֶׁל רֹאשׁ הַשָּׁנָה

⏑ — — — | ⏑ — — — | ⏑ — —

שְׁנַיִם נִפְגְּשׁוּ־בִי זֶה־כְּמוֹ־זֶה
וְעָלַי נִצְּבוּ מִזֶּה וּמִזֶּה
לְשׁוֹנִי אָץ לְסַפֵּר מַהֲלָלָךְ
וְלִבִּי גָדְלְךָ יָבִין וְיֶחֱזֶה
מְשָׁרְתִים לֹא יְשִׂיחוּן מִכְּבוֹדָךְ
מְעַט אַף כִּי אֱנוֹשׁ צָעִיר וְנִבְזֶה
הֲכִי יַקְרִיב לְךָ זֶה שׁוֹר וְזֶה תוֹר
בְּלֵב נָכוֹן, יְהִי שָׁמֵן וְרָזֶה
לְךָ תִקְרַב תְּפִלָּתִי וְתֶעֱרַב
כְּקָרְבָּן עַל יְדֵי חוֹזֶה וּמַזֶּה
כְּנִשְׁמָתִי כְּרוּחִי לָךְ תְּבָרֵךְ
שְׁנַיִם נִפְגְּשׁוּ־בִי זֶה־כְּמוֹ־זֶה.

25

FOR NEW YEAR'S DAY

The breath of the remnant of Jacob shall praise
    Thee,
For with testimony confirmed Thou hast made
    him Thy witness
And keepest Thy covenant with him and Thy
    kindness;
Therefore shall he thank Thee on the day Thou
    hast appointed judgment.

The breath of the company of Israel shall ravish
    Thy heart,
        Daily proclaiming Thy Unity.
To be judged of Thee and by Thy hand inscribed
        In the book of life,
They stand this day according to Thy ordinance,
        For all things are Thy servants.

The breath of the nation set apart from the
    seventy
And weighing true in the scales of righteousness,
        Shall hail Thee as King,
A monarch of justice and righteousness,
Who sits on the Throne of righteousness,
        A righteous judge.

The breath of the congregations chosen of Thee
    shall thank Thee,
        And their bannered tribes,

25

נִשְׁמַת לְיוֹם שֵׁנִי שֶׁל רֹאשׁ הַשָּׁנָה

נִשְׁמַת שְׁאָר יַעֲקֹב אֲשֶׁר בְּעֵדוּת נֶאֱמָנָה הַעֲדַתּוֹ   תְּשַׁבְּחָךְ
שׁוֹמֵר הַבְּרִית וְהַחֶסֶד לְךָ תוֹדֶה יוֹם לַמִּשְׁפָּט יְעַדְתּוֹ
יְיָ לְמִשְׁפָּט שַׂמְתּוֹ וְצוּר לְהוֹכִיחַ יְסַדְתּוֹ

נִשְׁמַת לַהֲקַת יְשֻׁרוּן בְּכָל יוֹם מְיַחֲדֶיךָ   תְּלַבְּבָךְ
לְהַצְדִּיקָם וּלְכָתְבָם לְחַיִּים בִּכְתַב יָדֶיךָ
לְמִשְׁפָּטֶיךָ עָמְדוּ הַיּוֹם כִּי הַכֹּל עֲבָדֶיךָ

נִשְׁמַת מְפֹרֶשֶׁת מִשְׁבְעִים נְכוֹחָה בְּמֹאזְנֵי צֶדֶק   תַּמְלִיכָךְ
מֶלֶךְ הָעוֹשֶׂה מִשְׁפָּט וָצֶדֶק
יָשַׁבְתָּ לְכִסֵּא שׁוֹפֵט צֶדֶק

נִשְׁמַת הֲמוֹנֵי סְגֻלָּה דִּגְלֵי שְׁבָטֶיךָ   תְּהוֹדָךְ

O Thou who stretchest Thy hand to receive the
  transgressors of Thy judgments,
That Thou mayest be justified when Thou speak-
  est
And be in the right when Thou judgest.

The breath of those conserved in Israel,
      Thy servants who fear Thee,
      Shall hail Thee as mighty.
Thou art near to all that call upon Thee,
Righteousness and justice are the foundation of
  Thy throne.

The breath of the holy ones hallowing Thee,
Responding in all their passion of desire,
      Acclaims Thee as holy.
Holy God, King living forever, they cry,
And would that our mouths were as full as the sea
      With song!

הַפּוֹשֵׁט יָד לְקַבֵּל עוֹבְרֵי מִשְׁפָּטֶיךָ
לְמַעַן תִּצְדַּק בְּדָבְרֶךָ תִּזְכֶּה בְּשָׁפְטֶךָ

נִשְׁמַת חֲנִיטֵי יְשֻׁרוּן עֲבָדֶיךָ יְרֵאֶיךָ תְּחַסְנֶךָ
זָךְ קָרוֹב לְכָל קוֹרְאֶיךָ
צֶדֶק וּמִשְׁפָּט מְכוֹן כִּסְאֶךָ

נִשְׁמַת קְדוֹשִׁים קְדֻשָּׁתֶךָ עוֹנִים בְּכָל מַאֲוַיִּם תַּקְדִּישֶׁךָ
קָדוֹשׁ אֵל מֶלֶךְ חַי וְקַיָּם
אוֹמְרִים וְאִלּוּ פִינוּ מָלֵא שִׁירָה כַּיָּם.

26

MY LORD AND KING

Almighty God, on lofty throne
  In wisdom Thou didst build the world,
  Thy might the firmament unfurled
And Thou wast King ere kings were known.

Sole King, who hung the earth on naught,
  In great assemblies I will cry,
  For every soul must testify,
The Lord of hosts rules all He wrought.

His seat is hid in mystery,
  Myriads of holy ones in dread,
  His ministers in lowlihead,
Surround His awful Majesty.

His praises in set order sing,
  Although all praise He hath outsoared,
  Declare the Kingdom of the Lord,
Proclaiming that the Lord is King.

26

לְשַׁחֲרִית יוֹם רִאשׁוֹן שֶׁל רֹאשׁ הַשָּׁנָה

מְסֻתַּגָּאב אֲרוֹמִמְךָ אֱלֹהַי הַמֶּלֶךְ

מֶלֶךְ שַׁדַּי הַשּׁוֹכֵן רוּמָה
עוֹשֶׂה תֵּבֵל בְּחָכְמָה
וְנוֹטֶה שָׁמַיִם בְּעָצְמָה
לִפְנֵי מְלָךְ מֶלֶךְ

מֶלֶךְ לְבַדּוֹ תּוֹלֶה אֶרֶץ עַל בְּלִימָה
אֲהוֹדֶנּוּ בְּסוֹד עֵדָה עֲצוּמָה
וְלוֹ תָעִיד כֹּל הַנְּשָׁמָה
יְיָ צְבָאוֹת הוּא מֶלֶךְ

מֶלֶךְ מִסְתַּתֵּר בְּחֶבְיוֹן מוֹשָׁבָיו
נַעֲרָץ בְּסוֹד קְדוֹשִׁים אַלְפֵי רְבָבָיו
וְנוֹרָא עַל כָּל סְבִיבָיו
הַמְשָׁרְתִים אֶת פְּנֵי הַמֶּלֶךְ

מֶלֶךְ הַלֲלוּהוּ בְּשִׁירָה עֲרוּכָה
לָאֵל הַמְּרוֹמָם עַל כָּל בְּרָכָה
וְהָיְתָה לַיְיָ הַמְּלוּכָה
וְהָיָה יְיָ לְמֶלֶךְ

The depths of sky His mercy planned,
　　The waters are His footstools. He
　　　Their measures gave to stream and sea
And poured them in with royal hand.

The sea unto His bounds submits,
　　Our King and God, so great and high,
　　　His glory covers all the sky
When that upon His throne He sits.

Sole King, He spreads for curtain Space,
　　The sun uprises from the east
　　　To draw from earth a dainty feast,
A strong man glad to run a race.

O glorious Sovereign whom I sing,
　　Be gracious unto us and kind,
　　　For Thine own sake, if but I find
Grace in Thine eyes, my Lord and King.

מֶלֶךְ בּוֹרֵא בְחַסְדּוֹ מְרוֹמִים
וְיוֹסֵד מְמַדֵּי הֲדוֹמִים
עַל נְהָרוֹת וְיַמִּים
יְצַקֵּם הַמֶּלֶךְ.

מֶלֶךְ רָם גְּבוּל לַיָּם עָשָׂה
אֵל רָם וְנִשָּׂא
הוֹדוֹ שָׁמַיִם כִּסָּה
כְּשֶׁבֶת הַמֶּלֶךְ

מֶלֶךְ יָחִיד יְסוֹד דּוֹק הֵאִיר
וְזָרַח שֶׁמֶשׁ מִפְּאַת מִזְרָח
כְּגִבּוֹר לָרוּץ אֹרַח
וְהוּא יִתֵּן מַעֲדַנֵּי מֶלֶךְ

מֶלֶךְ הָדוּר הַמְּצִיאֵנוּ חִנָּךְ
וַעֲשֵׂה נָא לְמַעֲנָךְ
אִם מָצָאתִי חֵן בְּעֵינֶךָ
אֲדוֹנִי הַמֶּלֶךְ.

27

BLOW YE THE TRUMPET

To the glorious one, girdled by praise,
Great in deeds and tremendous in ways,
Who filleth with wonders our days,
    Blow ye at New Moon the trumpet.

To the Lord whose decrees never fail,
Who spreadeth the clouds like a veil,
And maketh the dust hard as mail,
    Blow ye at New Moon the trumpet.

To the Builder whose measures none knows,
By whom the high heavens arose,
And beauty like lightning that glows,
    Blow ye at New Moon the trumpet.

To the Judge who His servants will spare,
For the souls of His faithful will care,
And will make their inheritance fair,
    Blow ye at New Moon the trumpet.

To the Chief on whose breast Right is borne,
Who is served by the seed to Him sworn,
Who gathereth lilies from thorn,
    Blow ye at New Moon the trumpet.

27

לְשַׁחֲרִית יוֹם שֵׁנִי שֶׁל רֹאשׁ הַשָּׁנָה

מסתגאב תִּקְעוּ בַחֹדֶשׁ שׁוֹפָר

לְאַדִּיר נוֹרָא תְהִלּוֹת
לְאַמִּיץ עוֹשֶׂה גְדוֹלוֹת
וְנִפְלָאוֹת עַד אֵין מִסְפָּר
תִּקְעוּ בַחֹדֶשׁ שׁוֹפָר

לְנָאוֹר גּוֹזֵר וּמֵקִים
לְנוֹטֶה כַדֹּק שְׁחָקִים
בְּצֶקֶת לַמּוּצָק עָפָר
לְיוֹסֵד מְמַדֵּי נְשִׁיָּה
לְיוֹצֵר מְאוֹרֵי עֲלִיָּה
וּמַבְרִיק נֹגַהּ שְׁפַרְפָּר
לְשׁוֹפֵט הַיּוֹם עֲבָדָיו
לְשׁוֹמֵר נַפְשׁוֹת חֲסִידָיו
וְנַחֲלָתָם תִּשְׁפָּר
לְלוֹבֵשׁ כַּשִּׁרְיָן צֶדֶק
לְלוֹקֵט שׁוֹשָׁן מֵחֶדֶק
זֶרַע יַעַבְדֶנּוּ יְסֻפָּר

To the Washer who whiteneth sin,
Whose cloud blotteth evil within,
Whose forgiveness repentance can win,
    Blow ye at New Moon the trumpet.

To the Alchemist turning his gold
To the diamond's perfection, clear, cold,
Like the streams that Damascus enfold,
    Blow ye at New Moon the trumpet.

To the Lord who His scattered will keep,
To whom cries of the lowly that weep
Are dearer than bullocks or sheep,
    Blow ye at New Moon the trumpet.

לְמַלְבִּין צַחֲנַת רְשָׁעִים
לְמוֹחֶה כְעָב פְּשָׁעִים
וְסָר עֲוֹנָם וְחַטָּאתָם תְּכֻפָּר
לְהוֹפֵךְ כְּתָמִים לְיַהֲלוֹם
לְהַטּוֹת אֲלֵיהֶם שָׁלוֹם
כְּמֵימֵי אֲמָנָה וּפַרְפָּר
לְחַקּוֹת זְרוּיָיו לְחַיִּים
לְקַבֵּל שַׁוְעַת עֲנִיִּים
וְתִיטַב לַה׳ מִשּׁוֹר פָּר.

28

LET THE ISLES REJOICE

Let the numerous isles rejoice with trembling,
For He is high and exalted and acknowledged as
  One
In the height of the firmament.
The Lord reigneth, let the earth rejoice.
The clouds acclaim Thee beyond every other
  power,
In every mouth is thy unity uttered,
And by the people of God is Thy praise pro-
  claimed.
And who is like to Thy people Israel,
The one nation on earth,
To give thanks to Thee upstanding,
O God inhabiting the heights,
And to proclaim Thee as One?
The Lord reigneth, let the nations quake.
He sitteth among the Cherubim, let the earth
  tremble.
The scattered shalt Thou assemble and the sigh-
  ing redeem,
To Thy holy house Thou shalt lead them with
  rejoicing,
And from earth's four corners gather the exiles.

28

מְקַדְּמָה לְמַלְכֻיּוֹת

יִשְׂמְחוּ אִיִּים רַבִּים בְּמֶרֶץ
כִּי הוּא רָם וְנִשָּׂא וְיָחִיד בְּרוּם עֶרֶץ
ה׳ מָלָךְ תָּגֵל הָאָרֶץ

שְׁחָקִים יוֹדוּ אוֹתְךָ עַל כָּל אֵל
וְאַתְּ מְיֻחָד בְּפִי כָל מְהֻלָּל בְּעַם אֵל
וּמִי כְעַמְּךָ יִשְׂרָאֵל גּוֹי אֶחָד בָּאָרֶץ

לְהוֹדוֹת לְךָ קָמִים. אֵל שׁוֹכֵן מְרוֹמִים
מְיַחֲדִים ה׳ מָלָךְ יִרְגְּזוּ עַמִּים
יוֹשֵׁב כְּרוּבִים תָּנוּט הָאָרֶץ

מְפֻזָּרִים תְּאֱסוֹף וְתוֹשִׁיעַ אֲנוּחִים
תְּנַהֲלֵם לְבֵית קָדְשְׁךָ שְׂמֵחִים. וְנִדָּחִים
תְּקַבֵּץ מֵאַרְבַּע כַּנְפוֹת הָאָרֶץ.

29

FOR THE DAY OF MEMORIAL

The seeker of good shall acceptance find
   From the God whose glory is boundless,
If he turn unto Him with repentant mind,
And sackcloth on both of his shoulders bind
     By way of memorial.

So come and return to our God on high
   Who fashioned the uttermost heavens,
Let your songs of praise to His footstool fly
And thank Him to-night in a choral cry
     By way of memorial.

O King of the Kingdom that hails Thy name
   Since first to the void Thou spakest,
Evoking the light that from darkness came,
Accept this plea to expunge my shame
     As rite of memorial.

Prepare, O Israel, to meet Thy God,
   Let every man seek to find ransom,
Remove the evil at which ye nod,
Cleanse ye and wash ye or dread His rod
     This day of memorial.

29

מְקַדִּמָה לְזִכְרוֹנוֹת

שׁוֹחֵר טוֹב יְבַקֵּשׁ רָצוֹן מֵאֵל עַל
שֵׁם כְּבוֹדוֹ נִמְצָא בְאֵין תַּחַת וָמַעַל
שׁוּב יָשׁוּב אֵלָיו וְשַׂק יָשִׂים עַל
שְׁתֵּי כְתֵפָיו לְזִכָּרוֹן.
לְכוּ וְנָשׁוּבָה אֶל אֵל יוֹצֵר רוּם וּנְשִׁיָּה
לִשְׁמוֹ נְתַנֶּה שִׁיר וְשֶׁבַח וְהוֹדָיָה
לֵיל זֶה נָרִיעַ לוֹ וְהָיָה
לִבְנֵי יִשְׂרָאֵל לְזִכָּרוֹן.
מֶלֶךְ הַמַּלְכוּת שֶׁלְּךָ הִיא
מֵאָז אָמַרְתָּ יְהִי אוֹר וַיְהִי
מְחֵה פְשָׁעַי וְקַבֵּל תְּחִנָּתִי כִּי הִיא
מִנְחַת זִכָּרוֹן.
הִכּוֹן לִקְרַאת אֱלֹהֶיךָ יִשְׂרָאֵל וְתִמְצָא פִדְיוֹם
הָסִירוּ רוֹעַ מַעַלְלֵיכֶם יֹאמַר אָיוֹם
הִזַּכּוּ רַחֲצוּ וְהָיָה הַיּוֹם
הַזֶּה לָכֶם לְזִכָּרוֹן.

30

GOD DWELLETH HIGH

God dwelleth high above man's dwelling-place,
Ye multitudes, come praise and honour Him,
Huzzah before the King whose name is God,
Sound joyous flourishes upon the trumpet.
His creatures fear His glory more than man
When awful deeds are wrought, for dread is He.
The day shall be when at the sound of trumpet
Thy people to the Mount of Olives flock,
And they, according to Thy word, shall go
With shouting and with tumult and perceive
The thunders, lightnings, and the trumpet's
    sound.
Regard the people nestling in Thy shadow,
And trustfully proclaiming that perchance
Again the Lord of hosts will gracious be
And marvels once again be wrought in thunder
And lightning and thick cloud upon the Mount
And pealing of the Shofar.   Consecrate
Yourselves again to-day unto His service,

30

מְקַדְּמָה לְשׁוֹפָרוֹת

אֵל שׁוֹכֵן בְּרוּם מְעוֹנַי
שַׁבְּחוּהוּ וְהַדְּרוּהוּ הֲמוֹנַי
הָרִיעוּ לִפְנֵי הַמֶּלֶךְ ה׳
בַּחֲצוֹצְרוֹת וְקוֹל שׁוֹפָר.
נָאוֹר מִמֶּנּוּ יְצוּרִים יִרְהוּ
בַּעֲשׂוֹתוֹ נוֹרָאוֹת כִּי נוֹרָא הוּא
לְעַמּוֹ וְהָיָה בַּיּוֹם הַהוּא
יִתָּקַע בְּשׁוֹפָר.
יַחַד עַמְּךָ לְהַר הַזֵּיתִים לַעֲלוֹת
יֵלְכוּ בְּמַאֲמָרֶיךָ הֲמוּלוֹת
וְכָל הָעָם רוֹאִים אֶת הַקּוֹלוֹת
וְאֶת הַלַּפִּידִים וְאֵת קוֹל הַשּׁוֹפָר.
שְׁעֵה קְרִיאַת עָם בְּצִלְּךָ יִתְלוֹנָן
אוּלַי ה׳ צְבָאוֹת יֶחֱנַן
וְתַפְלִיא פֶּלֶא בְּקוֹלוֹת וּבְרָקִים וְעָנָן
כָּבֵד עַל הָהָר וְקוֹל שׁוֹפָר.
לְעָבְדוֹ כְּהַיּוֹם יְדֵיכֶם מַלְּאוּ

And should again your glad redemption dawn,
Uplift yourselves sublime above all else,
And mark the banner flown upon the mountains
What time the horn resounds. O Lord, whose
    dread
Sets all the world's inhabitants a-tremble,
Be herald of good tidings to the people,
So staunch beneath the adversary's yoke.

Thus when the ram's horn poureth forth its note
And ye shall hear the Shofar's long-drawn peal,
Thanksgiving offer up to God and song,
And tell His mighty deeds and chant His praise
According to the measure of His greatness.
O praise Him with the sounding of the trumpet,
So shall the Merciful show graciousness
To you who cry, and as of old restore
Your captives, yea the Lord of hosts o'er you
Shall keep His watch, with trumpet-blasts for
    warning.

וּבְבוֹא עֵת פְּדוּתְכֶם עַל כֹּל תִּתְנַשְּׂאוּ
כִּנְשׂוֹא נֵס הָרִים תִּרְאוּ
וְכִתְקוֹעַ שׁוֹפָר.
מִפַּחְדְּךָ רָגְזוּ מְתֵי תֵבֵל
בַּשֵּׂר עָם עַל קָמִים סוֹבֵל
וְהָיָה בִּמְשׁוֹךְ בְּקֶרֶן הַיּוֹבֵל
בְּשָׁמְעֲכֶם אֶת קוֹל הַשּׁוֹפָר.
הַעֲלוּ תוֹדָה לְאֵל וְשִׁירוּ לוֹ
וְסַפְּרוּ גְבוּרוֹתָיו וְזַמְּרוּ לוֹ
הַלְלוּהוּ כְּרֹב גֻּדְלוֹ
הַלְלוּהוּ בְּתֵקַע שׁוֹפָר.
חַנּוּן יֶחֱנַן לְקוֹל צַעֲקַתְכֶם
וְשׁוּב יָשִׁיב כְּמֵאָז אֶת שְׁבוּתְכֶם
ה' צְבָאוֹת יָגֵן עֲלֵיכֶם
בִּתְרוּעָה וְקוֹל שׁוֹפָר.

31

FOR ATONEMENT EVE

Send forth Thy messenger, Thy interpreter,
And let him do wonders with signs and happen-
    ings,
To cleanse us this night from scandal and
    defamation!
Great God, boundless and unsearchable,
Thy righteousness is like mighty mountains,
Thy judgments are like the great deep.

Bare to Thee and spied out is the heart's imag-
    ination and secret,
Lo, shaped in iniquity, how shall man justify the
    evil of his work?
Can the grains of his dust justify it that were ac-
    counted vanity even while he was still in being?
How then after he has perished and every element
    passed back to its source,
When he is driven like chaff before the wind and
    like smoke from the lattice?

Who shall stand up for Thy people, and who set
    them free?
If for decision Thou shouldst draw nigh them, and
    if for judgment Thou shouldst take them,
Then judge them, I pray Thee, by Thy right-
    eousness,
And reprove them not according to Thy wrath.

31

מַעֲמָד לְעַרְבִית לֵיל כִּפֻּרִים

שְׁלַח מַלְאָךְ מֵלִיץ וְהַפְלֵיא אוֹת וְסִבָּה
לְטַהֲרֵנוּ בְּלֵיל זֶה מִשֶּׁמֶץ וְדִבָּה
הָאֵל הַגָּדוֹל לְאֵין חֵקֶר וְקִצְבָה
צִדְקָתְךָ כְּהַרְרֵי אֵל מִשְׁפָּטֶיךָ תְּהוֹם רַבָּה
האל

לְךָ גָּלוּי וְצָפוּי יֵצֶר לֵב וְסוֹדוֹ
הֵן בְּעָוֹן חוֹלָל וְאֵיךְ יִצְדַּק רוֹעַ מַעְבָּדוֹ
הֲיִצְדַּק אָבָק דַּק אֲשֶׁר הֶבֶל נֶחְשַׁב בְּעוֹדוֹ
וְאֵיךְ יֹאבַד וְיָשׁוּב כָּל יְסוֹד אֶל יְסוֹדוֹ
יוֹם יְסוֹעֵר כְּמוֹ מוֹץ וּכְעָשָׁן מֵאֲרֻבָּה צדקתך

מִי יָקוּם לְעַמְּךָ וּמִי יַעֲמוֹד לְהַרְוִיחֵם
אִם לָרִיב תִּגַּשׁ וְאִם לַמִּשְׁפָּט תִּקָּחֵם
אָנָּא שְׁפוֹט כְּצִדְקְךָ וְאַל בְּאַפְּךָ תוֹכִיחֵם

For what is the weak that he should contend with
    the mighty,
And how can dry stubble stand in the flame?

Lo, as the flower fadeth and the wind flitteth by
    like a shadow,
So flesh from spirit is rent asunder;
If then Thou wilt stir up chastisement,
There is no way of deliverance shouldst Thou
    press hard;
For the worker is sluggish,
And the day short and the work abundant.

כִּי לֹא יוּכַל חַלָּשׁ עִם גִּבּוֹר לְהִלָּחֵם
וְאֵיךְ יוּכַל לַעֲמוֹד קַשׁ יָבֵשׁ בַּלֶּהָבָה

הֵן כְּמוֹ צִיץ נוֹבֵל וּכְרוּחַ יִבְרַח כַּצֵּל
הַבָּשָׂר וְהָרוּחַ זֶה מִזֶּה יֵאָצֵל
וְאִם תָּעִיר פְּקֻדָּה לֹא יוּכַל לְהִנָּצֵל
וְאִם תִּדְחַק הַרְבֵּה וְהִפּוֹעֵל מְאֹד עָצֵל
וְגַם הַיּוֹם קָצֵר וְהַמְּלָאכָה מְרֻבָּה. **צדקתך**

15

20

32

LORD OF THE WORLD

Lord of the world, O hear my psalm,
  And as sweet incense take my plea.
  My heart hath set its love on Thee
And finds in speech its only balm.

This thought forever haunts my mind,
  Some day to Thee I must return,
  From Thee I came and backward **yearn**
My very fount and source to find.

Not mine the merit that I stand
  Before Thee thus, since all is **Thine,**
  The glorious work of force divine,
No product of my heart or hand.

My soul to Thee was humbly bent
  Even before she had her birth,
  Before upon the sphere of earth
Her heav'nly greatness made descent.

32

רְשׁוּת לְקַדִּישׁ

— — | — ◡ — — ı — — | — ◡ — —

שְׁמְעָה אֲדוֹן עוֹלָם שְׁמְעָה תְּהִלָּתִי
תִּכּוֹן לְפָנֶיךָ קְטֹרֶת תְּפִלָּתִי
לִבִּי בְךָ חָשַׁק לִמְאֹד וְלֹא יוּכַל
לַסְתִּר עֲדֵי יִרְאֶה חִשְׁקוֹ בְּמִלָּתִי
מֵעֵת לְעֵת אֶזְכּוֹר שׁוּבִי לְךָ מָחָר
כִּי מִמְּךָ הָיְתָה רֵאשִׁית תְּחִלָּתִי
הִנֵּה לְךָ לֹא לִי עָמְדִי לְפָנֶיךָ
וּלְשֵׁם כְּבוֹדְךָ לֹא לִשְׂכַר פְּעֻלָּתִי
שָׂחָה לְךָ נַפְשִׁי מֵעֵת הֱיוֹת עָפָר
עַד לֹא כְמוֹ שַׁחַק הָיְתָה גְדֻלָּתִי.

33

LORD, WHAT IS MAN?

Lord, what is man but flesh and blood?   O weep!
His days unconscious stray, like shadows sweep,
His stroke comes sudden and he falls on sleep.

Lord, what is man? A carcase fouled and trod-
    den,
  A noxious creature brimming with deceit,
  A fading flow'r that shrivels in the heat.
Wert Thou as stern as he with sin is sodden,
  How could he face Thy wrath?   Ah, see him
    creep:
  His stroke comes sudden and he falls on sleep.

Lord, what is man? He rolls in mud and lies,
  Insanely fouls the clean and spoils the fine.
  Did but Thy justice follow his design,
Mown like the grass were he, or herb that dies.
  In doom's dark hour be then Thy pity deep,
  His stroke comes sudden and he falls on sleep.

33

תּוֹכֵחָה לְיוֹם הַכִּפֻּרִים

ה' מָה אָדָם הֲלֹא בָּשָׂר וָדָם
יָמָיו כְּצֵל עוֹבֵר וְלֹא יֵדַע בְּנוּדָם
פִּתְאוֹם יָבֹא אֵידוֹ וְיִשְׁכַּב וְיֵרָדֵם

ה' מה אדם גֵּו נִרְפָּשׂ וְנִרְמָס
מָלֵא תוֹךְ וּמִרְמָה גַּם אָוֶן וְחָמָס
כְּצִיץ נוֹבֵל יֵצֵא וְחַם הַשֶּׁמֶשׁ וְנָמָס
אִם תִּפְקוֹד עָלָיו עֲוֹנוֹ הַנִּכְמָס
אַפְּךָ גַּם קִצְפְּךָ אֵיךְ יִשָּׂא וְיֵעָמָס
לָכֵן חֲמוֹל וּגְמוֹל כִּי אֵין לָאֵל יָדָם פתאום

ה' מה אדם בְּבִטּוּחַ יִתְגּוֹלֵל
בְּשֶׁקֶר יִתְהַלֵּל וּבְשָׁוְא יִתְהוֹלֵל
הַטָּהוֹר מִטָּמֵא וְיָקָר מְזוֹלֵל
אִם תִּפְקוֹד עָלָיו עֲוֹן יֵצֶר מְעוֹלֵל
כְּמוֹ עֵשֶׂב יִיבַשׁ וְכֶחָצִיר יְמוֹלֵל
לָכֵן חֲמוֹל וּגְמוֹל חֶסֶד בְּיוֹם אֵידָם פתאום

Lord, what is man? Proud, born in sin, defiant,
  His drink is violence and on wrong he feeds.
  Sea-tossed and furnace-fierce, if judged by
      deeds
He would be crushed like weakling fighting giant.
  Thy mercy therefore let his prayer reap,
  His stroke comes sudden and he falls on sleep.

Lord, what is man? A trickster vile, abhorred.
  If Thou shouldst deal with him in equity,
  A mouldered robe, a scattered cloud were he.
Therefore forgiveness is his best award.
  His base is dust, his form a clayey heap,
  His stroke comes sudden and he falls on sleep.

Lord, what is man? A tree despoiled, mere
      stubble
  Its only fruit. Didst Thou his sin repay,
  He like a snail or wax would melt away.
Therefore forgive, nor press him in his trouble.
  Moth-like he rots, old joys he can but weep,
  His stroke comes sudden and he falls on sleep.

ה׳ מה אדם יָהִיר וְלֹא נִחָם
מִי חָמָס יִשְׁתֶּה וְלֶחֶם רָע יִלְחָם
וְכַיָּם הוּא נִגְרָשׁ וְכַתַּנּוּר יֵחָם
אִם תִּפְקוֹד עָלָיו חֵטְא אֲשֶׁר בּוֹ יוּחָם
יִסָּפֶה כְּחַלָּשׁ עִם גִּבּוֹר נִלְחָם
לָכֵן חֲמוֹל וּגְמוֹל וְכַפֵּר מַעְבָּדָם פתאום

ה׳ מה אדם רַק נִתְעָב וְנֶאֱלָח
כָּל הַיּוֹם יִבְגּוֹד וּפִיו בְרָעָה יִשְׁלַח
אִם תִּפְקוֹד עָלָיו עֲוֹנוֹ הַנִּדְלָח
כְּבֶגֶד יִבְלֶה וְכֶעָשָׁן נִמְלָח
לָכֵן חֲמוֹל וּגְמוֹל וְכַפֵּר נָא וּסְלַח
לְשׁוֹכְנֵי בָתֵּי חֹמֶר אֲשֶׁר בֶּעָפָר יְסוֹדָם
פתאום

ה׳ מה אדם וְהוּא כְּעֵץ נִקְסָס
בְּבֹא אַמַּת בִּצְעוֹ יְהִי כְמוֹ קַשׁ מְרֻסָּס
וְיִבְכֶּה מֵאֲשֶׁר שָׂשׂ יוֹם יִרְקַב כְּמוֹ סָס
אִם תִּפְקוֹד עָלָיו עֲוֹנוֹ הַנִּכְסָס
כְּמוֹ שַׁבְּלוּל יַהֲלוֹךְ וְכַדּוֹנַג נִמְסָס
לָכֵן חֲמוֹל וּגְמוֹל וְאַל תְּדַקְדֵּק בַּעֲדָם
פתאום

Lord, what is man? A lonely creature driven
  Like fallen leaf, bemocked by empty words,
  As full of guile as basket is of birds.
His rottenness would swift as smoke be riven,
  Didst Thou his measure, not Thy measure
    keep.
  His stroke comes sudden and he falls on sleep.

ה׳ מה אדם

לְבַד נִדָּף כְּעָלֶה
בְּמֹאזְנַיִם לַעֲלוֹת בַּהֶבֶל יְסֻלֶּה
וְכִכְלוּב מָלֵא עוֹף כֵּן מִרְמָה מָלֵא
אִם תִּפְקוֹד עָלָיו מַעֲלוֹ בְּךָ יִמְעֲלֶה
כְּמוֹ עָשָׁן יִכְלֶה וּכְרָקָב יִבְלֶה
לָכֵן חֲמוֹל וּגְמוֹל כְּחַסְדְּךָ לֹא כְחַסְדָּם.

פתאום

34

THE DAY OF JUDGMENT

Propound a mystery, O my tongue, and give
    praise to God,
For He hath delivered me and exalted my horn.
Awake, my heart, and turn to the Almighty,
And in awe of His anger let my hand be lifted
    to Him.

Set the Most High before thee, and know that
    every thought
And every hidden imagining are to Him not hid-
    den.
Dread the day of His wrath, and the dreadful
    position
Wherein is help or refuge for no creature.

34

תּוֹכֵחָה

| – – – – – ⏑
‖ – – – – – ⏑

לְשׁוֹנִי חוּד חִידָה
וְתֵן לָאֵל תּוֹדָה
אֲשֶׁר נַפְשְׁךָ פָּדָה
וְאֶת קַרְנְךָ הֵרִים

וְלִבִּי הָעִירָה
וְאֶל שַׁדַּי סוּרָה
וּמִזַּעְמוֹ גוּרָה
וְאֵלָיו יָד הָרִים

וְשִׂים נֶגְדְּךָ עֶלְיוֹן
וְדַע כִּי כָל רַעְיוֹן
וְכָל סֵתֶר חֶבְיוֹן
לוֹ לֹא נִסְתָּרִים

רְהֵה מִיּוֹם עֶבְרָה
וּמִמַּעֲמַד נוֹרָא
אֲשֶׁר אֵין בּוֹ עֶזְרָה
וּמָנוֹס לְיצוּרִים

On the day He shall judge the peoples and destroy
    beings
And wither all His adversaries as with the fiery
    blast of his nostrils
And decree the fate of all potentates, officers and
    rulers,
Nor pay regard to mighty princes.
And destroy tyrants and cut off the scornful,
The proud and presumptuous who rely on the
    preciousness of their palanquin;

Who have forgotten their Creator and put their
    trust in their riches
And prided themselves above high God,
Who humbleth and uplifteth,
And have rebelled against their Master,
With their host and their multitude,
And the silver they have acquired, and the fine
    gold and sapphires,

בְּעֵת יִשְׁפּוֹט עַמִּים
וְיִמַּח הַיְקוּמִים
וְיָשִׁית כָּל קָמִים
כְּמוֹקֵד נִחָרִים

וְיָדִין כָּל רוֹזְנִים
וְרָאשִׁים וּקְצִינִים
וְלֹא יִשָּׂא פָּנִים
לְשָׂרִים כַּבִּירִים

וְיַשְׁמִיד עָרִיצִים
וְיַכְרִית הַלֵּצִים
וְזֵדִים וּמְנַאֲצִים
יְשַׁו כְּיַקַר כָּרִים

אֲשֶׁר שָׁכְחוּ יוֹצְרָם
וּבָטְחוּ עַל עָשְׁרָם
וְגָאוּ עַל אֵל רָם
וּמַשְׁפִּיל אַף מֵרִים

וְהִמְרוּ אֶת קוֹנָם
בְּחֵילָם וַהֲמוֹנָם
וְכֶסֶף קִנְיָנָם
וּפָז עִם סַפִּירִים

And have built structures, and carved out win-
  dows,
And erected palaces, and battlements and
  chambers,
Nor remember the Almighty,
But wax fat in the abundance of power,
And speak arrogantly to Him
And roar like young lions.

But He is great and fearful,
And girded about with might;
He calleth the generations
And from Him are the hill-tops.
Doth He not regard the lowly,
And abase every one that is proud?
He will raise up the broken pauper
And lift him from the dunghill.

Woe to them for this,
When their Creator shall sit in judgment,
To take vengeance on them, their grown and
  their little ones,

וּבָנוּ בִנְיָנִים
וְקָרְעוּ חַלּוֹנִים
וְעָשׂוּ אַרְמוֹנִים
וְטִירוֹת וַחֲדָרִים

וְשַׁדַּי לֹא זָכְרוּ
בְּרֹב חַיִל גָּבְרוּ
וְלוֹ עָתָק דִּבְּרוּ
וְשָׁאֲגוּ כִּכְפִירִים

וְגָדוֹל גַּם נוֹרָא
וְנֶאְזָר בִּגְבוּרָה
אֲשֶׁר דּוֹרוֹת קָרָא
וְלוֹ תוֹעֲפוֹת הָרִים

הֲלֹא שָׁפָל יִרְאֶה
וְיַשְׁפִּיל כָּל גֵּאֶה
וְיָקִים דַּל נִכְאֶה
וּמֵאַשְׁפּוֹת יָרִים

אֲהָהּ עַל זֹאת לָהֶם
בְּשֶׁבֶת יוֹצְרֵיהֶם
לְהִנָּקֵם מֵהֶם
גְּדוֹלִים וּצְעִירִים

And they shall fall into the net, weeping bitterly,

And when quaffing the cup of foaming wine

Shall drain only dregs,

And shall be consumed in their iniquity,

And their riches shall not profit them,

And all they build shall be upset

As though overthrown by strangers.

And the God of the ages will abhor the man of
   blood

And will break the haughty

Like a potter's vessel,

And will bring low their pride

And silence their psaltery

And make their voice sound

Like a ghost from the dust,

And demolish their battlements

And their houses of pleasure,

And make over their inheritance

To strangers and aliens,

וְיִפְּלוּ בַמִּכְמָר
וּמַר יִבְכָּיוּן מָר
וְיִשְׁתּוּ כּוֹס חָמָר
וְיִמְצוּ הַשְּׁמָרִים

וְיִכְלוּ בַעֲוֹנָם
וְלֹא יוֹעִיל הוֹנָם
וַיַּהֲפֹךְ בִּנְיָנָם
כְּמַהְפֵּכַת זָרִים

יְתָעֵב אִישׁ דָּמִים
אֱלֹהֵי עוֹלָמִים
וְיִשְׁבּוֹר הָרָמִים
כְּמוֹ נֵבֶל יוֹצְרִים

וְיַשְׁפִּיל גַּאֲוָתָם
וְיַדְמִים הֶמְיָתָם
וְיִתֵּן קוֹלוֹתָם
כְּאוֹבוֹת מֵעֲפָרִים

וְיִתּוֹץ טִירָתָם
וּבָתֵּי חֶמְדָּתָם
וְיַהֲפֹךְ נַחֲלָתָם
לְזָרִים וּלְנָכְרִים

And the gadfly shall sting them
To determined destruction,
And they shall be trodden of passers-by
Like a ground or a street.

Therefore turn ye from them and their counsels,
Nor vie with them
Lest your fate be as that of these arrogant.

וְיִקָּרְצוּן קָרֶץ
לְתַכְלִית וּלְחָרֶץ
וְיִהְיוּ כָּאָרֶץ
וְכַחוּץ לָעוֹבְרִים

וְלָכֵן סוּר מֵהֶם
וּמִמּוֹעֲצוֹתֵיהֶם
וְאַל תִּתְחַר בָּהֶם
וְתִהְיֶה כִּיהִירִים.

35

LAMENTATION

Strayed in mid-youth, rouse up, nor sleep, for lo!
　The days of youth like clouds of smoke will
　　pass.
　Ere evening falls, thou shalt be withered grass,
Though morning saw thee like a lily blow.

Why waste on ancestors a heated breath,
　Or note which progeny was Abraham's?
　Whether his food be herbs or Bashan rams,
Man, wretched wight, is on his way to death.

35

תּוֹכֵחָה

— —|— ◡ — —|— —|— ◡ — —

שׂוֹגֶה בְּחֵיק יַלְדוּת עוּרָה וְאַל תִּישַׁן
כִּי כָל יְמֵי שַׁחְרוּת כָּלוּ כְּמוֹ עָשָׁן

לִפְנֵי פְּנוֹת עֶרֶב תִּיבַשׁ כְּמוֹ חָצִיר
אִם אַתְּ לְעֵת בֹּקֶר רַעְנָן כְּמוֹ שׁוֹשָׁן

מַה לָּךְ תְּרִיבֵנִי אָמְרָךְ הֲלֹא זֶה אָב
הוֹלִיד בְּאַחְרִיתוֹ זִמְרָן וְגַם יָקְשָׁן

הִנֵּה אֱנוֹשׁ עָנִי אוֹכֵל קְצִיר שָׂדֶה
יָמוּת כְּמוֹ אוֹכֵל אֵילִים בְּנֵי בָשָׁן.

36

THE DWELLERS IN CLAY

O habitants of homes of clay,
  Why lift ye such a swelling eye,
  Ye are but as the beasts that die,
What do ye boast of more than they?

It is for us the wiser part
  To know ourselves for worms whose doom
  Is in the clay to find a tomb,
Nor, falsely proud, exalt our heart.

What shall aught profit mortal man
  Whose latter end adjoins the grave?
  Here were no change, though Nature gave
A thousand years to be his span.

Should he as rebel walk, behold
  Earth opens hot to swallow up
  His ashes in her flaming cup
And vain is all his might of gold.

Unhappy man, with chastened soul,
  And opened eyes, true vision win,
  To see thy lowly origin
And thy inevitable goal.

To what may be compared thy lot?
  Thou art, O weak and wretched wight,
  The gourd that shot up in the night
And in the morning it was not.

36

תּוֹכֵחָה לְיוֹם הַכִּפֻּרִים

שֹׁכְנֵי בָתֵּי חֹמֶר לָמָּה תִשְׂאוּ עָיִן
וּמוֹתַר הָאָדָם מִן הַבְּהֵמָה אָיִן

לָנוּ יֵשׁ לָדַעַת כִּי אֲנַחְנוּ תוֹלַעַת
לְגַב חֹמֶר גַּבֵּנוּ וְאֵיךְ יִגְבַּהּ לִבֵּנוּ

מַה יִּתְרוֹן לַגֶּבֶר וְאַחֲרִיתוֹ לַקֶּבֶר
וְזֶה יִהְיֶה־לּוֹ חֵלֶף לוּ חַי שָׁנִים אָלֶף

הֲלֹא אִם יֵלֵךְ מֶרִי יְבֻלַּע בַּחֲמַת קֶרִי
וְיִשָּׂרֵף בַּלַּהַב וְלֹא יוֹעִיל הַזָּהָב

הָאָדָם הַנִּכְאֶה פְּקַח עֵינֶיךָ וּרְאֵה
מֵאַיִן בּוֹאֶךָ וְאָנָה מוֹצָאֶךָ

קִצְּךָ עָנִי וְאֶבְיוֹן נִמְשָׁל לַקִּיקָיוֹן,
שֶׁבִּן לַיְלָה הָיָה וְלַבֹּקֶר לֹא הָיָה

To be unborn were better worth
   Than thus to reap distress and pain,
   For how essay great things to gain
When struggling in this snare of earth?

A fallen creature from the womb,
   Thou sinnest for a slice of bread,
   And in a moment's wildered dread,
Can live through every plague and gloom

While spirit with thy body links,
   With living light shall glow thy flesh,
   But should the soul desert its mesh,
To mire and sliminess it sinks.

Behold no jot with thee will stay
   Of all the glory now so great,
   Strangers shall seize thy loved estate,
And empty thou shalt go away.

Thy soul thou gavest o'er to lust,
   Nor pondered on this bitter truth.
   But if thou sinnest in thy youth,
What wilt thou do when thou art dust?

O let the wicked turn aside,
   And take, O King, the path to Thee.
   Perchance the Rock will heed the plea,
And from His wrath the sinner hide.

O haughty-souled, come gather all,
   Remember and stand fast and raise
   Your heart and hands in common praise
And thus to God in heaven call:

טוֹב אֲשֶׁר לֹא נוֹצַרְתָּ וְעָמָל לֹא קָצַרְתָּ
וְאֵיכָה גְדוֹלוֹת תְּבַקֵּשׁ וְאַתָּה בְּתוֹךְ הַמּוֹקֵשׁ

נֹפֶל אַתְּ מֵרֶחֶם וְתִפְשַׁע עַל־פַּת לֶחֶם
וְאִם תִּתְמַהְמַהּ רֶגַע אֲזַי תִּמְצָא כָל־נֶגַע

בְּשָׂרְךָ כְּאוֹר זָרוּחַ בְּעוֹד יֵשׁ בּוֹ הָרוּחַ
וְעֵת תֵּצֵא הַנֶּפֶשׁ נִשְׁאָר טִיט וָרֶפֶשׁ

רְאֵה כִּי אֵין בְּיָדֶךָ מְאוּמָה מִכְּבוֹדֶךָ
לְזָרִים חֵילְךָ יוּקָם וְאַתָּה תֵלֵךְ רֵיקָם

בְּכָל זֹאת לֹא חָשַׁבְתָּ לְתַאֲוָה הִקְשַׁבְתָּ
וְאִם לֹא תֵטִיב רֵאשִׁיתְךָ מַה תַּעֲשֶׂה בְּאַחֲרִיתְךָ

יַעֲזוֹב רָשָׁע דַּרְכּוֹ וְיָשׁוּב לִפְנֵי מַלְכּוֹ
אוּלַי צוּר יֵעָתֵר וּמֵחֲרוֹנוֹ יִסָּתֵר

יְהִירִים הִתְקוֹשָׁשׁוּ זִכְרוּ וְהִתְאוֹשָׁשׁוּ
שְׂאוּ לֵבָב וְכַפַּיִם אֶל אֵל בַּשָּׁמָיִם

"Woe to our souls, and wellaway
  For all the sins that we have sinned,
  Alas, we have pursued the wind
And like to sheep have gone astray.

"What favour can we ask or grace?
  The wave of sin has overflowed
  Our heads, and heavy is our load
Of guilt, how dare we lift our face?

"Draw up Thy people from the pit,
  Thou Ruler of the depth and height,
  Stiff-necked were we in Thy despite,
Yet of Thy mercies bate no whit

"But shed Thy sweet compassion o'er
  The people knocking at Thy gate,
  Thou art the Master of our fate,
And unto Thee our eyes upsoar."

הָהּ עַל נַפְשׁוֹתֵינוּ אוֹי עַל חַטֹּאתֵינוּ
כִּי רוּחַ רָעִינוּ כְּמוֹ הַצֹּאן תָּעִינוּ

וּמַה נְּבַקֵּשׁ וּמַה נִּדְרוֹשׁ וַעֲוֹנוֹתֵינוּ עָבְרוּ רֹאשׁ
מְאֹד רַבּוּ פְשָׁעֵינוּ וְאֵיךְ נִשָּׂא פָנֵינוּ

דְּלֵה עַמְּךָ מִשַּׁחַת מִשֵּׁל רוּם וָתַחַת
וְאִם הִקְשִׁינוּ עֹרֶף חֲסָדֶיךָ אַל תֶּרֶף

הָפֵק חֶמְלָתֶךָ לְעַם דּוֹפְקֵי דְלָתֶיךָ
כִּי אַתָּה אֲדֹנֵנוּ וְעָלֶיךָ עֵינֵינוּ.

37

ALMIGHTY GOD

Almighty God, who sufferest Thyself
To be entreated, and who payest heed
Unto the poor, how long wilt Thou from me
Be far and hidden? Night and day I turn
And with a steadfast heart I call to Thee,
And pour incessant gratitude for Thy
Excelling goodness. O my King, with pain
For Thee my heart is torn, in Thee it trusts.
Dreaming this shut-in dream, it looks to Thee
For life's interpretation. This I ask,
This is the plea to which I beg assent,
My sole petition, neither more nor less.

37

רְשׁוּת לְקַדִּישׁ לְיוֹם רִאשׁוֹן שֶׁל סֻכּוֹת

— — | — ⏑ — — — | — — | — ⏑ — —

שַׁדַּי אֲשֶׁר יַקְשִׁיב לַדַּל וְיֵעָתֵר
עַד אָן תְּהֵא רָחוֹק מִנִּי וְתִסָּתֵר
לַיִל וְיוֹם אֶעְטוֹף אֶקְרָא בְּלֵב נָכוֹן
אוֹדֶה לְךָ תָמִיד כִּי חַסְדְּךָ יֶתֶר
מַלְכִּי לְךָ אוֹחִיל לִבִּי בְךָ יִבְטַח
חוֹלֵם חֲלוֹם סָתוּם יִבְטַח עֲלֵי פוֹתֵר
הִנֵּה שְׁאֵלָתִי לַקְשִׁיב תְּחִנָּתִי
אוֹתָהּ אֲבַקֵּשׁ לֹא פָחוֹת וְלֹא יוֹתֵר.

38

THE LORD OF HEAVEN

The seven heavens cannot Thee enfold,
　　Sustained by Thee, they do not Thee sustain.
They hymn Thee since Thou madest them of old,
　　And when they perish, Thou shalt still remain,
　　　　O mighty God!

The messengers of heaven Thee revere.
　　They stand to praise Thee in Thine inmost
　　　　shrine,
Yet from beholding Thee they shrink in fear,
　　For how behold the dazzling dread Divine?
　　　　O Lord, my God!

What voice is this that singeth without cease
　　And spends in song to Thee its nights and days?
But Thou, omnipotence beyond increase,
　　Art high—I know—uplifted over praise,
　　　　O Lord, my God!

So great Thy majesty and manifold,
　　How canst Thou lodge in tabernacle's span?

38

פִּזְמוֹן לְשִׂמְחַת תּוֹרָה

שִׁבְעָה שְׁחָקִים לֹא יְכַלְכְּלוּךָ
לָהֶם תִּסְבּוֹל וְהֵם לֹא יִסְבְּלוּךָ
מִיּוֹם בְּרָאתָם עוֹד יְהַלְלוּךָ
הֵמָּה יֹאבֵדוּ וְאַתָּה תַעֲמוֹד
ה' אֱלֹהַי גָּדַלְתָּ מְאֹד

לְךָ יַעֲרִיצוּן טַפְסְרֵי מְרוֹמִי
עוֹמְדִים לְהַלֵּל בְּהֵיכַל פְּנִימִי
יְרֵאִים לַחֲזוֹת בְּךָ, וּמִי יֶחֱזֶה, מִי?
כִּי גָדוֹל יְיָ וּמְהֻלָּל מְאֹד ה' אלהי

מִי זֶה יְמַלֵּל מִבְּלִי דוּמָם
עֻזְּךָ לְהַלֵּל לַיְלָה וְיוֹמָם
וְשִׁמְךָ עַל כָּל בְּרָכָה מְרוֹמָם
וְנַפְשִׁי יוֹדַעַת מְאֹד ה' אלהי

הַדְרַת כְּבוֹדְךָ גְּדוֹלָה וְרַבָּה
וְאֵיכָה תִשְׁכּוֹן בְּאֹהֶל וְקֻבָּה

Such glory no circumference can hold,
   For Thou art vastly mightier than man,
      O Lord, my God!

He at whose feet celestial creatures creep
   A day of liberation will proclaim,
And from all corners call his scattered sheep,
   However sorry-looking they or lame,
      The Lord, my God!

שְׁאֵתְךָ לֹא יוּכְלוּ גַּלְגַּל וּמִסְבָּה
כִּי עָצַמְתָּ מִמֶּנּוּ מְאֹד ה' אֱלֹהָי

חֲסִין נֶאְדָּר בְּאַרְבַּע חַיּוֹת
זְרוּיִים תְּקַבֵּץ מֵאַרְבַּע זָוִיּוֹת
קָרָא שְׁנַת גְּאֻלָּה לְתוֹעִים כְּשֵׂיּוֹת
דַּלּוֹת וְרָעוֹת תֹּאַר מְאֹד ה' אֱלֹהָי

20

39

ASK OF ME

"Ask of Me, beautiful mouth,
　　What dost thou ask of Me?
For thy suppliant cry
Hath ascended on high
　　Inclining My ear to thy plea."

"First with the lion we met,
　　Next came the leopard's leap,
We were fain to take flight
From our garden's delight
　　And into a hiding-place creep.

"Hardly these creatures had passed,
　　Sated with Judah's spoil,
Than the wild ass we feared
Out of midnight appeared
　　To trample and dwell on our soil.

"Ishmael's offspring command
　　Back to his Arab land,
As his mother of old
To her mistress was told
　　To return and submit to her hand."

39

רְשׁוּת לְפֶסַח

— — | — ⌣ — — — | — — | — ⌣ — — —

שַׁאֲלִי יְפֵה־פִיָּה מַה־תִּשְׁאֲלִי מָנִּי
כִּי קוֹל תְּחִנָּתֵךְ עָלָה בְּמוֹ אָזְנִי
לָבִיא פְּגָשַׁנִי קָם אַחֲרָיו נָמֵר
וָאֶבְרְחָה מֵהֶם וָאֶעֱזֹב גַּנִּי
מִדֵּי עֲבוֹר אֵלֶּה הִנֵּה דְמוּת פֶּרֶא
קָם בַּחֲצוֹת לַיִל יָשַׁב עֲלֵי כַנִּי
הָאֵל קְרָא אֵלָיו כִּקְרֹא אֱלֵי אִמּוֹ
קוּמִי וְשׁוּבִי לִגְבִרְתֵּךְ וְהִתְעַנִּי.

40

FORGET THY AFFLICTION

Forget thy affliction, and cease supplication,
  Recall thy release from Egyptian rod,
The hand is not short that hath laid earth's
    foundation,
  Who stretched out the heavens remaineth thy
    God.

And at thy due season the glory that dwelleth
  In Zion shall rest on thy head that great day,
When moonlight as sunlight in radiance welleth
  And sunlight shall glow with a sevenfold ray.

40

רְשׁוּת

‖ – ⏓ ⏓ ⏓ | ⏓ ⏑ ⏓ ⏓ | ⏓ ⏑ ⏓ ⏓

שִׁכְחִי עֱנוּתֵךְ נוֹשְׂאֵת כַּפָּיִם
זִכְרֵי עֲלוֹתֵךְ מֵעֱנִי מִצְרָיִם
לֹא קָצְרָה מִגָּאֳלֵךְ יָד יָסְדָה
אֶרֶץ וְיָמִין טִפְּחָה שָׁמָיִם
מַלְכֵּךְ לְפָנַיִךְ בְּבוֹא עִתֵּךְ וְעַל
רֹאשֵׁךְ כְּבוֹד שׁוֹכֵן יְרוּשָׁלָיִם
הוּא עֵת יְהִי אוֹר הַלְּבָנָה לָךְ כְּאוֹר
חַמָּה וְאוֹר חַמָּה לְשִׁבְעָתָיִם.

41

TO MY SOUL

Be wise, my precious soul, and haste
   To bow to God in reverence.
Let vanities no more be chased,
Bethink thee ere this world lies waste,
   The world that waits thee going hence.

Thy life to God's life is akin,
   Concealed like His beneath a veil,
Since He is free of flaw or sin,
Like purity thou too canst win,
   To reach perfection wherefore fail?

And as His arm upholds the sky,
   Do thou thy dumb brute body lift,
Thou, soul, to which we can descry
No like on earth—O magnify
   The God of whom thou art the gift.

Greet then, my soul, thy Rock with praise,
   Hail him, my inmost heart, with song
Unceasingly throughout my days,
And let all souls their voices raise
   My benediction to prolong.

41

רְשׁוּת לְנִשְׁמַת

— — ⌣ | — — — ⌣ | — — — ⌣

שְׁחִי לָאֵל יְחִידָה הַחֲכָמָה
וְרוּצִי לַעֲבוֹד אוֹתוֹ בְּאֵימָה
לְעוֹלָמֵךְ פְּנִי לֵילֵךְ וְיוֹמֵךְ
וְלָמָּה תִרְדְּפִי הֶבֶל וְלָמָּה
מְשׁוּלָה אַתְּ בְּחַיַּיִךְ לְאֵל חַי
אֲשֶׁר נֶעְלָם כְּמוֹ אַתְּ נֶעֱלָמָה
הֲלֹא אִם יוֹצְרֵךְ טָהוֹר וְנָקִי
דְּעִי כִּי כֵן טְהוֹרָה אַתְּ וְתַמָּה
חֲסִין יִשָּׂא שְׁחָקִים עַל זְרוֹעוֹ
כְּמוֹ תִשְׂאִי גְוִיָּה נֶאֱלָמָה
זְמִרוֹת קַדְּמִי נַפְשִׁי לְצוּרֵךְ
אֲשֶׁר לֹא שָׂם דְּמוּתֵךְ בָּאֲדָמָה
קְרָבַי בָּרְכוּ תָמִיד לְצוּרְכֶם
אֲשֶׁר לִשְׁמוֹ תְּהַלֵּל כָּל־נְשָׁמָה.

42

LOOK UP TO THY MAKER

Look up to thy Maker, O soul of mine,
　Thy Creator remember whilst thou art young;
Cry morning and night to His grace divine,
　And in all thy songs let His name be sung.

On earth the Lord is thy portion and cup,
　And when from thy body thou goest lone,
A place for thy rest He hath builded up
　And made thee a nest underneath His throne.

Wherefore morning and night I will bless my
　　Lord,
And from all that hath breath let His praise be
　　poured.

42

רְשׁוּת לְבָרְכוּ לְיוֹם רִאשׁוֹן שֶׁל פֶּסַח

— — ◡ | — — — ◡ | — — — ◡

שְׂאִי עַיִן יְחִידָתִי לְצוּרֵךְ
וְזִכְרִי בּוֹרְאֵךְ בִּימֵי בְחֻרֵךְ
לְפָנָיו צַעֲקִי לַיִל וְיוֹמָם
וְלִשְׁמוֹ זַמְּרִי תָמִיד בְּשִׁירֵךְ
מְנָת חֶלְקֵךְ וְכוֹסֵךְ בָּאֲדָמָה
וּמִבְטָחֵךְ בְּצֵאתֵךְ מִבְּשָׂרֵךְ
הֲלֹא הֵכִין לְפָנָיו לָךְ מְנוּחָה
וּמִתַּחַת לְכִסְאוֹ שָׂם דְּבִירֵךְ
אֲנִי עַל כֵּן אֲבָרֵךְ אֶת אֲדֹנָי
כְּמוֹ כָל הַנְּשָׁמָה לוֹ תְבָרֵךְ.

43

INVOCATION

Root of our saviour,
The scion of Jesse,
Till when wilt thou linger,
Invisible, buried?
Bring forth a flower,
For winter is over!

Why should a slave rule
The lineage of princes,
A hairy barbarian
Replace our young sovran?

The years are a thousand
Since, broken and scattered,
We wander in exile,
Like waterfowl lost in
The depths of the desert.

No man in white linen
Reveals at our asking
The end of our Exile.
God sealed up the matter,
And closed up the knowledge.

43

רְשׁוּת לְשַׁבַּת חוה"מ שֶׁל פֶּסַח

— —|— ◡ — — —|— —|— ◡ — —

שֹׁרֶשׁ בְּנוֹ יִשַׁי עַד אָן תְּהִי נִקְבָּר
הוֹצֵא לְךָ פֶּרַח כִּי הַסְּתָו עָבָר
לָמָּה יְהִי עֶבֶד מוֹשֵׁל בְּבֶן שָׂרִים
תַּחַת מְלֹךְ צָעִיר שָׂעִיר הֲלֹא גָבָר

מִנִּי זְמַן אֶלֶף שָׁנִים אֲנִי נֶעְכָּר
אֶדְמֶה בְּתוֹךְ גָּלוּת לִקְאַת בְּתוֹךְ מִדְבָּר
הַאֵין לְבוּשׁ בַּדִּים לִשְׁאוֹל וְאֵיךְ יִגְלֶה
הַקֵּץ? וְאֵל צִוָּה: סָתֹם חֲתוֹם דָּבָר!

44
BENEDICTION

Let earth and sea and the Temple's throng
  And every highway become exalted,
The world and all who therein do dwell,
And every creature of fen and fell,
    In a melody nevermore halted,
      With forest and meadow and all their yield,
     Fruit of the woodland and fruit of the field,
Unite in an ecstasy deep and strong
  In a rapturous endeavour,
With a single mouth in a single song,
Their spheral symphony to prolong,
  And bless the Lord who is blessed forever.

The pundits vainly enquire His source,
  His secret, the wonder of His foundation.
Where is His throne, or His light, or His force,
  And who in His council dares take a station?
Sublime and hidden beyond our quest,
His essence unfathomed and unexpressed,
  Even in sacred song and story,
This to declare is our sole resource,
That all the earth in its daily course
  Overflows with its Maker's glory.
This is the reach of our poor endeavour,
  Then who beside shall by man be blest?
For He is One on His throne above,
  And His lonely sway shall be shaken never.
Then let all creatures in awe and love,
Man or insect, or serpent or dove,
  Now bless the Lord who is blessed forever.

44

רְשׁוּת לְבָרְכוּ לְיוֹם שֵׁנִי שֶׁל פֶּסַח

—|—⌣———|—⌣—— ‖ —⌣——|—|—⌣——

שַׂחַק וְכָל הֲמוֹן זְבוּל
לָאֵל מְסִלּוֹתָם יְרָמוּן
תֵּבֵל וְיוֹשְׁבֵי בָהּ לְמוּל
יוֹצְרָם פְּנֵיהֶם הֵם יְשִׂימוּן
יַעַר וְעֵץ בּוֹ כָל יְבוּל
שָׂדֶה מְלֹא קוֹמָה יְקוּמוּן
וִיבָרְכוּ יַחַד כֻּלָּם בְּפֶה אֶחָד
בָּרוּךְ אֲדֹנָי הַמְבֹרָךְ

לֹא מָצְאוּ רַבִּים מְקוֹר
סוֹד זֶה וּמַה נִּפְלָא יְסוֹדוֹ
אָנָה מְקוֹם כֵּס אֵל וְאוֹר
קָדוֹשׁ וּמִי יַעֲמֹד בְּסוֹדוֹ
נִשְׂגָּב וְנֶעְלָם מֵחֲקוֹר
רַק הֵן מְלֹא אֶרֶץ כְּבוֹדוֹ
עֶלְיוֹן מְעוֹנוֹ שָׁם שָׁם לִהְיוֹת אֶחָד
נוֹרָא וּמִי בִלְתּוֹ מְבֹרָךְ

His bands of ministers gleam and flash
    Like living coals or with flames for features,
Squadrons of four-winged cherubim dash,
    By the steps of His throne are the mystic
      creatures
With their chariot-wheels, and at His behest,
They run in His service with holy zest,
    All united together run,
    One in song and in service one,
Every being of all the blest
    In a loyalty naught can sever.
Wherefore sing to Him every breast,
Tranced in His adoration rest,
    And bless the Lord who is blessed forever.

His domain is established, His Peace secure,
    On the beams of the earth and the clouds He
      rides,
The homesick exile he vows to cure,
    Who now amid thistle and thorn resides,
    And the day of redemption in trust abides.
Yea, the remnant shall yet as a people endure,
    Regathered, forgiven, when He decides,
And live as a nation unique and pure,
      For when it was chosen and glorified,
      Its mission it knew and its task descried,
    That the love of God be its high endeavour,
And its purpose His reverence to assure,
The world to His worship by faith allure,
    And bless the Lord who is blessed forever.

מַחֲנוֹת מְשָׁרְתָיו גַּחֲלֵי
אִשִּׁים וְלֶהָבוֹת דְּמוּתָם
דַּהֲרוֹת כְּרוּבָיו בַּעֲלֵי
כָנָף לְאַרְבַּע מַחֲנוֹתָם
חַיּוֹת קְבוּעוֹת מֵעֲלֵי
כִסְאוֹ בְּאוֹפַן מַרְכְּבוֹתָם
יִתְקַבְּצוּ כֻלָּם לְעָבְדוֹ שְׁכֶם אֶחָד
נַעֲרָץ בְּסוֹדָם וּמְבֹרָךְ

הַשָּׂם גְּבוּלוֹ מַעֲמַד
שָׁלוֹם וְרוֹכֵב עָב וְעָנָן
הוּא יַעֲשֶׂה שָׁלוֹם לְנָד
בֵּין קוֹץ וְדַרְדַּר יִתְלוֹנָן
חוֹכֶה לְיוֹם קוֹמָךְ לָעַד
תְּאֶסֹף שְׁאֵרִיתוֹ וְיֶחְנָן
מֵאָז בְּחַרְתּוֹ מִכָּל עַם לְגוֹי אֶחָד
יֵדַע אֲשֶׁר תְּבָרֵךְ מְבֹרָךְ.

45

MY HEART CLAMOURS

My heart craves to praise Thee,
But I am unable.
Would my understanding
Were as spacious as Solomon's.
Without it my wisdom
As yet ill suffices
For expounding Thy wonders
And Thy deeds of beneficence
Wrought for me and all mankind.
Without Thee all's hopeless,
And where is the rock
Sustaining, suspending
The weight of the world?
I am as one orphaned;
Nay, on Thee I am cast.
What then can I do
But look to Thee, wait on Thee,
In whose hand is the spirit
Of all that is living,
In whose hand is the breath
Of all the creation?

45

רְשׁוּת לְשַׁבַּת חוּה״מ שֶׁל פֶּסַח

‒ ‒ | ‒ ‿ | ‒ ‒ | ‒ ‒

שָׁאַל לְהוֹדוֹת לָךְ לִבִּי וְלֹא יָכוֹל
לוּ יֵשׁ תְּבוּנָתִי הַרְבֵּה כְּמוֹ כַלְכֹּל
לִבִּי הֲלֹא טֶרֶם יַשְׂכִּיל פְּלָאֶיךָ
גָּדְלוּ חֲסָדֶיךָ עָלַי וְעַל הַכֹּל
מִבַּלְתְּךָ אֵין לִי מִבְטָח וְאַיֵּה צוּר
סוֹבֵל וְגַם תוֹלֶה עוֹלָם כְּמוֹ אֶשְׁכּוֹל
הֵן לָךְ אֲנִי נִשְׁלָךְ אֵיךְ לֹא אֲקַוֶּה לָךְ
וּבְיָדְךָ נֶפֶשׁ כָּל חַי וְרוּחַ כֹּל.

5

46

ARISE, O MY RAPTURE

Arise, O my rapture, at dawn I exclaim,
  Go seeking the face of my love, the King,
I thirst at the thought of Him, burn as with flame,
  And chatter like swallow upon the wing.

No gifts can I bring save of heart or of wit,
  My cause to my lips I can only trust.
Desires my Redeemer a ritual fit,
  How should I suffice who am based on dust?

When I with my self seek communion, I shrink,
  Were I mightier far, I should still be small,
Soul and strength in adoring Thee faint and sink,
  Yet sing Thee I must till the end of all.

46

רְשׁוּת לְנִשְׁמַת לְיָמִים אַחֲרוֹנִים שֶׁל פֶּסַח

— — ⌣ | — — — ⌣ | — — — ⌣

שְׁחָרִים אֶקְרָאֶה: „עוּרָה כְבוֹדִי
לְבַקֵּשׁ אֶת פְּנֵי מַלְכִּי וְדוֹדִי"
לְזִכְרוֹ אֶצְמְאָה מֵחֹם יְקֹדִי
וְכֶעָגוּר אֲצַפְצֵף מִנְּדֹדִי
מְאוּמָה אֵין לְבַד לִבִּי וְסוֹדִי
וְזוּלָתִי שְׂפָתַי אֵין בְּיָדִי
הֲיֵשׁ לַעְרוֹךְ לְךָ גֹּאֲלִי וּפוֹדִי
וְאֵיךְ אוּכַל וּבֶעָפָר יְסוֹדִי
נְקַלּוֹתִי בְּיוֹם עָמְדִי בְסוֹדִי
וְאִם יִרְבֶּה מְאֹדִי מַה מְּאֹדִי
תְּכַל נַפְשִׁי לְהַלֶּלְךָ וְהוֹדִי
וְנִשְׁמָתִי תְּזַמֵּר לָךְ בְּעוֹדִי.

47

PASSOVER PSALM

Who is like unto Thee to uncover the deeps,
    And who hath Thy power to raise and cast
        down?
Show Thy marvellous love to the captive who
      weeps,
    O Worker of wonders, of awesome renown!

Thy children belovèd intoned a new song
    When Egypt's proud host found a watery
      grave,
There was praise from the saints in their jubilant
      throng
    When the wheels of the chariots clogged in the
      wave.

Thy fondlings storm-tossed were all weeping and
      tired
    When the great roaring flood-tides before them
      arose,
But Thy hand led them safe to the haven desired
    And the waters returned, overwhelming their
      foes.

The chariots of Pharaoh and all that great host
    God cast in the billows and covered them o'er,
But His people trod sea-bottom, coast unto coast,
    He admonished the sea and it dried like the
      shore.

47
מִי כָמֹכָה

מִי־כָמֹכָה עֲמֻקּוֹת גּוֹלֶה
וּמִי דוֹמֶה לָךְ מוֹרִיד וּמַעֲלֶה
לְצוֹעֵק בְּשִׁבְיוֹ חֲסָדֶיךָ הַפְלֵה
נוֹרָא תְהִלּוֹת עוֹשֵׂה־פֶלֶא

שִׁירָה חֲדָשָׁה שָׁרוּ יְדִידִים
הָעֵת טָבְעוּ לוּדִים וְזֵדִים
וְאוֹפַנֵּי מַרְכְּבוֹתָם כְּבֵדִים
תְּהִלָּתוֹ בִּקְהַל חֲסִידִים

לַהֲקַת יְדִידִים סֹעֲרִים בְּבִכְיָם
הָעֵת נָשְׂאוּ נְהָרוֹת דָּכְיָם
וַיַּנְחֵם אֶל מְחוֹז מַאֲוַיָּם
וְאֶת אוֹיְבֵיהֶם כִּסָּה הַיָּם

מַרְכְּבֹת פַּרְעֹה וְכָל מַחֲנֵהוּ
יָרַד בַּיָּם וַיְכַסֵּהוּ
וְעַמּוֹ הֶעֱבִיר בִּמְצוּלֵהוּ
גּוֹעֵר בַּיָּם וַיַּבְּשֵׁהוּ

Thus, Lord, do Thou Zion support and uphold,
    Arise, for the hour of her grace is at hand,
The day long appointed to sing as of old,
    God reigneth, His Kingdom forever shall stand.

הֱיֵה נָא לְצִיּוֹן סוֹמֵךְ וְסוֹעֵד
וְתָקוּם לְחֶנְנָהּ כִּי בָא מוֹעֵד
וְלָשִׁיר כְּמֵאָז לָךְ נִוָּעֵד
יְיָ יִמְלֹךְ לְעֹלָם וָעֶד

48

O GOD, MY SUN

O God, my Sun, up now and rise, I pray thee,
And be as the moon to illumine my darkness:
Wherefore wilt Thou play the passing wayfarer
And vanish like the fleeing gazelle?
When shall the bud come to blossom,
And the tender grape yield its sweet savour?
How long wilt Thou cast off the remnants of
  Joseph?
I was as a lamb led to the slaughter,
One man drawing me from the fold and another
  performing the sacrifice.
The lion rose murderous against me,
And the wild ass breaketh my bones.
The wild boar tore me, breathing fury,
Pushing westwards and northwards.

Dread God, who hast stretched out the heavens,
Who closest and none can open,
Now at last reprove kings for my sake—

48

מְאוֹרָה לְיוֹם שֵׁנִי שֶׁל שָׁבוּעוֹת

שִׁמְשִׁי עֲלֵה־נָא זוֹרֵחַ
וְהָאֵר חָשְׁכִּי כַּיָּרֵחַ
לָמָּה תִהְיֶה כְּאֹרֵחַ
וְתִדְמֶה לִצְבִי בֹּרֵחַ
מָתַי יָצִיץ פֹּרֵחַ
וּסְמָדַר יִתְּנוּ רֵיחַ
הֲלָעַד אַתָּה זֹנֵחַ
שְׂרִידֵי צָפְנַת פַּעְנֵחַ
הָיִיתִי כְּצֹאן מַטְבֵּחַ
זֶה מֹשֵׁךְ וְזֶה זֹבֵחַ
קָם עָלַי אֲרִי מְרַצֵּחַ
וּפֶרֶא עֲצָמַי פִּצֵּחַ
טְרָפַנִי חֲזִיר מְנַפֵּחַ
יָמָּה וְצָפוֹן מְנַגֵּחַ
נוֹרָא שַׁחַק מֹתֵחַ
הַסּוֹגֵר וְאֵין פּוֹתֵחַ
מְלָכִים עָלַי הוֹכֵחַ

For far be it from Thee to be forgetful!—
Thou shalt bring forth my prisoners from the pit
For the sake of our hero-ancestor's righteousness,
And shalt cleave the crown of the woman of Uz
And shave off the hair of Esau.

Take the young brood and prosper them,
But do *not* let go the mother.
O restore the maiden in her beautiful freshness,
And fill with moisture all that is withered.
Renew the Temple and the altar
And establish singing men for Thy praise;
One to glow with a song of loves,
And one to make melody for the chief musician.
Thus wilt Thou cause the horn of the Messiah to
    shoot up,
And I shall be wholly joyful.

וְחָלִילָה הֱיוֹת שֹׁכֵחַ
אֲסִירַי מִבּוֹר תְּשַׁלֵּחַ
בְּצִדְקַת אַבִּיר שְׁלַחַ
לְקָדְקֹד עוֹצִית תְּפַלֵּחַ
וּשְׂעַר שָׂעִיר תְּגַלֵּחַ
קַח בְּנֵי צִפּוֹר וְהַצְלֵחַ
וְאֶת הָאֵם לֹא תְשַׁלֵּחַ
יָהּ הָשֵׁב עַלְמָה יְפַת־לֵחַ
וְהַיָּבֵשׁ עוֹד תְּלַחְלֵחַ
חַדֵּשׁ הֵיכָל וּמִזְבֵּחַ
וְהָקֵם שָׁרִים לְשַׁבֵּחַ
זֶה שִׁיר יְדִידֹת יְצַחְצֵחַ
וְזֶה יָשִׁיר לַמְנַצֵּחַ
קֶרֶן יִנּוֹן תְּצַמֵּחַ
וְהָיִיתִי אַךְ שָׂמֵחַ.

49

THE LOVE OF GOD

To Thee, O living God, my being yearns,
For Thee my soul consumes, my spirit burns.

Within Thy chosen people's hearts Thy glory
Inhabits, be they babes or fathers hoary,

To bind Thy chosen to Thy chariot wheels.
And with the radiance that Thee conceals

I fill my heart and make for my delight
A lampstand set beside me in the night.

The wisest weary them to comprehend
Thy mystery, then how should I ascend

The secret of Thy glorious shrine to tell?
Thy shining semblance is unsearchable.

Then let my craving to my own soul turn
To find the wealth divine for which I yearn.

For Wisdom's house is as of sapphires builded,
Her pavement as with gold of Ophir gilded.

Within the body is her hidden lair,
Like a young lion she is couchant there.

49

אַהֲבָה

‿ — — — — — | ‿ — — —

לְךָ אֵל חַי תְּכְסֹף יְחִידָתִי
וְגַם תִּכְלֶה רוּחִי וְנִשְׁמָתִי
שְׁכִינָתְךָ שָׁכְנָה בְתוֹךְ לִבּוֹת
סְגֻלָּתְךָ, בָּנִים וְגַם אָבוֹת,
וְחַיָּתְךָ לִרְתֹּם בְּמַרְכָּבוֹת
וּמָלֵאתִי זֹהַר בְּלִבָּתִי
מְנוֹרָתִי תָּאִיר לְעֻמָּתִי
לְבַב מַשְׂכִּיל יִלְאֶה לְהָבִין סוֹד
וְלֹא יָכִיל לַחְקֹר תְּמוּנַת הוֹד
וְאֵיךְ אָכִיל אֵת מִמְּעוֹן כָּבוֹד
בְּאַוָּתִי אֶשְׁאַף לְיִקְרָתִי
כְּבוּדָתִי אָשִׂים מְגַמָּתִי
מְעוֹן בִּינָה עֶצֶם כְּמוֹ סַפִּיר
דְּמוּת לְבָנָה כֶּתֶם זְהַב אוֹפִיר
וְהִיא שָׁכְנָה מִסְתָּר בְּגוּף כִּכְפִיר

She is my bliss and joy in lamentation,
She is my thinking cap of meditation.

What man dare all her beauty's praises sum,
Or be to her perfections wholly dumb?

Answer her swiftly, God of grace above,
For she is sick with longing for Thy love.

"Gently, dear damsel, sip salvation's water,
For thou, most dazzling maiden, art My
    daughter."

וְשִׂמְחָתִי גִּילִי בְּאַנְחָתִי
וְשִׂיחָתִי וּצְנִיף מְזִמָּתִי
הֲיוּכַל אִישׁ הָתֵם לְמַהֲלָלָהּ
וּמִי יַכְחִישׁ יָפְיָהּ וּמַכְלְלָהּ
עֲנֵה אֵל חִישׁ בַּת אַהֲבָה חוֹלָה
לְאַט בִּתִּי, מִמֵּי יְשׁוּעָתִי
הֲלֹא תַשְׁתִּי, כִּי אַתְּ אֲיֻמָּתִי.

50

THE ROYAL CROWN

May this my prayer aid mankind
The path of right and worth to find;
   The living God, His wondrous ways,
   Herein inspire my song of praise.
Nor is the theme at undue length set down,
Of all my hymns behold "The Royal Crown."

I.

Wonderful are thy works, as my soul overwhelmingly knoweth.

Thine, O Lord, are the greatness and the might, the beauty, the triumph, and the splendour.

Thine, O Lord, is the Kingdom, and Thou art exalted as head over all.

Thine are all riches and honour: Thine the creatures of the heights and depths.

They bear witness that they perish, while Thou endurest.

Thine is the might in whose mystery our thoughts can find no stay, so far art Thou beyond us.

In Thee is the veiled retreat of power, the secret and the foundation.

50

כֶּתֶר מַלְכוּת

בִּתְפִלָּתִי יִסְכַּן־גָּבֶר
כִּי בָהּ יִלְמַד יֹשֶׁר וּזְכוּת:
סִפַּרְתִּי בָהּ פִּלְאֵי אֵל חַי
בְּקִצָּרָה אַךְ לֹא בַאֲרִיכוּת:
שַׂמְתִּיהָ עַל רֹאשׁ מַהֲלָלַי
וּקְרָאתִיהָ כֶּתֶר מַלְכוּת:

א

נִפְלָאִים מַעֲשֶׂיךָ וְנַפְשִׁי יוֹדַעַת מְאֹד;
לְךָ יְיָ הַגְּדֻלָּה וְהַגְּבוּרָה וְהַתִּפְאֶרֶת וְהַנֵּצַח וְהַהוֹד:
לְךָ יְיָ הַמַּמְלָכָה וְהַמִּתְנַשֵּׂא לְכֹל לְרֹאשׁ וְהָעֹשֶׁר וְהַכָּבוֹד:
לְךָ בְּרוּאֵי מַעְלָה וּמַטָּה יָעִידוּ כִּי הֵמָּה יֹאבֵדוּ וְאַתָּה תַעֲמֹד:
לְךָ הַגְּבוּרָה אֲשֶׁר בְּסוֹדָהּ נִלְאוּ רַעְיוֹנֵינוּ לַעֲמֹד. כִּי עָצַמְתָּ מִמֶּנּוּ מְאֹד:
לְךָ חֶבְיוֹן הָעֹז הַסּוֹד וְהַיְסוֹד:

Thine is the name concealed from the sages,
The force that sustaineth the world on naught,
And that can bring to light every hidden thing.
Thine is the loving-kindness that ruleth over
all Thy creatures,
And the good treasured up for those who fear
Thee.
Thine are the mysteries that transcend under-
standing and thought.
Thine is the life over which extinction holdeth
no sway,
And Thy throne is exalted above every sover-
eignty,
And Thy habitation hidden in the shrouded
height.
Thine is the existence from the shadow of
whose light every being was created,
Of which we say, in His shadow we live.
Thine are the two worlds between which Thou
hast set a boundary,
The first for deeds and the second for reward.
Thine is the reward which Thou for the right-
eous hast stored up and hidden,
Yea, Thou sawest it was goodly and didst
hide it.

II.

Thou art One, the first of every number, and
the foundation of every structure,
Thou art One, and at the mystery of Thy One-
ness the wise of heart are struck dumb,
For they know not what it is.

לְךָ הַשֵּׁם הַנֶּעְלָם מִמְּתֵי חָכְמָה. וְהַכֹּחַ הַסּוֹבֵל הָעוֹלָם 15
עַל בְּלִימָה. וְהַיְכוֹלֶת לְהוֹצִיא לָאוֹר כָּל תַּעֲלוּמָה:

לְךָ הַחֶסֶד אֲשֶׁר גָּבַר עַל בְּרוּאֶיךָ. וְהַטּוֹב הַצָּפוּן
לִירֵאֶיךָ:

לְךָ הַסּוֹדוֹת אֲשֶׁר לֹא יְכִילֵם שֵׂכֶל וְרַעְיוֹן. וְהַחַיִּים
אֲשֶׁר לֹא יִשְׁלַט עֲלֵיהֶם כִּלָּיוֹן. וְהַכִּסֵּא הַנַּעֲלָה עַל כָּל 20
עֶלְיוֹן. וְהַנָּוֶה הַנִּסְתָּר בְּרוּם חֶבְיוֹן:

לְךָ הַמְּצִיאוּת אֲשֶׁר מִצֵּל מְאוֹרוֹ נִהְיָה כָּל הֹוֶה. אֲשֶׁר
אָמַרְנוּ בְּצִלּוֹ נִחְיֶה.

לְךָ שְׁנֵי הָעוֹלָמִים אֲשֶׁר נָתַתָּ בֵּינֵיהֶם גְּבוּל. הָרִאשׁוֹן
לְמַעֲשִׂים וְהַשֵּׁנִי לִגְמוּל: 25

לְךָ הַגְּמוּל אֲשֶׁר גָּנַזְתָּ לַצַּדִּיקִים וַתַּעֲלִימֵהוּ. וַתֵּרֶא אֹתוֹ
כִּי טוֹב הוּא וַתִּצְפְּנֵהוּ:

ב

אַתָּה אֶחָד. רֹאשׁ כָּל מִנְיָן. וִיסוֹד כָּל בִּנְיָן:

אַתָּה אֶחָד. וּבְסוֹד אַחְדּוּתְךָ חַכְמֵי לֵב יִתָּמָהוּ. כִּי לֹא
יָדְעוּ מַה הוּא: 30

Thou art One, and Thy Oneness can neither be increased nor lessened,

It lacketh naught, nor doth aught remain over.

Thou art One, but not like a unit to be grasped or counted,

For number and change cannot reach Thee.

Thou art not to be visioned, nor to be figured thus or thus.

Thou art One, but to put to Thee bound or circumference my imagination would fail me.

Therefore I have said I will guard my ways lest I sin with the tongue.

Thou art One, Thou art high and exalted beyond abasement or falling,

"For how should the One fall?"

III.

Thou existest, but hearing of ear cannot reach Thee, or vision of eye,

Nor shall the How have sway over Thee, nor the Wherefore and Whence.

Thou existest, but for Thyself and for none other with Thee.

Thou existest, and before Time began Thou wast,

And without place Thou didst abide.

Thou existest, and Thy secret is hidden and who shall attain to it?

"So deep, so deep, who can discover it?"

אַתָּה אֶחָד. וְאַחְדוּתְךָ לֹא יִגְרַע וְלֹא יוֹסִיף. לֹא יֶחְסַר וְלֹא יַעְדִּיף:

אַתָּה אֶחָד. וְלֹא כְאֶחָד הַקָּנוּי וְהַמָּנוּי. כִּי לֹא יַשִּׂיגְךָ רִבּוּי וְשִׁנּוּי. לֹא תֹאַר וְלֹא כִנּוּי:

אַתָּה אֶחָד. וְלָשׂוּם לְךָ חֹק וּגְבוּל נִלְאָה הֶגְיוֹנִי. עַל כֵּן אָמַרְתִּי אֶשְׁמְרָה דְרָכַי מֵחֲטוֹא בִלְשׁוֹנִי:

אַתָּה אֶחָד. וְגָבַהְתָּ וְנַעֲלֵיתָ מִשְּׁפוֹל וּמִנְּפוֹל. וְאִילוּ הָאֶחָד שֶׁיִּפּוֹל:

ג

אַתָּה נִמְצָא. וְלֹא יַשִּׂיגְךָ שֵׁמַע אֹזֶן וְלֹא רְאוּת עָיִן. וְלֹא יִשְׁלַט בְּךָ אֵיךְ וְלָמָּה וְאָיִן:

אַתָּה נִמְצָא. אֲבָל לְעַצְמְךָ וְאֵין לְאַחֵר עִמָּךְ:

אַתָּה נִמְצָא. וּבְטֶרֶם הֱיוֹת כָּל זְמַן הָיִיתָ. וּבְלִי מָקוֹם חָנִיתָ:

אַתָּה נִמְצָא. וְסוֹדְךָ נֶעְלָם וּמִי יַשִּׂיגֶנּוּ. עָמוֹק עָמוֹק מִי יִמְצָאֶנּוּ:

IV.

Thou livest, but not from any restricted season
nor from any known period.

Thou livest, but not through breath and soul,
for Thou art soul of the soul.

Thou livest, but not with the life of man,
which is like unto vanity and its end the moth
and the worm.

Thou livest, and he who layeth hold of Thy
secret shall find eternal delight:
"He shall eat and live for ever."

V.

Thou art great, and compared with Thy great-
ness all greatness is humbled and all excess di-
minished.

Incalculably great is Thy being,
Superber than the starry heaven,
Beyond and above all grandeur,
"And exalted beyond all blessing and praise."

VI.

Thou art mighty and there is none among all
Thou hast formed and created who can emulate
Thy deeds and Thy power.

Thou art mighty, and Thine is the completed
power beyond change or alteration.

Thou art mighty, and from the abundance of
Thy might dost Thou pardon in the time of Thy
wrath
And forbearest long with sinners.

ד

אַתָּה חַי. וְלֹא מִזְּמָן קָבוּעַ. וְלֹא מֵעֵת יָדוּעַ:
אַתָּה חַי. וְלֹא בְנֶפֶשׁ וּנְשָׁמָה כִּי אַתָּה נְשָׁמָה לִנְשָׁמָה:
אַתָּה חַי. וְלֹא כְּחַיֵּי אָדָם לַהֶבֶל דָּמָה. וְסוֹפוֹ עָשׁ וְרִמָּה:
אַתָּה חַי. וְהַמַּגִּיעַ לְסוֹדְךָ יִמְצָא תַּעֲנוּג עוֹלָם. וְאָכַל וָחַי לְעוֹלָם:

ה

אַתָּה גָּדוֹל. וּמוּל גְּדֻלָּתְךָ כָּל גְּדֻלָּה נִכְנַעַת. וְכָל יִתְרוֹן מִגְרַעַת:
אַתָּה גָּדוֹל. מִכָּל מַחֲשָׁבָה. וְגֵאֶה מִכָּל מֶרְכָּבָה:
אַתָּה גָּדוֹל. עַל כָּל גְּדֻלָּה. וּמְרוֹמָם עַל כָּל תְּהִלָּה:

ו

אַתָּה גִּבּוֹר. וְאֵין בְּכָל יְצִירוֹתֶיךָ וּבְרִיּוֹתֶיךָ אֲשֶׁר יַעֲשֶׂה כְּמַעֲשֶׂיךָ וְכִגְבוּרוֹתֶיךָ:
אַתָּה גִּבּוֹר. וּלְךָ הַגְּבוּרָה הַגְּמוּרָה. אֲשֶׁר אֵין לָהּ שִׁנּוּי וּתְמוּרָה:
אַתָּה גִּבּוֹר. וּמֵרוֹב גַּאֲוָתְךָ תִּמְחוֹל בְּעֵת זַעְפֶּךָ. וְתַאֲרִיךְ לְחַטָּאִים אַפֶּךָ:

Thou art mighty, and Thy mercies are upon all Thy creatures, yea upon all of them.

"These are the mighty deeds which are from eternity."

VII.

Thou art Light celestial, and the eyes of the pure shall behold Thee

But the clouds of sin shall veil Thee from the eyes of the sinners.

Thou art Light, hidden in this world but to be revealed in the visible world on high.

"On the mount of the Lord shall it be seen."

Light Eternal art Thou, and the eye of the intellect longeth and yearneth for Thee.

"Yet only a part shall it see, the whole it shall not behold."

VIII.

Thou art the God of Gods, and the Lord of Lords,

Ruler of beings celestial and terrestrial,

For all creatures are Thy witnesses

And by the glory of this Thy name, every creature is bound to Thy service.

Thou art God, and all things formed are Thy servants and worshippers.

Yet is not Thy glory diminished by reason of those that worship aught beside Thee,

For the yearning of them all is to draw nigh Thee,

אַתָּה גִּבּוֹר. וְרַחֲמֶיךָ עַל כָּל בְּרוּאֶיךָ כֻּלָּם. הֵמָּה הַגִּבּוֹרִים אֲשֶׁר מֵעוֹלָם:

ז

אַתָּה אוֹר עֶלְיוֹן וְעֵינֵי כָל נֶפֶשׁ זַכָּה יִרְאוּךָ. וְעַנְנֵי עֲוֹנִים מֵעֵינֶיהָ יַעֲלִימוּךָ:

אַתָּה אוֹר נֶעְלָם בָּעוֹלָם הַזֶּה וְנִגְלֶה בָּעוֹלָם הַנִּרְאֶה. בְּהַר יְיָ יֵרָאֶה:

אַתָּה אוֹר עוֹלָם. וְעֵין הַשֵּׂכֶל לְךָ תִּכְסוֹף וְתִשְׁתָּאֶה. אֶפֶס קָצֵהוּ תִרְאֶה וְכֻלּוֹ לֹא תִרְאֶה:

ח

אַתָּה הוּא אֱלֹהֵי הָאֱלֹהִים וַאֲדוֹנֵי הָאֲדוֹנִים. שַׁלִּיט בָּעֶלְיוֹנִים וּבַתַּחְתּוֹנִים:

אַתָּה אֱלוֹהַּ. וְכָל הַבְּרוּאִים עֵדֶיךָ. וּבִכְבוֹד זֶה הַשֵּׁם נִתְחַיֵּב כָּל נִבְרָא לְעָבְדֶךָ:

אַתָּה אֱלוֹהַּ. וְכָל הַיְצוּרִים עֲבָדֶיךָ וְעוֹבְדֶיךָ. וְלֹא יֶחְסַר כְּבוֹדְךָ. בִּגְלַל עוֹבְדֵי בִלְעָדֶיךָ. כִּי כַוָּנַת כֻּלָּם לְהַגִּיעַ עָדֶיךָ:

But they are like the blind,
Setting their faces forward on the King's highway,
Yet still wandering from the path.
One sinketh into the well of a pit
And another falleth into a snare,
But all imagine they have reached their desire,
Albeit they have suffered in vain.
But Thy servants are as those walking clear-eyed in the straight path,
Turning neither to the right nor the left
Till they come to the court of the King's palace.
Thou art God, by Thy Godhead sustaining all that hath been formed,
And upholding in Thy Unity all creatures.
Thou art God, and there is no distinction 'twixt Thy Godhead and Thy Unity, Thy pre-existence and Thy existence,
For 'tis all one mystery.
And although the name of each be different,
"Yet they are all proceeding to one place."

IX.

Thou art wise. And wisdom is the fount of life and from Thee it welleth,
And by the side of Thy wisdom all human knowledge turneth to folly.
Thou art wise, more ancient than all primal things,
And wisdom was the nursling at Thy side.
Thou art wise, and Thou hast not learnt from any beside Thee,
Nor acquired wisdom from any save Thyself.

אֲבָל הֵם כְּעִוְרִים מְגַמַּת פְּנֵיהֶם דֶּרֶךְ הַמֶּלֶךְ. וְתָעוּ מִן הַדֶּרֶךְ:
זֶה טָבַע בִּבְאֵר שַׁחַת. וְזֶה נָפַל אֶל פַּחַת:
וְכֻלָּם חָשְׁבוּ כִּי לְחֶפְצָם נָגָעוּ. וְהֵם לָרִיק יָגָעוּ:
אַךְ עֲבָדֶיךָ הֵם כְּפִקְחִים. הַהוֹלְכִים דֶּרֶךְ נְכוֹחִים:
לֹא סָרוּ יָמִין וּשְׂמֹאל מִן הַדֶּרֶךְ. עַד בּוֹאָם לַחֲצַר בֵּית הַמֶּלֶךְ:
אַתָּה אֱלֹהַּ סוֹמֵךְ הַיְצוּרִים בֵּאלָהוּתֶךָ. וְסוֹעֵד הַבְּרוּאִים בְּאַחְדוּתֶךָ:
אַתָּה אֱלֹהַּ. וְאֵין הֶפְרֵשׁ בֵּין אֱלָהוּתְךָ וְאַחְדוּתֶךָ. וְקַדְמוּתְךָ וּמְצִיאוּתֶךָ:
כִּי הַכֹּל סוֹד אֶחָד. וְאִם יִשְׁתַּנֶּה שֵׁם כָּל אֶחָד. הַכֹּל הוֹלֵךְ אֶל מָקוֹם אֶחָד:

ט

אַתָּה חָכָם. וְהַחָכְמָה מְקוֹר חַיִּים מִמְּךָ נוֹבַעַת. וְחָכְמָתְךָ נִבְעַר כָּל אָדָם מִדַּעַת:
אַתָּה חָכָם. וְקַדְמוֹן לְכָל קַדְמוֹן. וְהַחָכְמָה הָיְתָה אֶצְלְךָ אָמוֹן:
אַתָּה חָכָם. וְלֹא לָמַדְתָּ מִבַּלְעָדֶיךָ. וְלֹא קָנִיתָ חָכְמָה מִזּוּלָתֶךָ:

Thou art wise, and from Thy wisdom Thou hast
set apart Thy appointed purpose,
    Like a craftsman and an artist
    To draw up the films of Being from Nothing-
ness
    As light is drawn that darteth from the eye:
    Without bucket from the fountain of light hath
Thy workman drawn it up,
    And without tool hath he wrought,
    Hewing, graving, cleansing, refining,
    Calling unto the void and it was cleft,
    And unto existence and it was urged,
    And to the universe and it was spread out;
    Establishing the clouds of the heavens
    And with his hand joining together the
pavilions of the spheres,
    And fastening with the loops of power the
tent-folds of creation,
    For the might of his hand extendeth to the
uttermost borders,
    "Linking the uttermost ends."

X.

Who shall utter Thy mighty deeds,
    For Thou madest a division of the ball of the
earth into twain, half dry land, half water,
    And didst surround the water with the sphere
of air,
    In which the wind turneth and turneth in its
going,
    And resteth in its circuits,
    And didst encompass the air with the sphere of
fire,

אַתָּה חָכָם וּמֵחָכְמָתְךָ אָצַלְתָּ חֵפֶץ מְזֻמָּן. כְּפֹעֵל וְאֻמָּן:
לִמְשׁוֹךְ מֶשֶׁךְ הַיֵּשׁ מִן הָאַיִן. כְּהִמָּשֵׁךְ הָאוֹר הַיּוֹצֵא מִן הָעָיִן:
וְשָׁאַב מִמְּקוֹר הָאוֹר מִבְּלִי דְלִי. וּפָעַל הַכֹּל בְּלִי כֶלִי:
וְחָצַב וְחָקַק. וְטִהַר וְזִקֵּק:
וְקָרָא אֶל הָאַיִן וְנִבְקַע. וְאֶל הַיֵּשׁ וְנִתְקַע. וְאֶל הָעוֹלָם וְנִרְקַע.
וְתִכֵּן שְׁחָקִים בַּזֶּרֶת. וְיָדוֹ אֹהֶל הַגַּלְגַּלִּים מְחַבֶּרֶת.
וּבְלֻלְאוֹת הַיְכֹלֶת יְרִיעוֹת הַבְּרִיאוֹת קוֹשֶׁרֶת. וְכֹחָהּ
נוֹגַעַת עַד שְׂפַת הַבְּרִיאָה הַשְּׁפָלָה הַחִיצוֹנָה הַיְרִיעָה הַקִּיצוֹנָה בַּמַּחְבָּרֶת:

י

מִי יְמַלֵּל גְּבוּרוֹתֶיךָ. בַּעֲשׂוֹתְךָ כַּדּוּר הָאָרֶץ נֶחֱלָק לִשְׁנַיִם. חֶצְיוֹ יַבָּשָׁה וְחֶצְיוֹ מָיִם.
וְהִקַּפְתָּ עַל הַמַּיִם גַּלְגַּל הָרוּחַ. סוֹבֵב סוֹבֵב הוֹלֵךְ הָרוּחַ.
וְעַל סְבִיבוֹתָיו יָנוּחַ.
וְהִקַּפְתָּ עַל הָרוּחַ גַּלְגַּל הָאֵשׁ:

And the foundations of these four elements are
but one foundation,
  And their sources one,
  And from it they issue and are renewed,
  "And from thence was it separated and became
four heads."

XI.

Who can declare Thy greatness?
For Thou hast encompassed the sphere of fire
with the sphere of the firmament,
  Wherein is the Moon,
  Which by the splendour of the Sun raceth up,
panting and shining,
  And in nine and twenty days fulfilleth her re-
volving
  And then remounteth her bounded circuit.
  Of her secrets some lie unveiled and some are
unsearchable,
  And her body is to the body of the earth
  As one part is to thirty-nine parts,
  And from month to month she stirreth up the
world and its chances,
  And its good and evil happenings,
  According to the will of her Creator,
  "To make known to the sons of men His mighty
deeds."

XII.

Who shall tell Thy praises?
For Thou madest the Moon the chief source
whereby to calculate
  Appointed times and seasons,
  And cycles and signs for the days and the
years.

וְהַיְסוֹדוֹת הָאֵלֶּה אַרְבַּעְתָּם לָהֶם יְסוֹד אֶחָד. וּמוֹצָאָם אֶחָד.

וּמִמֶּנּוּ יוֹצְאִים וּמִתְחַדְּשִׁים. וּמִשָּׁם יִפָּרֵד וְהָיָה לְאַרְבָּעָה רָאשִׁים:

יא

מִי יְחַוֶּה גְדֻלָּתְךָ בְּהַקִּיפְךָ עַל גַּלְגַּל הָאֵשׁ גַּלְגַּל הָרָקִיעַ וּבוֹ הַיָּרֵחַ. וּמִזִּיו הַשֶּׁמֶשׁ שׁוֹאֵף וְזוֹרֵחַ.

וּבְתִשְׁעָה וְעֶשְׂרִים יוֹם יָסוֹב גַּלְגַּלּוֹ. וְיַעֲלֶה דֶרֶךְ גְּבוּלוֹ.

וְסוֹדֶיהָ מֵהֶם פְּשׁוּטִים וּמֵהֶם עֲמוּקִים. וְגוּפוֹ פָּחוֹת מִגּוּף הָאָרֶץ כְּחֵלֶק מִתִּשְׁעָה וּשְׁלֹשִׁים חֲלָקִים.

וְהוּא מְעוֹרֵר מִדֵּי חֹדֶשׁ בְּחָדְשׁוֹ חִדּוּשֵׁי עוֹלָם וְקוֹרוֹתָיו. וְטוֹבוֹתָיו וְרָעוֹתָיו. בִּרְצוֹן הַבּוֹרֵא אֹתוֹ לְהוֹדִיעַ לִבְנֵי הָאָדָם גְּבוּרוֹתָיו:

יב

מִי יַזְכִּיר תְּהִלָּתֶךָ. בַּעֲשׂוֹתְךָ הַיָּרֵחַ רֹאשׁ לְחֶשְׁבּוֹן מוֹעֲדִים וּזְמַנִּים. וּתְקוּפוֹת וְאוֹתוֹת לְיָמִים וְשָׁנִים:

Her rule is in the night,
Until the coming of the fixed hour
When her brightness shall be darkened
And she shall clothe herself with the mantle of
gloom.

For from the light of the Sun is her light,
And should it hap on the night of the four-
teenth that both of them stand
On the line of the Dragon,
So that it cometh between them,
Then the Moon shall not convey her light,
And her illumination shall be extinguished,
To the end that all the peoples of the earth
shall know

That they are the creatures of the Most High,
And however splendid they be
There is a Judge above them to humble and
exalt.

Nathless she shall live again after her fall
And shall be resplendent again after her dark-
ness,
And when she is in conjunction with the Sun
at the end of the month,
If the Dragon shall be between them,
And both shall stand upon one line,
Then the Moon shall stand before the Sun like
a projecting blackness
And shall hide the light thereof from the sight
of all beholders,
In order that all who behold may know
That the sovereignty is not with the hosts and
legions of heaven

בַּלַּיְלָה מֶמְשַׁלְתּוֹ. עַד בּוֹא עִתּוֹ.

וְתֶחְשַׁךְ יִפְעָתוֹ. וְיִתְכַּסֶּה מַעֲטֵה קַדְרוּתוֹ. כִּי מִמְּאוֹר
הַשֶּׁמֶשׁ אוֹרָתוֹ:

וּבְלֵיל אַרְבָּעָה עָשָׂר אִם יַעַמְדוּ עַל קַו הַתְּלִי שְׁנֵיהֶם.
וַיַּפְרִיד בֵּינֵיהֶם.

אָז הַיָּרֵחַ לֹא יָהֵל אוֹרוֹ. וְיִדְעַךְ נֵרוֹ:

לְמַעַן דַּעַת כָּל עַמֵּי הָאָרֶץ כִּי בְרוּאֵי מַעְלָה אִם הֵם
יְקָרִים. עֲלֵיהֶם שׁוֹפֵט לְהַשְׁפִּיל וּלְהָרִים:

אַךְ יִחְיֶה אַחֲרֵי נָפְלוֹ. וְיָאִיר אַחֲרֵי אָפְלוֹ.

וּבְהִדָּבְקוֹ בְּסוֹף הַחֹדֶשׁ עִם הַחַמָּה.

אִם יְהִי תְּלִי בֵינֵיהֶם. וְעַל קַו אֶחָד יַעַמְדוּ שְׁנֵיהֶם.

אָז יַעֲמֹד הַיָּרֵחַ לִפְנֵי הַשֶּׁמֶשׁ כְּעָב שְׁחוֹרָה. וְיַסְתִּיר מֵעֵין
כָּל רֹאֶיהָ מְאוֹרָהּ.

לְמַעַן יֵדְעוּ כָּל רֹאֵיהֶם. כִּי אֵין הַמַּלְכוּת לִצְבָא הַשָּׁמַיִם
וְחֵילֵיהֶם.

But that there is a Master over them,
Obscuring and irradiating,
For height behind height He keepeth, yea, and
the heights beyond them,
And they that imagine the Sun is their god
At such time shall be ashamed of their imag-
inings,
For their words are then tested,
And they shall know 'tis the hand of the Lord
hath done this
And that the Sun hath no power
And His alone is the rule who can darken its
light,
Sending to it a slave of its slaves,
A beneficiary of its own kindly glow,
To becloud its radiance,
To cut off the abominable idolising thereof,
"And let the Sun be removed from sovereignty."

XIII.

Who shall declare Thy righteousness?
For Thou hast compassed the firmament of the
moon with a second sphere
Without deviation or infraction,
And within it is a star called Mercury,
And its measure to the earth is like one to
twenty-two thousand.
And it completeth its turbulent course in ten
months
And is the stirrer up in the world of strifes and
contentions
And enmities and cries of complaint,

אֲבָל יֵשׁ אָדוֹן עֲלֵיהֶם. מַחֲשִׁיךְ מְאוֹרֵיהֶם.
כִּי גָבֹהַּ מֵעַל גָּבֹהַּ שֹׁמֵר וּגְבֹהִים עֲלֵיהֶם. וְהַחוֹשְׁבִים כִּי הַשֶּׁמֶשׁ אֱלֹהֵיהֶם.
בָּעֵת הַזֹּאת יֵבוֹשׁוּ מִמַּחְשְׁבוֹתֵיהֶם. וְיִבָּחֲנוּ דִבְרֵיהֶם.
וְיֵדְעוּ כִּי יַד יְיָ עָשְׂתָה זֹּאת וְאֵין לַשֶּׁמֶשׁ יְכֹלֶת. וְהַמַּחֲשִׁיךְ אוֹרָהּ לוֹ לְבַדּוֹ הַמֶּמְשֶׁלֶת.
וְהוּא הַשּׁוֹלֵחַ אֵלֶיהָ עֶבֶד מֵעֲבָדֶיהָ גְּמוּל חֲסָדֶיהָ. לְהַסְתִּיר אוֹרָהּ. וְלִכְרוֹת מִפְלַצְתָּהּ וַיְסִירֶהָ מִגְּבִירָה:

יג

מִי יְסַפֵּר צִדְקוֹתֶיךָ. בְּהַקִּיפְךָ עַל רְקִיעַ הַיָּרֵחַ גַּלְגַּל שֵׁנִי בְּאֵין יוֹצֵאת וָפֶרֶץ:
וּבוֹ כּוֹכָב הַנִּקְרָא כּוֹכָב וּמִדָּתוֹ כְּחֵלֶק מִשְּׁנַיִם וְעֶשְׂרִים אֶלֶף מִן הָאָרֶץ.
וּמַקִּיף הַגַּלְגַּל בַּעֲשָׂרָה יָמִים בְּמֶרֶץ:
וְהוּא מְעוֹרֵר בָּעוֹלָם רִיבוֹת וּמְדָנִים. וְאֵיבוֹת וּרְגָנִים:

And it giveth the force to obtain power and to heap up wealth,
To gather riches and to lay up abundance,
According to the command of Him who created it to be His minister
As a servant before a master.
And it is the star of prudence and wisdom,
"Giving subtlety to the simple
And to the young man knowledge and discretion."

XIV.

Who shall understand Thy mysteries?
For thou hast encompassed the second sphere with a third sphere,
And therein a brightness (Venus) like a queen amid her hosts,
And her garments adorned like a bride's,
And in eleven months she fulfilleth her circuit,
And her body to that of the earth is as one to thirty and seven,
To those who know her secret and understand her.
And she reneweth in the world, by the will of her Creator,
Peace and prosperity, dancing and delight,
And songs and shouts of joy,
And the love-cries of bride and bridegroom on their canopies.
And it is she conspireth the ripening of fruit
And other vegetation,
"From the precious things of the fruits of the sun,
And from the precious things of the yield of the moons."

וְנוֹתֵן כֹּחַ לַעֲשׂוֹת חַיִל וְלִצְבּוֹר הוֹן. וְלִכְנוֹס עֹשֶׁר וּמָמוֹן.
בְּמִצְוַת הַבּוֹרֵא אוֹתוֹ לְשָׁרְתוֹ כְּעֶבֶד לִפְנֵי אָדוֹן:
וְהוּא כּוֹכַב הַשֵּׂכֶל וְהַחָכְמָה.
נוֹתֵן לִפְתָאִים עָרְמָה. לְנַעַר דַּעַת וּמְזִמָּה:

יד

מִי יָבִין סוֹדוֹתֶיךָ. בְּהַקִּיפְךָ עַל גַּלְגַּל הַשֵּׁנִי גַּלְגַּל שְׁלִישִׁי וּבוֹ נֹגַהּ כִּגְבֶרֶת בֵּין חֲיָלֶיהָ. וְכַכַּלָּה תַּעְדֶּה כֵלֶיהָ:
וּבְעַשְׁתֵּי עָשָׂר חֹדֶשׁ תִּסֹּב גְּלִילֶיהָ. וְגוּפָהּ כְּחֵלֶק מִשִּׁבְעָה וּשְׁלֹשִׁים מִן הָאָרֶץ לְיֹדְעֵי סוֹדָהּ וּמַשְׂכִּילֶיהָ:
וְהִיא מְחַדֶּשֶׁת בָּעוֹלָם כִּרְצוֹן בּוֹרְאָהּ.
הַשֶּׁקֶט וְשַׁלְוָה. וְדִיצָה וְחֶדְוָה:
וְשִׁירוֹת וּרְנָנִים. וּמִצְהֲלוֹת חֻפּוֹת חֲתָנִים.
וְהִיא מְקַשֶּׁרֶת פְּרִי תְנוּבוֹת וּשְׁאָר הַצְּמָחִים. מִמֶּגֶד תְּבוּאוֹת שָׁמֶשׁ. וּמִמֶּגֶד גֶּרֶשׁ יְרָחִים:

XV.

Who shall understand Thy secret?
For Thou hast encompassed the sphere of this shining one
With a fourth sphere, wherein is the Sun
That completeth his circuit in a perfect year.
And his body is one hundred and seventy times greater than that of the earth,
According to indications and devisings of intellect.
And he is the apportioner of light to all the stars of the heavens,
And giveth to kings salvation
And majesty, dominion and awe,
And reneweth marvels on the earth,
Whether for war or for peace,
And rooteth up kingdoms,
And establisheth and exalteth others in their stead
And hath power to abase and uplift with a high hand,
But all according to the will of the Creator who created him in wisdom.
Every day he prostrateth himself before the King,
And taketh his stand in the house of his course,
And at dawn he raiseth his head
And boweth towards the west in the evening.
"In the evening he goeth down and in the morning he returneth."

טו

מִי יַשְׂכִּיל סוֹדְךָ בְּהַקִּיפְךָ עַל גַּלְגַּל נֹגַהּ גַּלְגַּל רְבִיעִי וּבוֹ הַחַמָּה.

וְסוֹבֶבֶת כָּל הַגַּלְגַּל בְּשָׁנָה תְמִימָה.

וְגוּפָהּ גָּדוֹל מִגּוּף הָאָרֶץ מֵאָה וְשִׁבְעִים פַּעַם בְּמוֹפְתֵי שֵׂכֶל וּמְזִמָּה.

וְהִיא חוֹלֶקֶת אוֹר לְכָל כּוֹכְבֵי שָׁמַיְמָה. וְנוֹתֶנֶת תְּשׁוּעָה וְהוֹד מַלְכוּת וְאֵימָה.

וּמְחַדֶּשֶׁת נִפְלָאוֹת בָּעוֹלָם אִם לְשָׁלוֹם וְאִם לַמִּלְחָמָה.

וְעוֹקֶרֶת מַלְכֻיּוֹת וְתַחְתָּם אֲחֵרוֹת מְקִימָה וּמְרִימָה.

וְלָהּ יְכֹלֶת לְהַשְׁפִּיל וּלְהָרִים בְּיָד רָמָה.

וְהַכֹּל בִּרְצוֹן הַבּוֹרֵא אוֹתָהּ בְּחָכְמָה:

וּבְכָל יוֹם וָיוֹם תִּשְׁתַּחֲוֶה לְמַלְכָּהּ וּבֵית נְצִיבוֹת נִצָּבָה.

וּבַשַּׁחַר תָּרִים רֹאשׁ וְתִקּוֹד לָעֶרֶב בְּמַעֲרָבָהּ:

בָּעֶרֶב הִיא בָאָה וּבַבֹּקֶר הִיא שָׁבָה:

XVI.

Who can grasp Thy greatness?
For Thou hast appointed the Sun for the computing
Of days and of years, and appointed periods,
And to make the fruit-tree to burgeon,
And, under the sweet influence of the Pleiades
and the bands of Orion,
The green shoots luxuriant.
Six months he journeyeth towards the north
to warm the air,
And the waters, the woods, and the rocks,
And as he draweth nigh to the north,
The days grow longer and the seasons wax,
Till there is found a place where the day is so
lengthened
That it lasteth six months,
According to confirmed indications,
And six months he journeyeth towards the
south
In his appointed courses
Till there is found a place where the night is so
lengthened
That it lasteth six months,
According to the proof of searchers.
And from this may be known a fringe of the
ways of the Creator,
A whisper of His mighty powers,
Of His strength and His wondrous works.
As from the greatness of servants
May the greatness of the master be known
By all men of understanding,

טז

מִי יָכִיל גְּדֻלָּתְךָ בַּעֲשׂוֹתְךָ אוֹתָהּ לִמְנוֹת בָּהּ יָמִים וְשָׁנִים.

וְעִתִּים מְזֻמָּנִים.

וּלְהַצְמִיחַ בָּהּ עֵץ עֹשֶׂה פְּרִי וּמַעֲדַנֹּת כִּימָה וּמוֹשְׁכוֹת כְּסִיל דְּשֵׁנִים וְרַעֲנַנִּים:

וְשִׁשָּׁה חֳדָשִׁים הוֹלֶכֶת לִפְאַת צָפוֹן לְחַמֵּם הָאֲוִיר וְהַמַּיִם וְהָעֵצִים וְהָאֲבָנִים:

וּכְפִי קָרְבָתָהּ לַצָּפוֹן יִגְדְּלוּ הַיָּמִים וְיַאַרְכוּ הַזְּמַנִּים.

עַד יִמָּצֵא מָקוֹם אֲשֶׁר יִגְדַּל יוֹמוֹ עַד הֱיוֹתוֹ שִׁשָּׁה חֳדָשִׁים בְּמוֹפְתִים נֶאֱמָנִים.

וְשִׁשָּׁה חֳדָשִׁים הוֹלֶכֶת לִפְאַת דָּרוֹם בְּמַעְגָּלִים נְתוּנִים.

עַד יִמָּצֵא מָקוֹם אֲשֶׁר יִגְדַּל לֵילוֹ עַד הֱיוֹתוֹ שִׁשָּׁה חֳדָשִׁים לְפִי מִבְחַן הַבּוֹחֲנִים:

וּמִמֶּנָּה יִוָּדְעוּ קְצָת דַּרְכֵי בּוֹרְאָהּ וְשֶׁמֶץ מִגְּבוּרוֹתָיו. וֶעֱזוּזוֹ וְנִפְלְאוֹתָיו.

כִּי מִגְּדֻלַּת הָעֲבָדִים גְּדֻלַּת הָאָדוֹן נוֹדַעַת. לְכָל יוֹדְעֵי דָעַת:

So through the ministering Sun is revealed
The grandeur and glory of the Lord,
"For all the goods of his Master are delivered
into his hands."

XVII.

Who can grasp Thy wonders?
For Thou hast appointed him to furnish light
to the stars
Of high or low degree,
And to the Moon,
"If that white bright spot stays in its place"
And according as she moves away to stand
opposite the Sun,
She receiveth his shining
Until his light is at the full when she stands
before him,
And it irradiates her whole face.
And when that she draws nigh in the latter half
of the month,
And declineth from him
And is far from standing opposite him
And proceedeth to the side of him,
In that degree waneth her splendour,
Till the end of her month and her circuit,
And she declineth to her extreme rim.
And when she is in conjunction with him
She is hid in secret places
For a day and half an hour
And some numbered moments,
And after that she is renewed and returneth
to her prior self
And "issueth forth as a bridegroom from his
chamber."

וְעַל הָעֶבֶד יִגָּלֶה תֹּקֶף הָאָדוֹן וּכְבוֹדוֹ. וְכָל טוּב אֲדֹנָיו בְּיָדוֹ:

יז

מִי יַכִּיר אוֹתוֹתֶיךָ. בְּהַפְקִידְךָ אוֹתָהּ לְהַעֲנִיק אוֹר לְכֹכְבֵי מַעְלָה וּמַטָּה גַּם לַלְּבָנָה. וְאִם תַּחְתֶּיהָ תַּעֲמֹד הַבַּהֶרֶת לְבָנָה.

וּכְפִי אֲשֶׁר יִרְחַק מִמֶּנָּה הַיָּרֵחַ. מִזִּיוָהּ לוֹקֵחַ.

כִּי בְרָחֳקוֹ יִקְרַב לַעֲמוֹד נָכְחָהּ. וִיקַבֵּל זָרְחָהּ.

עַד יִמָּלֵא אוֹרוֹ בְּעָמְדוֹ לְפָנֶיהָ. וְהֵאִיר אֶל עֵבֶר פָּנֶיהָ:

וְכָל אֲשֶׁר יִקְרַב אַחַר חֲצִי הַחֹדֶשׁ אֵלֶיהָ. הוּא נוֹטֶה מֵעָלֶיהָ.

וְיִרְחַק מֵעֲמוֹד נֶגְדָּהּ. וְיֵלֵךְ לְצִדָּהּ.

וְעַל כֵּן תֶּחְסַר אַדַּרְתּוֹ.

עַד כְּלוֹת חָדְשׁוֹ וּתְקוּפָתוֹ. וְיָבֹא בִּגְבוּל שְׁפָתוֹ:

וּבְהִדָּבְקוֹ עִמָּהּ. יִסָּתֵר בְּמִסְתָּרִים. כְּפִי יוֹם וַחֲצִי שָׁעָה וּרְגָעִים סְפוּרִים:

וְאַחֲרֵי כֵן יִתְחַדֵּשׁ וְיָשׁוּב לְקַדְמוּתוֹ. וְהוּא כְּחָתָן יוֹצֵא מֵחֻפָּתוֹ:

XVIII.

Who can know Thy wondrous works?
For Thou hast encompassed the sphere of the
Sun with a fifth sphere,
   And therein Mars like a king in his palace,
   And in eighteen months he completeth his
circuit.
   And his measure to the body of the earth
   Is as one and five-eighths to one.
   And this is the scope of his greatness,
   That he is like a terror-striking warrior
Whose shield of red gives him might,
   And who stirreth up wars,
   And slaughter and destruction,
With men smitten of the sword
   And consumed of flame,
Their sap burned to dryness;
   And years of dearth
   And fiery burnings and thunders and hail-
stones
   And piercings and withdrawings of the sword
in consonance with them,
"For their feet run swiftly to commit evil and
hasten to shed blood."

XIX.

Who shall find words for Thy tremendous
works?
For Thou hast encompassed the sphere of Mars
with a sixth sphere,
   A vast and mighty encompassing sphere,
   Wherein dwelleth the righteous planet (Jupiter).

יח

מִי יֵדַע פְּלִיאוֹתֶיךָ בְּהַקִּיפְךָ עַל גַּלְגַּל חַמָּה גַּלְגַּל חֲמִישִׁי
וּבוֹ מַאֲדִים כְּמֶלֶךְ בְּהֵיכָלוֹ.
וּבִשְׁמוֹנָה עָשָׂר חֹדֶשׁ יִסֹּב גַּלְגַּלּוֹ.
וּמִדָּתוֹ כְּגוּף הָאָרֶץ פַּעַם וָחֵצִי וּשְׁמִינִית פַּעַם וְזֶה תַּכְלִית גָּדְלוֹ:
וְהוּא כְּגִבּוֹר עָרִיץ מָגֵן גִּבּוֹרֵיהוּ מְאָדָּם.
וּמְעוֹרֵר מִלְחָמוֹת וְהֶרֶג וַאֲבַדָּן.
וּמֻכֵּי חֶרֶב וּלְחֻמֵי רֶשֶׁף נֶהְפַּךְ לְחֹרֶב לְשַׁדָּם.
וּשְׁנוֹת בַּצֹּרֶת וּשְׂרֵפַת אֵשׁ וּרְעָמִים וְאַבְנֵי אֶלְגָּבִישׁ
וּמְדֻקָּרִים וּשְׁלוּפֵי חֶרֶב כְּנֶגְדָּם.
כִּי רַגְלֵיהֶם לָרַע יָרוּצוּ וִימַהֲרוּ לִשְׁפָּךְ דָּם:

יט

מִי יַבִּיעַ נוֹרְאוֹתֶיךָ בְּהַקִּיפְךָ עַל גַּלְגַּל מַאֲדִים גַּלְגַּל שִׁשִּׁי
הוֹלֵךְ בִּמְסִבָּה.
עֲצוּמָה וְרַבָּה.
צֶדֶק יָלִין בָּהּ.

And his body is greater than that of the earth
seventy-five times
By the measure of her breadth.
And he completeth his revolution in twelve
years,
And is as a planet of goodwill and love,
Stirring up the fear of heaven,
And righteousness and repentance and every
good quality,
And increasing all crops and fruits,
And causing wars to cease,
And enmity and strife;
And his appointed task is to repair by right-
eousness every breach,
"For He judgeth the world in righteousness."

XX.

Who shall reason of Thy greatness?
For Thou hast encompassed the sphere of
Jupiter with a seventh sphere,
And therein revolveth Saturn.
And his body is greater than that of the earth
ninety-one times by the measure of him,
And he completeth his revolution in thirty
years of his course,
And stirreth up wars,
And spoliation and captivity and famine,
For such is his appointed task;
And devastateth the lands,
And rooteth up kingdoms
According to the will of Him
"Who hath appointed him to His service,
Even such strange service."

וְגוּפוֹ גָּדוֹל מִגּוּף הָאָרֶץ חֲמִשָּׁה וְשִׁבְעִים פַּעַם בְּמִדַּת רָחְבָּהּ.
וְסוֹבֵב הַגַּלְגַּל בִּשְׁתֵּים עֶשְׂרֵה שָׁנָה וְהוּא כּוֹכַב הָרָצוֹן וְהָאַהֲבָה.
וּמְעוֹרֵר יִרְאַת הַשֵּׁם וְיֹשֶׁר וּתְשׁוּבָה.
וְכָל מִדָּה טוֹבָה.
וּמַרְבֶּה כָּל תְּנוּבָה וּתְבוּאָה.
וּמַשְׁבִּית מִלְחָמוֹת וְאֵיבָה וּמְרִיבָה:
וְדָתוֹ לְחַזֵּק בְּיָשְׁרוֹ כָּל בֶּדֶק. וְהוּא יִשְׁפּוֹט תֵּבֵל בְּצֶדֶק:

כ

מִי יְשׂוֹחֵחַ גְּדֻלָּתְךָ בְּהַקִּיפְךָ עַל גַּלְגַּל צֶדֶק גַּלְגַּל שְׁבִיעִי וּבוֹ שַׁבְּתַי בִּתְקוּפָתוֹ.
וְגוּפוֹ גָּדוֹל מִגּוּף הָאָרֶץ אַחַת וְתִשְׁעִים פַּעַם בְּמִדָּתוֹ.
וְסוֹבֵב הַגַּלְגַּל בִּשְׁלֹשִׁים שָׁנָה בִּמְרוּצָתוֹ.
וּמְעוֹרֵר מִלְחָמוֹת וּבִזָּה וּשְׁבִי וְרָעָב כִּי כֵן דָּתוֹ.
וּמַחֲרִיב אֲרָצוֹת וְעוֹקֵר מַלְכֻיּוֹת בִּרְצוֹן הַמַּפְקִיד אוֹתוֹ
לַעֲבוֹד עֲבוֹדָתוֹ נָכְרִיָּה עֲבוֹדָתוֹ:

XXI.

Who shall attain to Thy exaltation?
For Thou hast encompassed the sphere of
Saturn with an eighth sphere of encompassment,
 And it is laden with the twelve constellations
On the line of the belt of its ephod,
And all the higher stars of cloudland
Fixed in its rigidity.
 And every star of them compasseth its circuit
in six and thirty thousand years,
 From the greatness of its altitude;
 And the body of each is a hundred and seven
times that of the earth,
 And this is the limit of its greatness.
 And from the might of these stars
Is drawn the strength of all creatures below,
Each after its kind,
 According to the will of the Creator who hath
appointed them,
 And set every one of them in its fit station,
And given it its name,
"Each man to his service and his station."

XXII.

Who can know Thy pathways?
For Thou hast made palaces for the seven
planets
In the twelve constellations,
 And to the Ram and the Bull Thou hast
imparted Thy strength in uniting them,
 And the third is the Twins, like two brothers
in their unity
And their human likeness.

כא

מִי יַגִּיעַ לְרוֹמְמוּתְךָ בְּהַקִּיפְךָ עַל גַּלְגַּל שַׁבְּתַי גַּלְגַּל שְׁמִינִי בִּמְסִבָּתוֹ.

וְהוּא סוֹבֵל שְׁתֵּים עֶשְׂרֵה מַזָּלוֹת עַל קַו חֵשֶׁב אֲפֻדָּתוֹ.

וְכָל כֹּכְבֵי שַׁחַק הָעֶלְיוֹנִים יְצוּקִים בִּיצוּקָתוֹ.

וְכָל כּוֹכָב מֵהֶם יַקִּיף הַגַּלְגַּל בְּשִׁשָּׁה וּשְׁלֹשִׁים אֶלֶף שָׁנִים מֵרֹב גַּבְהוּתוֹ.

וְגוּף כָּל כֹּכָב מֵהֶם מֵאָה וְשֶׁבַע פְּעָמִים כְּגוּף הָאָרֶץ וְזֹאת תַּכְלִית גְּדֻלָּתוֹ:

וּמִכֹּחַ הַמַּזָּלוֹת הָהֵם. נֶאֱצַל כֹּחַ כָּל בְּרוּאֵי מַטָּה לְמִינֵיהֶם. בִּרְצוֹן בּוֹרְאָם וּמַפְקִידָם עֲלֵיהֶם:

וְכָל אֶחָד מֵהֶם עַל מַתְכֻּנְתּוֹ בְּרָאוֹ. וּבְשֵׁם קְרָאוֹ. אִישׁ אִישׁ עַל עֲבוֹדָתוֹ וְעַל מַשָּׂאוֹ:

כב

מִי יֵדַע הֲלִיכוֹתֶיךָ בַּעֲשׂוֹתְךָ לְשִׁבְעָה כֹּכְבֵי לֶכֶת הֵיכָלוֹת. בִּשְׁתֵּים עֶשְׂרֵה מַזָּלוֹת.

וְעַל טָלֶה וָשׁוֹר אָצַלְתָּ כֹּחֶךָ בְּהִתְיַחֲדָם. וְהַשְּׁלִישִׁי תְּאוֹמִים כִּשְׁנֵי אַחִים בְּהִתְאַחֲדָם. וּדְמוּת פְּנֵיהֶם פְּנֵי אָדָם.

And the fourth is the Crab,
And on him, as on the Lion, hast Thou bestowed of Thy splendour,
And on his sister the Virgin, who is near unto him,
And on the Scales and the Scorpion placed by his side,
And on the ninth that was created in the form of a man of might, whose strength runs not dry,
For he is the Archer, mighty of the bow.
And thus too by Thy great power are created the Goat and the Water-Bearer,
While alone is the last constellation,
"For the Lord did appoint a great Fish."
And these are the constellations high and exalted in their degrees,
"Twelve princes according to the nations."

XXIII.

O Lord, who shall search out Thy profundities?
For Thou hast set apart above the sphere of the constellations
The sphere that is ninth in order,
That encompasseth all the spheres and their creatures,
Wherein they are closed up,
Which driveth all the stars of heaven and their planets
From the east to the west in the might of its movement.
Once a day it bows down in the west to the King who enthroned it,

וְלָרְבִיעִי וְהוּא סַרְטָן גַּם לָאַרְיֵה נָתַתָּ מֵהוֹדְךָ עָלָיו. וְלַאֲחוֹתוֹ הַבְּתוּלָה הַקְּרוֹבָה אֵלָיו.

וְכֵן לַמֹּאזְנַיִם וְלָעַקְרָב אֲשֶׁר בְּצִדּוֹ הוּשַׁת. וְהַתְּשִׁיעִי הַנִּבְרָא בְּצוּרַת גִּבּוֹר כֹּחוֹ לֹא נָשַׁת. וַיְהִי רוֹבֶה קַשָּׁת.

וְכֵן נִבְרָא גְּדִי וּדְלִי בְּכֹחֲךָ הַגָּדוֹל. וּלְבַדּוֹ הַמַּזָּל הָאַחֲרוֹן וַיְמַן יְיָ דָּג גָּדוֹל:

וְאֵלֶּה הַמַּזָּלוֹת הַגְּבוֹהִים וְנִשָּׂאִים בְּמַעֲלוֹתָם. שְׁנֵים עָשָׂר נְשִׂיאִים לְאֻמּוֹתָם:

כג

מִי יַחְקוֹר תַּעֲלוּמוֹתֶיךָ בְּהַאֲצִילְךָ עַל גַּלְגַּל הַמַּזָּלוֹת גַּלְגַּל תְּשִׁיעִי בְּמַעֲרָכוֹ.

הַמַּקִּיף עַל כָּל הַגַּלְגַּלִּים וּבְרוּאֵיהֶם וְהֵם סְגוּרִים בְּתוֹכוֹ.

הַמַּנְהִיג כָּל כּוֹכְבֵי שָׁמַיִם וְגַלְגַּלֵּיהֶם מִמִּזְרָח לְמַעֲרָב לְתֹקֶף מַהֲלָכוֹ.

הַמִּשְׁתַּחֲוֶה פַּעַם בְּכָל יוֹם לִפְאַת מַעֲרָב לְמַלְכּוֹ וּמַמְלִיכוֹ.

And all the creatures of the universe in its
midst are as a grain of mustard in the vast ocean
From the mighty vastness of its breadth.
Yet all this and its greatness are accounted as
nothing and naught
By the side of the greatness of its Creator and
King,
And all its sublimities and grandeur
"Are vain and void in comparison with Him."

XXIV.

Who shall understand the mysteries of Thy
creations?
For Thou hast exalted above the ninth sphere
the sphere of Intelligence.
It is the Temple confronting us,
"The tenth that shall be sacred to the Lord,"
It is the Sphere transcending height,
To which conception cannot reach,
And there stands the veiled palanquin of Thy
glory.
From the silver of Truth hast Thou cast it,
And of the gold of Reason hast Thou wrought
its arms,
And on a pillar of Righteousness set its cushions
And from Thy power is its existence,
And from and toward Thee its yearning,
"And unto Thee shall be its desire."

XXV.

Who shall descend as deep as Thy thoughts?
For from the splendour of the sphere of Intelli-
gence Thou hast wrought the radiance of souls,

וְכָל בְּרוּאֵי עוֹלָם בְּתוֹכוֹ.
כְּגַרְגִּיר חַרְדָּל בַּיָּם הַגָּדוֹל לְתֹקֶף גָּדְלוֹ וְעָרְכּוֹ.
וְהוּא וּגְדֻלָּתוֹ נֶחְשָׁב כְּאַיִן וּכְאֶפֶס לִגְדֻלַּת בּוֹרְאוֹ וּמַלְכּוֹ:
וְכָל מַעֲלוֹתָיו וְגָדְלוֹ. מֵאֶפֶס וָתֹהוּ נֶחְשְׁבוּ לוֹ:

כד

מִי יָבִין סוֹדוֹת בְּרִיאוֹתֶךָ בַּהֲרִימְךָ עַל גַּלְגַּל הַתְּשִׁיעִי
גַּלְגַּל הַשֵּׂכֶל הוּא הַהֵיכָל לִפְנָי. הָעֲשִׂירִי יִהְיֶה קֹדֶשׁ לַיְיָ:
וְהוּא הַגַּלְגַּל הַנַּעֲלֶה עַל כָּל עֶלְיוֹן. אֲשֶׁר לֹא יַשִּׂיגֵהוּ רַעְיוֹן.
וְשָׁם הַחֶבְיוֹן. אֲשֶׁר הוּא לִכְבוֹדְךָ לְאַפִּרְיוֹן.
מִכֶּסֶף הָאֱמֶת יָצַקְתָּ אוֹתוֹ. וּמִזְּהַב הַשֵּׂכֶל עָשִׂיתָ רְפִידָתוֹ.
וְעַל עַמּוּדֵי צֶדֶק שַׂמְתָּ מְסִבָּתוֹ. וּמִכֹּחֲךָ מְצִיאוּתוֹ.
וּמִמְּךָ וְעָדֶיךָ מְגַמָּתוֹ. וְאֵלֶיךָ תְּשׁוּקָתוֹ:

כה

מִי יַעֲמִיק לְמַחְשְׁבוֹתֶיךָ בַּעֲשׂוֹתְךָ מִזִּיו גַּלְגַּל הַשֵּׂכֶל זֹהַר הַנְּשָׁמוֹת. וְהַנְּפָשׁוֹת הָרָמוֹת.

And the high angels that are the messengers of
Thy will,
The ministers of Thy presence,
Majestic of power and great in the Kingdom
of heaven,
"In their hand the flaming sword that turneth
every way,"
Performing their work whithersoever the spirit
wafteth them,
All of them shapen to comeliness, shimmering
as pearls,
Transcendent creatures,
Angels of the outer courts, or angels of the
Presence,
Watching Thy movements.
From a holy place are they come,
And from the fount of light are they drawn.
They are divided into companies,
And on their banner are signs graven of the pen
of the swift scribe.
There are superior and attendant bands,
And hosts running and returning,
But never weary and never faint,
Seeing but invisible.
And there are some wrought of flame,
And some are wafted air,
And some compounded of fire and of water,
And there are Seraphim in burning rows,
And wingèd lightnings and darting arrows of
fire,
And each troop of them all bows itself down
"To Him who rideth the highest heavens."
And in the supreme sphere of the universe they
stand in thousands and tens of thousands,

הֵם מַלְאֲכֵי רְצוֹנֶךָ. מְשָׁרְתֵי פָנֶיךָ:

הֵם אַדִּירֵי כֹחַ וְגִבּוֹרֵי מַמְלֶכֶת. בְּיָדָם לַהַט הַחֶרֶב הַמִּתְהַפֶּכֶת.

וְעוֹשֵׂי כָּל מְלָאכֶת. אֶל אֲשֶׁר יִהְיֶה שָׁמָּה הָרוּחַ לָלֶכֶת:

כֻּלָּם גְּזֻרוֹת פְּנִינִיּוֹת וְחַיּוֹת עִלְיוֹת. חִיצוֹנִיּוֹת וּפְנִימִיּוֹת. הֲלִיכוֹתֶיךָ צוֹפִיּוֹת:

מִמְּקוֹם קָדוֹשׁ יְהַלֵּכוּ. וּמִמְּקוֹר הָאוֹר יִמָּשֵׁכוּ:

נֶחֱלָקִים לְכִתּוֹת. וְעַל דִּגְלָם אוֹתוֹת.

בְּעֵט סוֹפֵר מָהִיר חֲרוּתוֹת. מֵהֶם נְסִיכוֹת וּמֵהֶם מְשָׁרְתוֹת:

מֵהֶם צְבָאוֹת. רָצוֹת וּבָאוֹת.

לֹא עֲיֵפוֹת וְלֹא נִלְאוֹת. רוֹאוֹת וְלֹא נִרְאוֹת:

מֵהֶם חֲצוּבֵי לֶהָבוֹת. וּמֵהֶם רוּחוֹת נוֹשְׁבוֹת. מֵהֶם מֵאֵשׁ וּמִמַּיִם מֻרְכָּבוֹת:

מֵהֶם שְׂרָפִים. וּמֵהֶם רְשָׁפִים.

מֵהֶם בְּרָקִים. וּמֵהֶם זִיקִים:

וְכָל כַּת מֵהֶם מִשְׁתַּחֲוָה לְרוֹכֵב עֲרָבוֹת. וּבְרוּם עוֹלָם נִצָּבִים לַאֲלָפִים וְלִרְבָבוֹת:

Divided into watches,
That change daily and nightly at the beginning
of their vigils,
For the ritual of psalms and songs,
"To Him who is girt with omnipotence."
All of them with dread and trembling bow and
prostrate themselves to Thee,
Saying: To Thee we acknowledge
That Thou art He, the Lord our God;
Thou hast made us, and not we ourselves,
And the work of Thy hands are we all.
For Thou art our Lord, and we are Thy serv-
ants,
Thou art our Creator, and we are Thy wit-
nesses.

XXVI.

Who can approach Thy seat?
For beyond the sphere of Intelligence hast Thou
established the throne of Thy glory;
There standeth the splendour of Thy veiled
habitation,
And the mystery and the foundation.
Thus far reacheth Intelligence, but cometh
here to a standstill,
For higher still hast Thou mounted, and as-
cended Thy mighty throne,
"And no man may go up with Thee."

XXVII.

O Lord, who shall do deeds like unto Thine?
For Thou hast established under the throne of
Thy glory
A standing-place for the souls of Thy saints,

נֶחֱלָקִים לְמִשְׁמָרוֹת. בַּיּוֹם וּבַלַּיְלָה לְרֹאשׁ אַשְׁמוּרוֹת.
לַעֲרוֹךְ תְּהִלּוֹת וְשִׁירוֹת. לַנֶּאְזָר בִּגְבוּרוֹת:
כֻּלָּם בַּחֲרָדָה וּרְעָדָה כּוֹרְעִים וּמִשְׁתַּחֲוִים לָךְ. וְאוֹמְרִים
מוֹדִים אֲנַחְנוּ לָךְ:
שֶׁאַתָּה אֱלֹהֵינוּ. אַתָּה עֲשִׂיתָנוּ.
וְלֹא אֲנַחְנוּ. וּמַעֲשֵׂה יָדְךָ כֻּלָּנוּ:
וְכִי אַתָּה אֲדוֹנֵנוּ וַאֲנַחְנוּ עֲבָדֶיךָ. וְאַתָּה בוֹרְאֵנוּ וַאֲנַחְנוּ
עֵדֶיךָ:

כו

מִי יָבֹא עַד תְּכוּנָתֶךָ. בְּהַגְבִּיהֲךָ לְמַעְלָה מִגַּלְגַּל הַשֵּׂכֶל
כִּסֵּא הַכָּבוֹד. אֲשֶׁר שָׁם נְוֵה הַחֶבְיוֹן וְהַהוֹד.
וְשָׁם הַסּוֹד וְהַיְסֹד. וְעָדָיו יַגִּיעַ הַשֵּׂכֶל וְיַעֲמֹד:
וּמִלְמַעְלָה גָּאִיתָ וְעָלִיתָ עַל כֵּס תַּעֲצוּמָךְ. וְאִישׁ לֹא
יַעֲלֶה עִמָּךְ:

כז

מִי יַעֲשֶׂה כְּמַעֲשֶׂיךָ. בַּעֲשׂוֹתְךָ תַּחַת כִּסֵּא כְבוֹדֶךָ.
מַעֲמָד לְנַפְשׁוֹת חֲסִידֶיךָ:

And there is the abode of the pure souls
That are bound up in the bundle of life.
They who were weary and faint here await
new strength,
And those who failed of strength may here find
repose;
For these are the children of rest,
And here is delight without end or limit,
For it is The-World-To-Come.
And here are stations and seeing-places for the
standing souls,
Whence, in "mirrors of the serving-women,"
They can behold and be seen of the Lord.
In the palaces of the King do they dwell,
And at the King's table stand,
And glory in the sweetness of the fruit of Intel-
ligence,
For He giveth them of the dainties of the King.
This is the rest and the heritage
Whose goodness and beauty are endless,
Such is "the land which floweth with milk and
honey and such the fruit thereof."

XXVIII.

O Lord, who can unroll Thy mysteries?
For Thou hast made in the Height chambers
and store-houses,
Some of them awesome to tell of, a tale of
mighty doings,
And some treasuries of life for the pure and
the clean.
For some are treasures of salvation to those
who have returned from iniquity,

וְשָׁם נְוֵה הַנְּשָׁמוֹת הַטְּהוֹרוֹת. אֲשֶׁר בִּצְרוֹר הַחַיִּים צְרוּרוֹת:

וַאֲשֶׁר יִיגְעוּ וְיִיעָפוּ. שָׁם כֹּחַ יַחֲלִיפוּ.

וְשָׁם יָנוּחוּ יְגִיעֵי כֹחַ. וְאֵלֶּה בְנֵי נֹחַ:

וּבוֹ נֹעַם בְּלִי תַכְלִית וְקִצְבָה. וְהוּא הָעוֹלָם הַבָּא:

וְשָׁם מַעֲמָדוֹת וּמַרְאוֹת. לַנְּפָשׁוֹת הָעוֹמְדוֹת בְּמַרְאוֹת הַצּוֹבְאוֹת.

אֶת פְּנֵי הָאָדוֹן לִרְאוֹת וּלְהֵרָאוֹת:

שׁוֹכְנוֹת בְּהֵיכְלֵי מֶלֶךְ. וְעוֹמְדוֹת עַל שֻׁלְחַן הַמֶּלֶךְ.

וּמִתְעַדְּנוֹת בְּמֶתֶק פְּרִי הַשֵּׂכֶל וְהוּא יִתֵּן מַעֲדַנֵּי מֶלֶךְ:

זֹאת הַמְּנוּחָה וְהַנַּחֲלָה אֲשֶׁר אֵין תַּכְלִית לְטוּבָהּ וְיָפְיָהּ וְגַם זָבַת חָלָב וּדְבַשׁ הִוא וְזֶה־פִּרְיָהּ:

כח

מִי יְגַלֶּה צְפוּנוֹתֶיךָ בַּעֲשׂוֹתְךָ בַּמָּרוֹם חֲדָרִים וְאוֹצָרוֹת. בָּהֶם נוֹרָאוֹת סְפוּרוֹת. וּדְבַר גְּבוּרוֹת:

מֵהֶם אוֹצְרוֹת חַיִּים. לְזַכִּים וּנְקִיִּים:

וּמֵהֶם אוֹצְרוֹת יֶשַׁע. לְשָׁבֵי פֶשַׁע:

And some are treasures of fire,
And rivers of brimstone
For the breakers of the covenant.
And there is a provision of deep pits whose fire
is never quenched.
"He that is abhorred of the Lord shall fall
therein."
And there are caverns of storm-winds and
tempests
And congelation and cold,
And treasures of hail and ice and snow and
drought,
Also of heat and flowing channels
And of thick smoke and hoar-frost and of
clouds and thick cloud,
And darkness and gloom.
The whole hast Thou prepared in its due season,
"Thou hast ordained it for mercy or judgment,
And established it, O Rock, for correction!"

XXIX.

O Lord, who can comprehend Thy power?
For Thou hast created for the splendour of Thy
glory a pure radiance
"Hewn from the rock of rocks and digged from
the bottom of the pit."
Thou hast imparted to it the spirit of wisdom
And called it the Soul.
And of flames of intellectual fire hast Thou
wrought its form,
And like a burning fire hast Thou wafted it,

וּמֵהֶם אוֹצְרוֹת אֵשׁ וְנַחֲלֵי גָפְרִית. לְעוֹבְרֵי בְרִית:
וְאוֹצְרוֹת שׁוּחוֹת עֲמוּקוֹת לֹא תִכְבֶּה אִשָּׁם. וְזָעוּם יְיָ יִפָּל שָׁם:
וְאוֹצְרוֹת סוּפוֹת וּסְעָרוֹת. וְקִפָּאוֹן וִיקָרוֹת:
וְאוֹצְרוֹת בָּרָד וְקֶרַח וָשֶׁלֶג וְצִיָּה גַּם חֹם וְנוֹזְלֵי פֶלֶג:
וְקִיטוֹר וּכְפוֹר וְעָנָן וַעֲרָפֶל. וַעֲלָטָה וָאֹפֶל:
הַכֹּל הֲכִינוֹתָ בְעִתּוֹ. אִם לְחֶסֶד אִם לְמִשְׁפָּט שַׂמְתּוֹ.
וְצוּר לְהוֹכִיחַ יְסַדְתּוֹ:

כט

מִי יָכִיל עָצְמָתֶךָ בִּבְרָאֲךָ מִזִּיו כְּבוֹדְךָ יִפְעָה טְהוֹרָה. מִצּוּר הַצּוּר נִגְזָרָה. וּמִמַּקֶּבֶת בּוֹר נֻקָּרָה:
וְאָצַלְתָּ עָלֶיהָ רוּחַ חָכְמָה. וְקָרָאתָ שְׁמָהּ נְשָׁמָה:
עֲשִׂיתָהּ מִלַּהֲבוֹת אֵשׁ הַשֵּׂכֶל הַצּוּרָה. וְנִשְׁפַּתָּהּ כְּאֵשׁ בּוֹעֲרָה.

And sent it to the body to serve and guard it,
And it is as fire in the midst thereof yet doth
not consume it,
For it is from the fire of the soul that the body
hath been created,
And goeth from Nothingness to Being,
"Because the Lord descended on him in fire."

XXX.

O Lord, who can reach Thy wisdom?
For Thou gavest the soul the faculty of know-
ledge that is fixed therein,
And knowledge is the fount of her glory.
Therefore hath destruction no power over her,
But she maintaineth herself by the stability of
her foundation,
For such is her nature and secret;
The soul with her wisdom shall not see death.
Nevertheless shall her punishment be visited
upon her,
A punishment bitterer than death,
Though be she pure she shall obtain favour
And shall laugh on the last day.
But if she hath been defiled,
She shall wander to and fro for a space in
wrath and anger,
And all the days of her uncleanness
Shall she dwell vagabond and outcast;
"She shall touch no hallowed thing,
And to the sanctuary she shall not come
Till the days of her purification be fulfilled."

וְשִׁלַּחְתָּהּ בַּגּוּף לְעָבְדֵהוּ וּלְשָׁמְרֵהוּ. וְהִיא כְּאֵשׁ בְּתוֹכוֹ וְלֹא תִשְׂרְפֵהוּ.

כִּי מֵאֵשׁ הַנְּשָׁמָה נִבְרָא וְיָצָא מֵאַיִן לַיֵּשׁ. מִפְּנֵי אֲשֶׁר יָרַד עָלָיו יְיָ בָּאֵשׁ:

ל

מִי יַגִּיעַ לְחָכְמָתֶךָ בְּתִתְּךָ לַנֶּפֶשׁ כֹּחַ הַדֵּעָה. אֲשֶׁר בָּהּ תְּקוּעָה.

וַיְהִי הַמַּדָּע מְקוֹר כְּבוֹדָהּ.

וְעַל כֵּן לֹא יִשְׁלַט עָלֶיהָ כִּלָּיוֹן וְתִתְקַיֵּם כְּפִי קִיּוּם יְסוֹדָהּ. וְזֶה עִנְיָנָהּ וְסוֹדָהּ:

וְהַנֶּפֶשׁ הַחֲכָמָה לֹא תִרְאֶה מָוֶת. אַךְ תְּקַבֵּל עַל עֲוֹנָהּ עֹנֶשׁ מַר מִמָּוֶת:

וְאִם טָהֲרָה תָּפִיק רָצוֹן. וְתִשְׂחַק לְיוֹם אַחֲרוֹן.

וְאִם נִטְמְאָה תָּנוּד בְּשֶׁצֶף קֶצֶף וְחָרוֹן:

וְכָל יְמֵי טֻמְאָתָהּ בָּדָד תֵּשֵׁב גּוֹלָה וְסוּרָה.

בְּכָל קֹדֶשׁ לֹא תִגָּע וְאֶל הַמִּקְדָּשׁ לֹא תָבֹא עַד מְלֹאת יְמֵי טָהֳרָהּ:

XXXI.

O Lord, who shall requite Thy goodness?
For Thou hast placed the soul in the body to
vivify it,
   And to teach and show it the path of life
   And to deliver it from evil;
Thou hast formed man from a pinch of clay and
breathed into him a soul,
   And didst impart to him the spirit of wisdom
   Whereby man is divided from the beasts
   That he may ascend to a higher sphere.
Thou hast him enclosed in Thy universe,
   And directest and beholdest his deeds from
without,
   And all that would conceal him from Thee
   Thou beholdest from within and without.

XXXII.

Who shall know the secret of Thy operations?
For Thou hast provided the body with the
means to do Thy work,
   And Thou hast given it eyes to see Thy signs
   And ears to hear of Thy tremendous deeds,
   And thought to understand the fringe of Thy
secrets,
   And a mouth to declare Thy praise,
   And a tongue to proclaim Thy might to all
comers,
   Even as I to-day, "Thy servant, the son of Thy
handmaid",
   Am declaring according to the feebleness of my
tongue.
   A shadow of a shade of Thy sublimity,

לא

מִי יִגְמוֹל עַל טוֹבוֹתֶיךָ בְּתִתְּךָ הַנְּשָׁמָה לַגּוּף לְהַחֲיוֹתוֹ.
וְאוֹרַח חַיִּים לְהוֹרוֹתוֹ וּלְהַרְאוֹתוֹ.
לְהַצִּיל לוֹ מֵרָעָתוֹ:
קֵרַצְתּוֹ מֵאֲדָמָה. וְנָפַחְתָּ בּוֹ נְשָׁמָה.
וְאָצַלְתָּ עָלָיו רוּחַ חָכְמָה. אֲשֶׁר בָּהּ יִבָּדֵל מִבְּהֵמָה.
וְיַעֲלֶה אֶל מַעֲלָה רָמָה:
שַׂמְתּוֹ בְּעוֹלָמְךָ סָגוּר וְאַתָּה מִחוּץ תָּבִין מַעֲשָׂיו וְתִרְאֶנּוּ.
וְכָל אֲשֶׁר מִמְּךָ יַעְלִימֶנּוּ. מִבַּיִת וּמִחוּץ תְּצַפֶּנּוּ:

לב

מִי יוֹדֵעַ סוֹד מִפְעֲלוֹתֶיךָ.
בַּעֲשׂוֹתְךָ לַגּוּף צָרְכֵי פְּעֻלָּתֶיךָ.
וְנָתַתָּ לוֹ עֵינַיִם לִרְאוֹת אוֹתוֹתֶיךָ.
וְאָזְנַיִם לִשְׁמוֹעַ נוֹרְאוֹתֶיךָ.
וְרַעְיוֹן לְהָבִין קְצָת סוֹדוֹתֶיךָ.
וּפֶה לְסַפֵּר תְּהִלָּתֶךָ.
וְלָשׁוֹן לְהַגִּיד לְכָל יָבֹא גְּבוּרָתֶךָ.
כָּמוֹנִי הַיּוֹם אֲנִי עַבְדְּךָ בֶּן אֲמָתֶךָ.
הַמְסַפֵּר כְּפִי קֹצֶר לְשׁוֹנִי מְעַט מִזְּעֵר מֵרוֹמְמוּתֶךָ.

For these are but a fraction of Thy ways.

How mighty then must be the sum of them,

"For they are life to those who find them."

By them, all who hear of them may recognize Thee,

Even if they cannot see the face of Thy splendour.

For whoso hath not heard of Thy might,

How can he recognize Thy Godhead,

And how can Thy truth enter his heart,

And how can he fix his thoughts on Thy service?

Therefore hath Thy servant found the heart

To make mention before his God

Of a shade of a shadow of the sum of His praises.

Peradventure thereby less shall be exacted of his iniquity

"For wherewith should he reconcile himself unto his Lord if not with these heads?"

XXXIII.

O God, I am ashamed and confounded

To stand before Thee with this my knowledge

That even as the might of Thy greatness,

So is the completeness of my poverty and humbleness,

That even as the might of Thy potency

So is the weakness of my ability,

And that even as Thou art perfect, so am I wanting.

וְהֵן אֵלֶּה קְצוֹת דְּרָכֶיךָ:
וּמָה עָצְמוּ רָאשֵׁיהֶם. כִּי חַיִּים הֵם לְמוֹצְאֵיהֶם
בָּהֶם יוּכְלוּ כָּל שׁוֹמְעֵיהֶם לְהַכִּירֶךָ.
וְאִם לֹא רָאוּ פְּנֵי יְקָרֶךָ.
וְכֹל אֲשֶׁר לֹא יִשְׁמַע גְּבוּרָתֶךָ.
אֵיךְ יַכִּיר אֱלָהוּתֶךָ.
וְאֵיךְ תָּבֹא בְלִבּוֹ אֲמִתּוּתֶךָ.
וִיכַוֵּן רַעְיוֹנָיו לַעֲבוֹדָתֶךָ:

עַל כֵּן מָצָא עַבְדְּךָ אֶת לִבּוֹ לִזְכּוֹר לִפְנֵי אֱלֹהָיו. מְעַט מִזְעָר מֵרָאשֵׁי תְהִלּוֹתָיו.

אוּלַי בָּם מֵעֲוֹנוֹ יַשֶּׁה. וּבַמֶּה יִתְרַצֶּה זֶה אֶל אֲדֹנָיו הֲלֹא בְרָאשֵׁי:

לג

אֱלֹהַי בֹּשְׁתִּי וְנִכְלַמְתִּי לַעֲמוֹד לְפָנֶיךָ לְדַעְתִּי
כִּי כְפִי עָצְמַת גְּדֻלָּתְךָ כֵּן תַּכְלִית דַּלּוּתִי וְשִׁפְלוּתִי:
וּכְפִי תֹקֶף יְכָלְתְּךָ כֵּן חֻלְשַׁת יְכָלְתִּי:
וּכְפִי שְׁלֵמוּתְךָ כֵּן חֶסְרוֹן יְדִיעָתִי.

For Thou art a Unity, and Thou art living,
Thou art mighty, and Thou art permanent,
And Thou art great, and Thou art wise, and
Thou art God!
And I am but a clod, and a worm,
Dust from the ground,
A vessel full of shame,
A mute stone,
A passing shadow,
"A wind that fleeth away and returneth not
again."
To an asp akin,
Deceitful underneath,
Uncircumcised of heart,
Great in wrath,
Craftsman in sin and deception,
Haughty of eye,
Short in forbearance,
Impure of lips,
Crooked of ways,
And hot-footed.
What am I?
What is my life?
What my might and what my righteousness?
Naught is the sum of me all the days of my
being,
And how much the more so after my death!
From nothing I came,
And to nothing I go.
Lo! before Thee am I come, as one "not ac-
cording to the law,"
With insolence of brow,
And uncleanness of thoughts,

כִּי אַתָּה אֶחָד וְאַתָּה חַי וְאַתָּה גִּבּוֹר וְאַתָּה קַיָּם וְאַתָּה
גָּדוֹל וְאַתָּה חָכָם וְאַתָּה אֱלֹהַּ:

וַאֲנִי גּוּשׁ וְרִמָּה. עָפָר מִן הָאֲדָמָה.

כְּלִי מָלֵא כְלִמָּה. אֶבֶן דּוֹמָה:

צֵל עוֹבֵר רוּחַ הוֹלֵךְ וְלֹא יָשׁוּב. חֲמַת עַכְשׁוּב:

עָקוֹב הַלֵּב. עֲרַל לֵב.

גְּדָל חֵמָה. חֹרֵשׁ אָוֶן וּמִרְמָה:

גְּבַהּ עֵינַיִם. קְצַר אַפַּיִם. טְמֵא שְׂפָתַיִם.

נֶעְקַשׁ דְּרָכַיִם. וְאָץ בְּרַגְלַיִם:

מָה אֲנִי מֶה חַיַּי וּמַה גְּבוּרָתִי. וּמַה־צִּדְקָתִי.

נֶחְשָׁב לְאַיִן כָּל יְמֵי הֱיוֹתִי. וְאַף כִּי אַחֲרֵי מוֹתִי:

מֵאַיִן מוֹצָאִי. וּלְאַיִן מוֹבָאִי.

וְהִנֵּה בָאתִי לְפָנֶיךָ אֲשֶׁר לֹא כַדָּת בְּעַזּוּת פָּנִים. וְטֻמְאַת
רַעְיוֹנַיִם.

And a lewd desire
On his idols turned,
And lust showing itself master;
With a soul impure
And a heart unclean,
Perishing and corrupted,
And a body plagued
With a rabble of pains
Increasing until increase is impossible.

XXXIV.

O my God, I know that my sins are too great to
tell,
And my trespasses too many to remember,
Yet as a drop from the sea will I make mention
of some,
And make confession of them;
Perhaps I shall silence the roar of their waves
and their crashing,
"And Thou wilt hear from heaven and for-
give."
I have trespassed against Thy law,
I have despised Thy commandments,
I have abhorred them in my heart,
And with my mouth spoken slander.
I have committed iniquity,
And I have wrought evil,
I have been presumptuous,
I have done violence,
I have plastered over falsehood,
I have counselled evil,

וְיֵצֶר זוֹנֶה. לְגִלּוּלָיו פּוֹנֶה:

וְתַאֲוָה מִתְגַּבְּרָה. וְנֶפֶשׁ לֹא מְטֹהָרָה.

וְלֵב טָמֵא. אוֹבֵד וְנִדְמֶה.

וְגוּף נָגוּף מְלֹא אֲסַפְסוּף. יוֹסִיף וְלֹא יָסוּף:

לד

אֱלֹהַי יָדַעְתִּי כִּי עֲוֹנוֹתַי עָצְמוּ מִסַּפֵּר. וַאֲשְׁמוֹתַי עָצְמוּ מִלִּזְכּוֹר:

אַךְ אֶזְכּוֹר מֵהֶם כְּטִפָּה מִן הַיָּם. וְאֶתְוַדֶּה בָּהֶם אוּלַי אַשְׁבִּיחַ שְׁאוֹן גַּלֵּיהֶם וְדָכְיָם.

וְאַתָּה תִשְׁמַע הַשָּׁמַיִם וְסָלַחְתָּ:

אָשַׁמְתִּי בְתוֹרָתֶךָ. בָּזִיתִי בְּמִצְוֹתֶיךָ.

גָּעַלְתִּי בְלִבִּי וּבְמוֹ פִּי. דִּבַּרְתִּי דֹפִי.

הֶעֱוֵיתִי. וְהִרְשַׁעְתִּי. זַדְתִּי. חָמַסְתִּי. טָפַלְתִּי שֶׁקֶר. יָעַצְתִּי רַע לְאֵין חֵקֶר.

I have lied, I have scoffed,
I have revolted, I have blasphemed,
I have been rebellious and perverse and sinful,
I have stiffened my neck,
I have loathed Thy rebukes and done wick-
edly,
I have corrupted my ways,
I have strayed from my paths,
I have transgressed and turned away from Thy
commandments.
"But Thou art just in all that is come upon me
For Thou hast dealt truly and I have dealt
wickedly."

XXXV.

O God, my countenance falleth,
When I remember all wherein I have provoked
Thee.
For all the good which Thou hast bestowed on
me
I have requited Thee with evil.
For Thou hast created me not from necessity,
but from grace,
And not by compulsion of circumstance
But by favour and love.
And before I was,
With Thy mercies didst Thou precede me,
And breathe into me a spirit and call me into
being,
And after I came forth into the light of the
world
Thou didst not forsake me,
But like a tender father didst Thou watch over
my growing up,

כִּזַּבְתִּי. לַצְתִּי. מָרַדְתִּי. נִאַצְתִּי. סָרַרְתִּי. עָוִיתִי. פָּשַׁעְתִּי.
צָרַרְתִּי וְעֹרֶף הִקְשֵׁיתִי.

קַצְתִּי בְתוֹכְחוֹתֶיךָ רָשַׁעְתִּי.

שִׁחַתִּי דְרָכַי. תָּעִיתִי מִמַּהֲלָכַי.

עָבַרְתִּי מִמִּצְוֹתֶיךָ וְסָרְתִּי. וְאַתָּה צַדִּיק עַל כָּל הַבָּא עָלַי
כִּי אֱמֶת עָשִׂיתָ וַאֲנִי הִרְשָׁעְתִּי:

לה

אֱלֹהַי נִפְלוּ פָנַי בְּזָכְרִי כָּל אֲשֶׁר הִכְעַסְתִּיךָ. כִּי עַל כָּל טוֹבוֹת שֶׁגְּמַלְתַּנִי רָעָה גְמַלְתִּיךָ:

כִּי בְרָאתַנִי לֹא לְצָרְכְּךָ רַק נְדָבָה. וְלֹא בְהַכְרֵחַ כִּי אִם בְּרָצוֹן וְאַהֲבָה:

וְטֶרֶם הֱיוֹתִי בְּחַסְדְּךָ קִדַּמְתָּנִי. וְנָפַחְתָּ רוּחַ בִּי וְהֶחֱיִיתָנִי.

וְאַחֲרֵי צֵאתִי לְאוֹר הָעוֹלָם לֹא עֲזַבְתָּנִי. אֲבָל כְּאָב חוֹמֵל גִּדַּלְתָּנִי.

And as a nurse fostereth a suckling didst Thou foster me.

Upon the breasts of my mother Thou madest me rest trustfully,

And with Thy delight didst satisfy me.

And when I essayed my feet, Thou didst strengthen my standing

And didst take me in Thine arms and teach me to walk.

And wisdom and discipline didst Thou impart to me,

And from all trouble and distress didst Thou relieve me,

And at the time of the passing away of Thy wrath

In the shadow of Thy hand didst Thou hide me,

And from how many sorrows concealed from mine eyes didst Thou deliver me!

For before the hardship came

Thou didst prepare the remedy for my distress all unbeknown to me,

And when from some injury I was unguarded,

Thou didst guard me,

And when I came within the fangs of lions

Thou didst break the teeth of the whelps and deliver me thence,

And when evil and constant distress anguished me,

Thou hast freely healed me,

And when Thy dreadful judgment came upon the world,

Thou didst deliver me from the sword

וְכָאֹמֵן אֶת הַיּוֹנֵק אֲמַנְתָּנִי. עַל שְׁדֵי אִמִּי הִבְטַחְתָּנִי.

וּמִנְּעִימוֹתֶיךָ הִשְׂבַּעְתָּנִי. וּבְבֹאִי לַעֲמוֹד עַל עָמְדִי
חִזַּקְתָּנִי.

וְקִחְתַּנִי עַל זְרֹעוֹתֶיךָ וְתִרְגַּלְתָּנִי. וְחָכְמָה וּמוּסָר לִמַּדְתָּנִי.

וּמִכָּל צָרָה וְצוּקָה חִלַּצְתָּנִי. וּבְעֵת עֶבְרָה וָזַעַם בְּצֵל יָדְךָ
הִסְתַּרְתָּנִי.

וְכַמָּה צָרוֹת נֶעֶלְמוּ מֵעֵינַי וּמֵהֶם גְּאַלְתָּנִי. וּבְטֶרֶם בֹּא
הַתְּלָאָה הִקְדַּמְתָּ רְפוּאָה לְמַכָּתִי וְלֹא הוֹדַעְתָּנִי.

וּבְעֵת לֹא נִשְׁמַרְתִּי מִכָּל נֶזֶק אַתָּה שְׁמַרְתָּנִי. וּבְבֹאִי בֵּין
שִׁנֵּי אֲרָיוֹת שִׁבַּרְתָּ מַלְתְּעֹת כְּפִירִים וּמִשָּׁם הוֹצֵאתָנִי.

וּבְחוּל עָלַי חֳלָיִים רָעִים וְנֶאֱמָנִים חִנָּם רִפֵּאתָנִי. וּבְבֹא
שְׁפָטֶיךָ הָרָעִים עַל הָעוֹלָם מֵחֶרֶב הִצַּלְתָּנִי.

And didst save me from the pestilence,
And in famine didst feed me,
And with plenty sustain me.
And when I provoked Thee,
Thou didst chastise me as a father chastiseth
his son,
And when I called out from the depths of my
sorrow,
My soul was precious in Thy sight,
Nor didst Thou send me empty away.
But all this didst Thou yet exceed and add to
When Thou gavest me a perfect faith
To believe that Thou art the God of Truth
And that Thy Law is true and Thy prophets
are true.
For Thou hast not set my portion with the
rebels and those who rise up against Thee
And the foolish multitude that blaspheme Thy
name;
Who make mock of Thy law,
And contend with Thy servants,
And give the lie to Thy prophets,
Making a show of innocence
But with cunning below,
Exhibiting a pure and stainless soul,
While underneath lurketh the bright leprous
spot:
Like to a vessel full of shameful things,
Washed on the outside with the waters of de-
ceit,
And defiling all that is within.

וּמִדֶּבֶר מִלַּטְתָּנִי. וּבְרָעָב זַנְתָּנִי.
וּבְשָׂבָע כִּלְכַּלְתָּנִי.
וּבְהַכְעִיסִי אוֹתְךָ כַּאֲשֶׁר יְיַסֵּר אִישׁ אֶת בְּנוֹ יִסַּרְתָּנִי.
וּבְקָרְאִי מִצָּרָתִי נַפְשִׁי יָקְרָה בְעֵינֶיךָ וְרֵיקָם לֹא הֱשִׁיבוֹתָנִי
וְעוֹד הִגְדַּלְתָּ וְהוֹסַפְתָּ עַל כָּל זֶה.
בְּתִתְּךָ לִי אֱמוּנָה שְׁלֵמָה לְהַאֲמִין כִּי אַתָּה אֵל אֱמֶת.
וְתוֹרָתְךָ אֱמֶת וּנְבִיאֶיךָ אֱמֶת:
וְלֹא נָתַתָּ לִי חֵלֶק עִם מוֹרְדֶיךָ וְקָמֶיךָ. וְעִם נָבָל נִאֲצוּ שְׁמֶךָ:
אֲשֶׁר בְּתוֹרָתְךָ יַלְעִיבוּ. וּבְעוֹבְדֶיךָ יָרִיבוּ.
וּנְבִיאֶיךָ יַכְזִיבוּ:
מַרְאִים תֻּמָּה. וְתַחְתֶּיהָ עָרְמָה:
מַרְאִים נֶפֶשׁ זַכָּה וְנִטְהֶרֶת. וְתַחְתֶּיהָ תַּעֲמוֹד הַבַּהֶרֶת.
כִּכְלִי מָלֵא כְלִמָּה. רָחוּץ מִחוּץ בְּמֵי עָרְמָה.
וְכָל אֲשֶׁר בְּתוֹכוֹ יִטְמָא:

XXXVI.

Unworthy am I of all the mercies and all the truth
Which Thou hast wrought for Thy servant.
Verily, O Lord my God, will I thank Thee
For that Thou hast given me a holy soul,
Though by my deeds I have defiled it,
Polluted and profaned it with my evil inclination.
But I know that if I wrought wickedly,
I harmed but myself, never Thee.
In sooth, at my right hand my fierce inclination
As an adversary standeth,
Allowing me no breathing-space to establish my tranquillity.
Oft have I purposed with double bridle to lead him,
From the sea of his lusts to dry land to restore him,
But I could not prevail.
My devices he baulked, made profanities flow from my lips.
I think thoughts of simplicity, he fabricates guile and iniquity,
I am for peace, and he is for war,
To the point that he made me his footstool,
And even in peace-time shed the blood of war.
How oft have I sallied forth to combat against him,
And set in battle-array
My camp of service and repentance,
And placed the host of Thy mercies beside me for auxiliary,

לו

קָטֹנְתִּי מִכֹּל הַחֲסָדִים וּמִכָּל הָאֱמֶת אֲשֶׁר עָשִׂיתָ אֶת עַבְדֶּךָ. אָמְנָם יְיָ אֱלֹהַי אוֹדֶךָ:

כִּי נָתַתָּ בִּי נֶפֶשׁ קְדוֹשָׁה. וּבְמַעֲשַׂי הָרָעִים טִמֵּאתִיהָ.
וּבְיִצְרִי הָרַע חִלַּלְתִּיהָ וְגֵאַלְתִּיהָ:

אַךְ יָדַעְתִּי. כִּי אִם הִרְשַׁעְתִּי.
לֹא לְךָ רַק לְעַצְמִי הֲרֵעוֹתִי.
אֲבָל יִצְרִי הָאַכְזָר נִצָּב עַל יְמִינִי לְשִׂטְנִי.
לֹא יִתְּנֵנִי הָשֵׁב רוּחִי. וּלְהָכִין מְנוּחִי.
וְזֶה כַּמָּה לַהֲבִיאוֹ בְּכֶפֶל רִסְנִי חָשַׁבְתִּי. וְחָתַרְתִּי לַהֲשִׁיבוֹ מִיַּם הַתַּאֲווֹת אֶל הַיַּבָּשָׁה וְלֹא יָכֹלְתִּי.
הֵנִיא מַחְשְׁבוֹתַי. וְחִלֵּל מוֹצָא שְׂפָתַי.
אֲנִי חוֹשֵׁב מַחְשְׁבוֹת תֻּמָּה. וְהוּא חוֹרֵשׁ אָוֶן וּמִרְמָה.
אֲנִי לְשָׁלוֹם וְהוּא לְמִלְחָמָה.
עַד שָׂמַנִי לְרַגְלָיו הֲדוֹם. וַיָּשֶׂם דְּמֵי מִלְחָמָה בְּשָׁלוֹם.
וְכַמָּה פְּעָמִים יָצָאתִי. לְהִלָּחֵם עִמּוֹ וְעָרַכְתִּי.
מַחֲנֵה עֲבוֹדָתִי וּתְשׁוּבָתִי. וְשַׂמְתִּי מַחֲנֵה רַחֲמֶיךָ לְעֻמָּתִי לְעֶזְרָתִי.

For I said, if my evil inclination
Shall come to one camp and shall smite it,
Then the camp that is left shall escape.
As I thought, so it was.
For temptation has routed me and scattered
my forces,
So that there is nothing left me but the camp
of Thy mercies.
But yet I know that by these I shall overcome
it,
And they shall be unto me better than a city
of refuge.
Peradventure I shall prevail and smite it and
drive it away.

XXXVII.

May it please Thee, O Lord my God,
To subdue my fierce desire.
O hide Thy face from my sins and trespasses,
Do not carry me off in the midst of my days,
Until I shall have prepared what is needful for
my way
And provender for the day of my journeying,
For if I go out of my world as I came,
And return to my place, naked as I came forth,
Wherefore was I created
And called to see sorrow?
Better were it I had remained where I was
Than to have come hither to increase and mul-
tiply sin.

כִּי אָמַרְתִּי אִם יָבֹא יִצְרִי אֶל הַמַּחֲנֶה הָאַחַת וְהִכָּהוּ וְהָיָה
הַמַּחֲנֶה הַנִּשְׁאָר לִפְלֵיטָה וְכַאֲשֶׁר חָשַׁבְתִּי כֵּן הָיָה.

וְהִנֵּה גָּבַר עָלַי. וְהֵפִיץ חֲיָלַי.

וְלֹא נִשְׁאַר אֵלַי. כִּי אִם מַחֲנֵה רַחֲמֶיךָ.

אַךְ אֵדַע כִּי בָם אֶתְקְפֶנּוּ. וְיִהְיוּ לִי מֵעִיר לַעֲזוֹר אוּלַי
אוּכַל נַכֶּה בוֹ וַאֲגָרְשֶׁנּוּ:

לז

יְהִי רָצוֹן מִלְּפָנֶיךָ יְיָ אֱלֹהַי לָכוֹף אֶת יִצְרִי הָאַכְזָרִי
וְהַסְתֵּר פָּנֶיךָ מֵחֲטָאַי וּמֵאֲשָׁמַי. אַל תַּעֲלֵנִי בַּחֲצִי יָמָי:

עַד אָכִין צְרָכַי. לְדַרְכִּי.

וְצֵידָתִי. לְיוֹם נְסִיעָתִי.

כִּי אִם אֵצֵא מֵעוֹלָמִי כַּאֲשֶׁר בָּאתִי. וְאָשׁוּב עָרוֹם לִמְקוֹמִי
כַּאֲשֶׁר יָצָאתִי.

לָמָּה נִבְרֵאתִי. וְלִרְאוֹת עָמָל נִקְרֵאתִי:

טוֹב לִי עוֹד אֲנִי שָׁם. מִצֵּאתִי לְהַגְדִּיל פֶּשַׁע וּלְהַרְבּוֹת
אָשָׁם:

I beseech Thee, O God, judge me by Thine
attribute of mercy,
  And not by Thine anger lest Thou wither me.
  For what is man that Thou shouldst judge
him?
  And how shalt Thou weigh a drifting vapour?
  When Thou placest it in the balance,
  It shall be neither heavy nor light,
  And what shall it profit Thee to weigh the air?
  From the day of his birth man is hard-pressed
and harrowed,
  "Stricken, smitten of God and afflicted."
  His youth is chaff driven in the wind,
  And his latter end is flying straw,
  And his life withereth like a herb,
  And God joineth in hunting him.
  From the day he cometh forth from his
mother's womb

  His night is sorrow and his day is sighing.
  If to-day he is exalted,
  To-morrow he shall crawl with worms.
  A grain of chaff putteth him to flight,
  And a thorn woundeth him.
  If he is sated, he waxeth wicked,
  And if he is hungry, he sinneth for a loaf of
bread.
  His steps are swift to pursue riches,
  But he forgetteth Death, who is after him.
  At the time he is straitened, he multiplieth his
promises,
  And scattereth his words,
  And is profuse in vows,
  But when he is enlarged,

אָנָּא הָאֱלֹהִים בְּמִדַּת רַחֲמֶיךָ שָׁפְטֵנִי. אַל בְּאַפְּךָ פֶּן תַּמְעִיטֵנִי:

כִּי מָה הָאָדָם כִּי תְדִינֵהוּ. וְהֶבֶל נִדָּף אֵיךְ בְּמִשְׁקָל תְּבִיאֵהוּ.

וּבַעֲלוֹתוֹ בְּמֹאזְנֵי מִשְׁפָּט לֹא יִכְבַּד וְלֹא יֵקַל. וּמַה יִּסְכָּן לְךָ לַעֲשׂוֹת לָרוּחַ מִשְׁקָל:

מִיּוֹם הֱיוֹתוֹ הוּא נִגָּשׂ וְנַעֲנֶה. נָגוּעַ מֻכֵּה אֱלֹהִים וּמְעֻנֶּה:

רֵאשִׁיתוֹ מוֹץ נֶהְדָּף. וְאַחֲרִיתוֹ קַשׁ נִדָּף.

וּבְחַיָּיו כְּעֵשֶׂב נִשְׁדָּף. וְהָאֱלֹהִים יְבַקֵּשׁ אֶת נִרְדָּף:

מִיּוֹם צֵאתוֹ מֵרֶחֶם אִמּוֹ. יָגוֹן לֵילוֹ וַאֲנָחָה יוֹמוֹ:

אִם הַיּוֹם יָרוּם. מָחָר תּוֹלָעִים יְרֻם:

הַמּוֹץ יִדְּפֶנּוּ. וְהַקּוֹץ יִגְּפֶנּוּ:

אִם יִשְׂבַּע יִרְשַׁע. וְאִם יִרְעַב עַל פַּת לֶחֶם יִפְשָׁע:

לִרְדּוֹף הָעֹשֶׁר קַלּוּ אֲשׁוּרָיו. וְיִשְׁכַּח הַמָּוֶת וְהוּא אַחֲרָיו:

בְּעֵת הַמֵּצַר יֶרֶב אֲמָרָיו. וְיַחֲלִיק דְּבָרָיו.

He keepeth back his word and forgetteth his
vows,
   And strengtheneth the bars of his gates,
   While Death is in his chambers,
   And he increaseth guards in every quarter
   While the foe lieth ambushed in his very apart-
ment.
   As for the wolf, the fence shall not restrain it
   From coming to the flock.
   Man entereth the world,
   And knoweth not why,
   And rejoiceth,
   And knoweth not wherefore,
   And liveth,
   And knoweth not how long.
   In his childhood he walketh in his own stub-
bornness,
   And when the spirit of lust beginneth in its
season
   To stir him up to gather power and wealth,
   Then he journeyeth from his place
   To ride in ships
   And to tread the deserts,
   And to carry his life to dens of lions,
   Adventuring it among wild beasts;
   And when he imagineth that great is his glory
   And that mighty is the spoil of his hand,
   Quietly stealeth the spoiler upon him,
   And his eyes are opened and there is naught.
   At every moment he is destined to troubles,
   That pass and return,
   And at every hour evils,
   And at every moment chances,
   And on every day terrors.

וְיַרְבֶּה נְדָרָיו. וּבְצֵאתוֹ לַמֶּרְחָב יָחֵל דְּבָרָיו.
וְיִשְׁכַּח נְדָרָיו. וִיחַזֵּק בְּרִיחֵי שְׁעָרָיו.
וְהַמָּוֶת בַּחֲדָרָיו:
וְיַרְבֶּה שׁוֹמְרִים מִכָּל עֵבֶר. וְהָאוֹרֵב יוֹשֵׁב לוֹ בַּחֶדֶר.
וְהַזְּאֵב לֹא יַעְצְרֶנּוּ גָּדֵר. מִבֹּא אֶל הָעֵדֶר:
בָּא וְלֹא יֵדַע לָמָּה. וְיִשְׂמַח וְלֹא יֵדַע בַּמָּה. וִיחִי וְלֹא יֵדַע כַּמָּה.
בְּיַלְדוּתוֹ. הוֹלֵךְ בִּשְׁרִירוּתוֹ.
וְכַאֲשֶׁר תָּחֵל רוּחַ הַתַּאֲוָה לְפַעֲמוֹ. יִתְעוֹרֵר לֶאֱסוֹף חַיִל וָהוֹן וְיִסַּע מִמְּקוֹמוֹ.
לִרְכּוֹב אֳנִיּוֹת. וְלִרְדּוֹף בַּצִּיּוֹת.
וּלְהָבִיא נַפְשׁוֹ בִּמְעוֹנוֹת אֲרָיוֹת. וְהִיא מִתְהַלֶּכֶת בֵּין הַחַיּוֹת:
וּבְחָשְׁבוֹ כִּי רַב הוֹדוֹ. וְכִי כַבִּיר מָצְאָה יָדוֹ.
בַּשָּׁלוֹם שׁוֹדֵד יְבוֹאֶנּוּ. וְעֵינָיו פָּקַח וְאֵינֶנּוּ:
בְּכָל עֵת הוּא מְזֻמָּן לַתְּלָאוֹת. חוֹלְפוֹת וּבָאוֹת.
וּבְכָל שָׁעוֹת לְמְאֹרָעוֹת:

If for an instant he stand in security,
Suddenly disaster will come upon him,
Either war shall come and the sword will smite him,
Or the bow of brass transpierce him;
Or sorrows will overpower him,
Or the presumptuous billows flow over him,
Or sickness and steadfast evils shall find him,
Till he becometh a burden on his own soul,
And shall find the gall of serpents in his honey.
.And when his pain increaseth
His glory decreaseth,
And youths make mock of him,
And infants rule him,
And he becometh a burden to the issue of his loins,
And all who know him become estranged from him.

And when his hour hath come, he passeth from the courts of his house to the court of Death,
And from the shadow of his chambers to the shadow of Death.
And he shall strip off his broidery and his scarlet
And shall put on corruption and the worm,
And lie down in the dust
And return to the foundation from which he came.
And man, whom these things befall,
When shall he find a time for repentance
To scour away the rust of his perversion?
For the day is short and the work manifold,
And the task-masters irate,
Hurrying and scurrying,

535 בְּכָל הָרְגָעִים. לִפְגָעִים.

וּבְכָל הַיָּמִים. עָלָיו אֵימִים:

אִם רֶגַע יַעֲמוֹד בְּשַׁלְוָה. פֶּתַע תְּבוֹאֵהוּ הֹוָה:

אוֹ בְמִלְחָמָה יָבֹא וְחֶרֶב תִּגְּפֵהוּ. אוֹ קֶשֶׁת נְחוּשָׁה תַּחְלְפֵהוּ

אוֹ יַקִּיפוּהוּ יְגוֹנִים. יִשְׁטְפוּהוּ מַיִם זֵידוֹנִים.

540 אוֹ יִמְצָאוּהוּ חֲלָיִים רָעִים וְנֶאֱמָנִים:

עַד יִהְיֶה לְמַשָּׂא עַל נַפְשׁוֹ. וְיִמְצָא מְרוֹרַת פְּתָנִים
בְּדִבְשׁוֹ:

וּבְעֵת כְּאֵבוֹ יִגְדַּל. כְּבוֹדוֹ יִדַּל:

וּנְעָרִים יִתְקַלְּסוּ בוֹ. וְתַעֲלוּלִים יִמְשְׁלוּ בוֹ:

545 וְיִהְיֶה לְטֹרַח עַל יוֹצְאֵי מֵעָיו. וְיִתְנַכְּרוּ לוֹ כָּל רֵעָיו:

וּבְבֹא עִתּוֹ יֵצֵא מֵחֲצָרָיו לַחֲצַר מָוֶת. וּמִצֵּל חֲדָרָיו
לְצַלְמָוֶת:

וְיִפְשַׁט רִקְמָה וְתוֹלָע. וְיִלְבַּשׁ רִמָּה וְתוֹלָע:

וְלֶעָפָר יִשְׁכָּב. וְיָשׁוּב אֶל יְסוֹדוֹ אֲשֶׁר מִמֶּנּוּ חֻצָּב:

550 וְאִישׁ אֲשֶׁר אֵלֶּה לוֹ מָתַי יִמְצָא עֵת תְּשׁוּבָה. לִרְחוֹץ
חֶלְאַת מְשׁוּבָה.

וְהַיּוֹם קָצֵר וְהַמְּלָאכָה מְרֻבָּה:

And Time laughs at him
And the Master of the House presses.
Therefore I beseech Thee, O my God,
Remember the distresses that come upon man,
And if I have done evil
Do Thou me good at my latter end,
Nor requite measure for measure
To man whose sins are measureless,
And whose death is a joyless departure.

XXXVIII.

O my God,
If my iniquity is too great to be borne,
What wilt Thou do for Thy great name's sake?
And if I do not wait on Thy mercies,
Who will have pity on me but Thee?
Therefore though Thou shouldst slay me, yet
will I trust in Thee.
For if Thou shouldst pursue my iniquity,
I will flee from Thee to Thyself,
And I will shelter myself from Thy wrath in
Thy shadow,
And to the skirts of Thy mercies I will lay hold
until Thou hast had mercy on me,
And I will not let Thee go till Thou hast blessed
me.
Remember, I pray Thee, that of slime Thou
hast made me,
And by all these hardships tried me,
Therefore visit me not according to my wanton
dealings,
Nor feed me on the fruit of my deeds,

וְהַנּוֹגְשִׂים אָצִים. חָשִׁים וְרָצִים.
וְהַזְּמָן מִמֶּנּוּ שׂוֹחֵק. וּבַעַל הַבַּיִת דּוֹחֵק:
לָכֵן נָא אֱלֹהַי זְכוֹר אֵלֶּה הַתְּלָאוֹת. אֲשֶׁר עַל אָדָם בָּאוֹת:
וְאִם אֲנִי הֲרֵעוֹתִי. אַתָּה תֵּיטִיב אַחֲרִיתִי.
וְאַל תִּגְמוֹל מִדָּה בְּמִדָּה. לְאִישׁ אֲשֶׁר עֲוֹנוֹתָיו בְּלִי מִדָּה.
וּבְמוֹתוֹ יֵלֵךְ בְּלִי חֶמְדָּה:

לח

אֱלֹהַי אִם עֲוֹנִי מִנְּשׂוֹא גָדוֹל. מַה תַּעֲשֶׂה לְשִׁמְךָ הַגָּדוֹל.
וְאִם לֹא אוֹחִיל לְרַחֲמֶיךָ. מִי יָחוּס עָלַי חוּץ מִמֶּךָ:
לָכֵן אִם תִּקְטְלֵנִי לְךָ אֲיַחֵל.
וְאִם תְּבַקֵּשׁ לַעֲוֹנִי אֶבְרַח מִמְּךָ אֵלֶיךָ. וְאֶתְכַּסֶּה מֵחֲמָתְךָ בְּצִלֶּךָ:
וּבְשׁוּלֵי רַחֲמֶיךָ אַחֲזִיק עַד אִם רִחַמְתָּנִי. וְלֹא אֲשַׁלֵּחֲךָ כִּי אִם בֵּרַכְתָּנִי:
זְכָר נָא כִּי כַחֹמֶר עֲשִׂיתָנִי. וּבְאֵלֶּה הַתְּלָאוֹת נִסִּיתָנִי:
עַל כֵּן לֹא תִפְקוֹד עָלַי בְּמַעֲלָלַי. וְאַל תַּאֲכִילֵנִי פְּרִי פְעָלָי.

But prolong Thy patience, nor bring near my
day,
Until I shall have prepared provision for re-
turning to my eternal home,
Nor rage against me to send me hastily from
the earth,
With my sins bound up in the kneading-trough
on my shoulder.
And when Thou placest my sins in the balance
Place Thou in the other scale my sorrows,
And while recalling my depravity and froward-
ness,
Remember my affliction and my harrying,
And place these against the others.
And remember, I pray Thee, O my God,
That Thou hast driven me rolling and wander-
ing like Cain,
And in the furnace of exile hast tried me,
And from the mass of my wickedness refined
me,
And I know 'tis for my good Thou hast proved
me,
And in faithfulness afflicted me,
And that it is to profit me at my latter end
That Thou hast brought me through this test-
ing by troubles.
Therefore, O God, let Thy mercies be moved
toward me,
And do not exhaust Thy wrath upon me,
Nor reward me according to my works,
But cry to the Destroying Angel:
Enough!

וְהַאֲרֵךְ לִי אַפְּךָ וְאַל תַּקְרִיב יוֹמִי. עַד אָכִין צֵדָה לָשׁוּב
אֶל מְקוֹמִי:

וְאַל תְּחַזֵּק עָלַי לְמַהֵר לְשַׁלְּחֵנִי מִן הָאָרֶץ וּמִשְׁאֲרוֹת
אֲשָׁמַי צְרוּרוֹת עַל שִׁכְמִי:

וּבְהַעֲלוֹתְךָ בְּמִשְׁקָל עֲוֹנוֹתַי. שִׂים לְךָ בְּכַף שֵׁנִיָּה תְּלָאוֹתַי.

וּבְזָכְרְךָ רִשְׁעִי וּמָרְדִּי. זְכֹר עָנְיִי וּמְרוּדִי.

וְשִׂים אֵלֶּה נֹכַח אֵלֶּה:

וּזְכֹר נָא אֱלֹהַי כִּי זֶה כַּמֶּה לְאֶרֶץ נוֹד צְנַפְתָּנִי. וּבְכוּר
גָּלוּת בְּחַנְתָּנִי.

וּמֵרוֹב רִשְׁעִי צְרַפְתָּנִי. וְיָדַעְתִּי כִּי לְטוֹבָתִי נִסִּיתָנִי.

וֶאֱמוּנָה עִנִּיתָנִי.

וּלְהֵטִיב לִי בְּאַחֲרִיתִי בְּמִבְחַן הַתְּלָאוֹת הֲבֵאתָנִי:

לָכֵן אֱלֹהַי יֶהֱמוּ עָלַי רַחֲמֶיךָ. וְאַל תְּכַלֶּה עָלַי זַעְמֶךָ

וְאַל תִּגְמְלֵנִי כְּמַעְבָּדַי. וֶאֱמֹר לַמַּלְאָךְ הַמַּשְׁחִית דָּי:

For what height or advantage have I attained
That Thou shouldst pursue me for my iniquity,
And shouldst post a watch over me,
And trap me like an antelope in a snare?
Is not the bulk of my days past and vanished?
Shall the rest consume in their iniquity?
And if I am here to-day before Thee,
"To-morrow Thine eyes are upon me and I am
not."
"And now wherefore should I die
And this Thy great fire devour me?"
O my God, turn Thine eyes favourably upon
me
For the remainder of my brief days,
Pursue not their escaping survivors,
Nor let the remnant of the crops that the hail
hath spared
Be finished off by the locust for my sins.
For am I not the creation of Thy hands,
And what shall it avail Thee
That the worm shall take me for its meal
And feed on the product of Thy hands?

XXXIX.

May it please Thee, O Lord my God,
To return to me in mercy,
And to bring me back to Thee in perfect re-
pentance.
O dispose my heart and turn Thine ear to
supplication,
And open my heart to Thy law,
And plant in my thoughts the fear of Thee,

וּמָה מַּעֲלָתִי וְיִתְרוֹנִי. כִּי תְבַקֵּשׁ לַעֲוֹנִי:

וְתָשִׂים עָלַי מִשְׁמָר. וּתְצָדֵנִי כְּתוֹא מִכְמָר:

הֲלֹא יָמַי חָלַף רֻבָּם וְאֵינָם. וְהַנִּשְׁאָרִים יִמַּקּוּ בַּעֲוֹנָם:

וְאִם הַיּוֹם לְפָנֶיךָ הִנֵּנִי. מָחָר עֵינֶיךָ בִּי וְאֵינֶנִּי:

וְעַתָּה לָמָּה אָמוּת. כִּי תֹאכְלֵנִי הָאֵשׁ הַגְּדוֹלָה הַזֹּאת:

אֱלֹהַי שִׂים עֵינֶיךָ עָלַי לְטוֹבָה לִשְׁאֵרִית יָמַי הַמְּעַטִּים.
וְאַל תִּרְדּוֹף הַשְּׂרִידִים וְהַפְּלֵטִים:

וְהַפְּלֵטָה הַנִּשְׁאֶרֶת מִבְּרַד מְהוּמוֹתַי. אַל יַחְסְלֶנָּה יֶלֶק אַשְׁמוֹתָי:
כִּי יְצִיר כַּפֶּיךָ אָנִי.

וּמַה יִּסְכָּן לְךָ כִּי רִמָּה תִקָּחֵנִי לְאֹכֶל. יְגִיעַ כַּפֶּיךָ כִּי תֹאכֵל:

לט

יְהִי רָצוֹן מִלְּפָנֶיךָ יְיָ אֱלֹהַי לָשׁוּב עָלַי בְּרַחֲמֶיךָ. וְלַהֲשִׁיבֵנִי בִּתְשׁוּבָה שְׁלֵמָה לְפָנֶיךָ.

וְלִתְחִנָּתִי תָּכִין לִבִּי תַּקְשִׁיב אָזְנֶךָ. וְתִפְתַּח לִבִּי בְּתוֹרָתֶךָ.

וְתִטַּע בְּרַעְיוֹנַי יִרְאָתֶךָ:

And decree for me good decrees,
And annul the evil decrees against me,
And lead me not into the power of temptation,
Nor into the power of contempt,
And from all evil chances deliver me,
And hide me in Thy shadow until the havoc
pass by,
And be with my mouth in my meditation,
And keep my ways from sin through my tongue,
And remember me when Thou rememberest
and favourest Thy people,
And when Thou rebuildest Thy Temple,
That I may behold the bliss of Thy chosen ones,
And purify me to seek diligently Thy Sanc-
tuary devastated and ruined,
And to cherish its stones and its dust,
And the clods of its desolation,
And rebuild Thou its wastes!

XL.

O my God, I know that those who implore
favour from Thee
Have for ambassadors their antecedent virtues,
And the righteousness which they have heaped
up,
But in me are no good deeds,
For I am shaken and emptied like a stripped
vine,
And I have no righteousness, no rectitude,
No piety, no uprightness,
No prayer, no plea,
No innocence, no faith,

וְתִגְזוֹר עָלַי גְּזֵרוֹת טוֹבוֹת. וּתְבַטֵּל מֵעָלַי גְּזֵרוֹת רָעוֹת:
וְאַל תְּבִיאֵנִי לִידֵי נִסָּיוֹן. וְלֹא לִידֵי בִזָּיוֹן:
וּמִכָּל פְּגָעִים רָעִים הַצִּילֵנִי. וְעַד יַעֲבוֹר הַוּוֹת בְּצִלְּךָ תַּסְתִּירֵנִי:
וֶהְיֵה עִם פִּי וְהֶגְיוֹנִי. וּשְׁמוֹר דְּרָכַי מֵחֲטוֹא בִלְשׁוֹנִי:
וְזָכְרֵנִי בְּזִכְרוֹן וּרְצוֹן עַמֶּךָ. וּבְבִנְיַן אוּלַמֶּךָ.
לִרְאוֹת בְּטוֹבַת בְּחִירֶיךָ. וְזַכֵּנִי לְשַׁחֵר דְּבִירֶךָ.
הַשָּׁמֵם וְהֶחָרֵב. וְלִרְצוֹת אֲבָנָיו וַעֲפָרוֹתָיו.
וְרִגְבֵי חָרְבוֹתָיו. וְתִבְנֶה שׁוֹמְמוֹתָיו:

מ

אֱלֹהַי יָדַעְתִּי כִּי הַמִּתְחַנְּנִים לְפָנֶיךָ.
יָלִיצוּ עֲלֵיהֶם מַעֲשִׂים טוֹבִים אֲשֶׁר הִקְדִּימוּ. אוֹ צִדְקוֹתֵיהֶם אֲשֶׁר הֵרִימוּ.
וַאֲנִי אֵין בִּי מַעֲשִׂים כִּי אֲנִי נָעוּר וָרֵק. כְּגֶפֶן בּוֹקֵק.
וְאֵין בִּי לֹא צֶדֶק וְלֹא כֹשֶׁר. לֹא חֶסֶד וְלֹא יֹשֶׁר.
לֹא תְפִלָּה וְלֹא תְחִנָּה. לֹא תֻמָּה וְלֹא אֱמוּנָה.

No justice, no quality of goodness,
Neither service of God nor turning from sin.
May it be Thy will, O Lord our God and God
of our Fathers,
Master of the Worlds,
To have mercy upon me,
And be Thou near me,
To favour me with the visitation of Thy good-
will,
And to lift up to me the light of Thy face,
And to show me Thy graciousness!
Requite me not according to my deeds
And make me not a byword to the base.
Take me not away in the midst of my days
Nor hide Thy face from me.
Purify me from my sins,
And cast me not out from Thy presence,
But quicken me with glory
And with glory receive me afterwards.
And when Thou shalt bring me out of this
world,
Bring me in peace to the life of the world to
come,
And place me in glory among the saints,
And number me with those whose portion is
appointed in the world of life
And purify me to shine in the light of Thy
countenance,
And restore and revive me
And bring me up again from the depths of the
earth.

לֹא צֶדֶק וְלֹא מִדָּה טוֹבָה. לֹא עֲבוֹדָה וְלֹא תְשׁוּבָה:

וּבְכֵן יְהִי רָצוֹן מִלְּפָנֶיךָ יְיָ אֱלֹהֵינוּ וֵאלֹהֵי אֲבוֹתֵינוּ רִבּוֹן
כָּל הָעוֹלָמִים לְרַחֵם עָלַי. וְהָיִיתָ קָרוֹב אֵלַי.

לְפָקְדֵנִי בִּפְקֻדַּת רְצוֹנֶךָ. וְלָשֵׂאת אֵלַי אוֹר פָּנֶיךָ.

וּלְהַמְצִיאֵנִי חִנֶּךָ.

וּכְפִי מַעֲשַׂי אַל תִּגְמְלֵנִי. וְחֶרְפַּת נָבָל אַל תְּשִׂימֵנִי.

וּבַחֲצִי יָמַי אַל תַּעֲלֵנִי. וְאַל תַּסְתֵּר פָּנֶיךָ מִמֶּנִּי.

וּמֵחַטֹּאתַי טַהֲרֵנִי. וּמִלְּפָנֶיךָ אַל תַּשְׁלִיכֵנִי.

וּבְכָבוֹד תְּחַיֵּנִי. וְאַחַר כָּבוֹד תִּקָּחֵנִי.

וּבְעֵת מִן הָעוֹלָם הַזֶּה תּוֹצִיאֵנִי. לְחַיֵּי הָעוֹלָם הַבָּא
בְּשָׁלוֹם תְּבִיאֵנִי.

וְאֶל עָל תִּקְרָאֵנִי. וּבֵין הַחֲסִידִים תּוֹשִׁיבֵנִי.

וְעִם הַמְּנוּיִים בְּחֶלֶד חֶלְקָם בַּחַיִּים תִּמְנֵנִי. וְלֵאוֹר בְּאוֹר
פָּנֶיךָ תְּזַכֵּנִי.

וְתָשׁוּב תְּחַיֵּנִי. וּמִתְּהוֹמוֹת הָאָרֶץ תָּשׁוּב וְתַעֲלֵנִי.

Then will I say:
I thank Thee, O Lord, that though wroth with me,
Thine anger is turned away and Thou hast comforted me.
Thine, O Lord, is loving-kindness
In all the goodness Thou hast bestowed on me,
And which Thou wilt bestow till the day of my death.
And for all this it behoves me to give thanks,
To laud, to glorify, to extol Thee.
By the mouth of Thy creatures O yield Thyself praise,
By those hallowing Thee be Thou self-sanctified,
Through those owning Thy Unity cry Thou Thy oneness,
With the lips of Thy glorifiers chant Thee Thy glory,
And exalt Thee in rhapsody through Thine exalters,
Supremely upborne on Thy worshippers' breath,
For 'mid the gods and their works, O Lord, there is none like to Thee and Thine.

May this word of my mouth and my heart's true thought
Find, O Rock and Redeemer, the favour sought.

וְאֹמַר אוֹדְךָ יְיָ כִּי אָנַפְתָּ בִּי יָשׁוּב אַפְּךָ וּתְנַחֲמֵנִי. וּלְךָ יְיָ חֶסֶד עַל כָּל הַטּוֹבָה אֲשֶׁר גְּמַלְתָּנִי.

וַאֲשֶׁר עַד יוֹם מוֹתִי תִּגְמְלֵנִי.

וְעַל כָּל זֶה אֲנִי חַיָּב לְהוֹדוֹת לְהַלֵּל לְפָאֵר וּלְרוֹמֵם אוֹתָךְ.

תִּשְׁתַּבַּח בְּפִי בְרוּאֶיךָ. תִּתְקַדַּשׁ בְּפִי מַקְדִּישֶׁיךָ.

תִּתְיַחַד בְּפִי מְיַחֲדֶיךָ. תִּתְפָּאֵר בְּפִי מְפָאֲרֶיךָ.

תִּתְרוֹמַם בְּפִי מְרוֹמְמֶךָ. תִּתְנַשֵּׂא בְּפִי מְנַשְּׂאֶיךָ.

כִּי אֵין כָּמוֹךָ בָּאֱלֹהִים אֲדֹנָי וְאֵין כְּמַעֲשֶׂיךָ:

יִהְיוּ לְרָצוֹן אִמְרֵי פִי וְהֶגְיוֹן לִבִּי לְפָנֶיךָ יְיָ צוּרִי וְגֹאֲלִי:

NOTES ON INTRODUCTION

NOTES ON INTRODUCTION

1 Comp. the extract from Moses ibn Ezra's אלמחאצ̇רה ואלמד̇אכרה in Munk, *Mélanges*, pp. 515–517, beginning, ואבו איוב סלימאן בן יחיי בן גבירול אלקרטובי נשאה מאלקה ותרביה סרקסטה. The statement, cited by M. Sachs from a MS., that Gabirol was born in Saragossa (*Relig. Poesie*, 245, note 2) is entirely unreliable. It is interesting to note that the passage in יוחסין השלם (ed. Philipowski, p. 229) cited from an old Hebrew work, entitled אשכל הכופר, supposed to be a translation of Moses ibn Ezra's Arabic work, renders the Arabic word ותרביה by the Hebrew גדל but leaves the word נשאה untranslated.

2 Senior Sachs in his essay רבי שלמה בן גבירול וקצת בני דורו (Paris, 1866, pp. 35–38) has firmly established this date. Briefly stated, his argument is as follows: The poem תהלת אל בראש כל התהלות, addressed to some dignitary, concludes with the words: ואל תתמה בשירות היקרות תמה מהשמנה כפולות, which is Gabirol's way of saying that he was but sixteen years when he composed this poem. Verse 53 of this poem reads: ורב האי כלא היה לפניו וקטן מענות אותו במלות, which he would certainly not have written in the lifetime of the Gaon. Consequently Gabirol was 16 years old in 1038 or some time after. Again in the poem בחר מהחלי, composed in honor of Yekutiel (comp. verse 19), we read (verse 36) ואם שניו ימי משנה לפרעה בעת נמכר לעבד לסריסו, which is Gabirol's way of saying that he was seventeen years when he composed this poem. And since Yekutiel died in 1039 the poem could not have been written after that year. Gabirol, therefore, was 16 not earlier than 1038 and 17 not later than 1039. He must have been born sometime between the end of 1021 and the beginning of 1022.

[3] Moses ibn Ezra calls him אלקרטובי. Comp. above, note 1.

[4] Comp. poem תוגה אשר נעדר, verse 5: אבי אשר היה עדי תבל (*JQR.*, N. S., IV, 66).

[5] *Ibid.* p. 67: די כי מגורי בא ונפשי עוד לא תחזה רעה וזאת דיה

[6] Comp. poem נחר בקראי גרוני, verses 14–15:

נכאב בלי אם ולא אב צעיר ויחיד ועני
נפרד בלי אח ואין לי רע לבד רעיוני

[7] Comp. e. g. Ezek. 22.7; Esther 2.7.

[8] Since this poem was written when he was leaving Saragossa and he did not leave that city until after 1045, the year in which he completed at Saragossa his תקון מדות הנפש, his father may have lived till about 1044. Kahana's argument (השלח I, 39, note 1) from verse 23 of the poem מה לך יחידה, where Gabirol says קומי ושכחי אב ואם, that Gabirol's father was still alive when he left Saragossa, is very weak, as Dr. Simḥoni well pointed out in his essay on Gabirol (התקופה, X, 181). I cannot understand, however, why this scholar regards the verses found in Ibn Daud's אמונה רמה, p. 91, as supporting Kahana's statement (ראיה שניה ויותר מבהקה). Kahana himself (l. c., p. 46) considers these verses as part of an elegy which Gabirol wrote on the death of his father, and nowhere regards them as evidence of his theory.

[9] Comp. above, note 1.

[10] On Yekutiel comp. Geiger in ZDMG, XIII, 515; Graetz in MGWJ, VII, 453, 466; Kahana in השלח, I, 231, and the references given there.

[11] Comp. poem שאלתם על לבבי, verse 6: מתי סודי שאו שלום לדודי ויקח נא ברכה מחניכו.

[12] Comp. חמדה גנוזה, Koenigsberg, 1856, p. 29: וכבר בא ר׳ נסים למדינת גראנטה כשהובא [כשהביא] בתו להנשא לר׳

יהוסף הלוי הנגיד ולמד בה תלמידים ומתלמידיו היה ר׳ שלמה בר יהודה בן גבירול המשורר.

13 Comp. S. Sachs התחיה, II, p. 36, note.

14 Comp. Graetz, *Gesch.*, VI, 387, 390 (Heb. ed., IV, 431, 434).

15 They are as follows: 1. אני השר; 2. התלעג לאנוש; 3. מליצתי בדאגתי; 4. עטה הוד; 5. תהלת אל. In each of these his age is clearly given.

16 This is the first of the five.

17 Comp. Neubauer, *Med. Jewish Chron.*, I, 127: רבי שלמה ן׳ גבירול היה בעיר סרגוסה··· ועשה אזהרות של חג השבועות והוא בן שש עשרה שנה כמו שמצאתי כתוב שיר אחד שעשאו בתחלת האזהרות וזה לשונו: אני השיר [השר]... In this short poem Gabirol says: ושירי הוא עטרה למלכים ומגבעת בראשי הסגנים, which would seem to indicate that even then he had already composed panegyrics on prominent persons. He may perhaps refer to the poem תהלת אל, already mentioned.

18 Comp. poem נפש אשר עלו שאוניה, verses 23–24, 30:

איך אעזוב חכמה ורוח אל כרת ברית ביני וביניה
או תעזוב אותי והיא כאם לי ואני ילד זקוניה····
כי נשבעה עלי לבל אשקוט עד אמצאה דעת אדוניה

19 Comp. poem עטה הוד, verses 14–15:

ויגעתי בחכמה מנעורי למען אחריתה מעדנים
והיא היתה אחותי מנעורי ומודעה קראתני בבנים

20 Comp. *ibid.* verse 3: ודע כי הנך יחיד בדורך.

21 The correct version of the last line of this poem is found in *Med. Jewish Chron.*, I, 127.

אני השר והשיר לי לעבד···· והנני בשש עשרה
שנותי ובי שכל כמו בן השמונים

22 Comp. עטה הוד, verses: 42, 43, 45, 46, 57, 59b–60:

אני אחקר צפוני המליצה ואפתח שערי דעת ובינים
ואקבץ מנפוציה חרוזים ואלקט מפזוריה פנינים····

אני באתי לחדריהם אשר הם לכל מבין וכל חכם צפונים
ואשיר שיר ישמח הנפשות וכל לבות יחלץ מיגונים····
ושירנו כילודי אמנה ושיריהם כמו ילדי זנונים····
················זמירנו גזרנוהו פנינים
ובו ארום ואנשא על כל מתי דורי ועל כל הזמנים

[23] Comp. extract cited above, note 1, and תחכמוני, ed. Kaminka, p. 40–41.

[24] Comp. עטה הוד, verses 27, 29, 32:

חמתי נתכה עלי בשורי פתאים חשבו כי הם מבינים····
והם מתפארים עלי בשירים ומי יתן ויהיו מאזינים····
הכאלה לפני יערכון צעירי הנמלים הקטנים

[25] Comp. Munk, *Mélanges*, p. 516, and translation on p. 264.

[26] Comp. poem אמור לאומרים, verses 12, 15:

ועת יחר לבבי בחרי אף שחקים ירעשו מעז רעמיו····
ואינני כגבר יענה רך וישוח ונפל בעצמיו

[27] Comp. poem ואהבתי וסברי, verses 6, 10, 12, 13, 15, 16:

הלא אורי פני תבל יכסה ויגיע עדי שנער ועילם····
אני ארץ למודעי אמוני שלומי ואבק עפר לרגלם····
אבל שחק אני על ראש משנאי ואמטיר אש מלהטת יבולם
והחפץ להשיג מעלתי כחפץ לעלות שחק בסולם····
ועתה הנני אתיר אגודת אהביך ולא אחזיק בחבלם
ואמחה את שמך מעל לשוני ולא אשח להזכירך לעולם

[28] Comp. poem נחר בקראי, verses 19, 20, 23, 33:

נחשב כמו גר ותושב יושב בשבת יעני
בין כל פתלתול וסכל לבי כלב תחכמוני····
עם נמאסו לי אבותם להיות כלבים לצאני····
אוי לתבונה ואוי לי כי גוי כמו זה שכני

[29] These are as follows: 1. אכן מיודעי; 2. בחרמהחלי; 3. בעת לא אחזה; 4. הצפור או דרור; 5. ואת יונה; 6. כוכב אשר דרך. His elegies on Yekutiel are: 1. בימי יקותיאל אשר נגמרו; 2. ראה שמש לעת ערב.

30 Comp. poem אתן לאלי עז, verse 17: יד בן תשע עשרה מאד קצרת.

31 כתאב אצלאח אלאכלאק (Hebrew title: תקון מדות הנפש). For the various editions see Steinschneider, *Cat. Bodl.* col. 2326; *Heb. Ueb.* pp. 380–382; *Arabische Literatur*, p. 127.

32 Comp. Graetz, *Gesch.* VI², 32 (Heb. translation, IV, 43).

33 Comp. תחכמוני, ed. Kaminka, p. 459:

אבות השיר שלמה עם יהודה ומשה זרחה שמשם במערב
הכי מצאו בדרותם נדיבים ומכרו את פניניהם בהון רב

34 Comp. poem לו היתה נפשי מעט שואלת, verse 3:

הן מדרוש חכמה בשרי נאכל ובשר אחרים אהבה אוכלת

35 Comp. poem הסר לבבי, verses 5, 12:

ואהוב כבוד חכמה ואל תאהב כבוד אדר כסותך....
וקנה לך רע יהי מבחר אנוש ושמור עמיתך

36 L. Dukes, *Salomo ben Gabirol aus Malaga*, Hanover, 1860, pp. 2–3; M. Steinschneider, *Cat. Bodl.*, p. 2318; *Die Arabische Literatur d. Juden*, p. 126; A. Neubauer, *M. G. W.* vol. 36, pp. 498–502. D. Kaufmann, *Studien über Salomon ibn Gabirol*, p. 79, note 2. Moses ibn Ezra in the extract cited above from *Mélanges*, p. 517, says: וכאן קד ארמי עלי אלתלתין. Ḥarizi in תחכמוני, ed. Kaminka, p. 181, says: ובן תשע ועשרים נרו כבה ועד השלשים לא בא. S. Munk, *Mélanges*, pp. 155–157. A. Geiger, *Salomon Gabirol und seine Dichtungen*, p. 111. Graetz, *Gesch.*, vi, 388–389. S. Sachs, המגיד, 1874, p. 313.

37 One additional argument in favor of the later date, overlooked until now, may be brought forth here. In his poem שרש בני ישי l. 5, Gabirol, speaking of the length of the diaspora, says מני זמן אלף שנים אני נעכר. This shows that the poem was composed about 1068.

38 Comp. Gen. 3. 1; 28. 12; Num. 22. 28; 43. 7; Ps. 143. 10; 150. 6. Dan. 11. 31. In the first version of Ibn Ezra's

commentary on Gen., occurs also a long passage giving an allegorical interpretation of Gen. 3. 21. Comp. Berliner, פליטת סופרים, Mainz, 1872, p. 45, and Bacher, *Bibelexegese der jüd. Religionsphilosophen*, Budapest, 1892, p. 46, note 2, where all the sources are indicated. S. Sachs holds (רשב"ג וקצת בני דורו, p. 36) that Ibn Ezra's remark on Ps. 105. 17 לעבד נמכר יוסף: ויש אומרים כי פוטיפר עבד היה has reference to Gabirol's interpretation of this verse as is evident from the 26th verse of the poem בחר מהחלי which reads ואם שניו ימי משנה לפרעה בעת נמכר לעבד לסריסו.

[39] Comp. Bacher, *Bibelexegese* etc., p. 46, note 1. Comp. also Wise, *Improvement of the Moral Qualities*, Arabic text, p. 14, l. 5, 23; תקון מדות הנפש, ed. Lyck, pp. 11, 12.

[40] Comp. מאזנים. Offen, 1791, fol. 2a: ורבי שלמה בן גבירול ממדינת מאלקה ארג מחברת שירה שקולה ולא ישקל כסף מחירה והיא ארבע מאות חרוזים.

[41] Comp. מחברת הערוך לר' שלמה פרחון, Pressburg, 1844, p. XXIII.

[42] Gabirol's independence of treatment is even noticeable in minor matters. In giving a mnemonic for the radical and servile letters, an invention which goes back to Saadya (זכרון לראשונים, V, p. 121), Gabirol chooses one of his own אני שלמה כותב קט צח גזע ספרד which is an ingenious way of giving his name and profession אני שלמה הקטן מגזע ספרד כותב צחות.

[43] Comp. poem אתן לאלי, verses 26–27:

יען ראותי החרוז יתר לכל דבר ואם דרכו מאד נפצרת
שקול שקלתיו ואשימהו לשר חרוז למען להיות למזכרת

[44] Comp. *ibid.*, verses 6–8, 12, 46, 53, 54:

ואדעה כי נשמדה מהן שפת קדש וכמעט היתה נעדרת
זרה לשונם מלשון עברית ולא לשפת יהודית היתה מכרת
חצים מדבר באדומית וחצי בלשון בני קדר אשר קדרת....
לא ידעו חזון וגם לא ידעו ספר ואיך יקראו אגרת....

ריב יש לאל בכם שארית יעקב כי תשכחו שפה מאד נבחרת····
ייטב היות אמה גבירה שולחה דבר ופלגשה תהי שומרת
הה לה אשר לא נטרה כרמה אבל כרמי אחרים היתה נטרת

45 Published separately under the title שער החשק, Halberstadt [1862].

46 Comp. *ibid.*, fol. 17b: ...מאמרי סלימאן אל יהודי המלך והם אלה (א) ספר הנסיונות (ב) ס' הזקנה (ג) ס' המשלים (ד) ס' השלמות (ה) ס' המעללים (ו) ס' היחוד (ז) ס' הדרישה (ח) ס' קריאת השמירה (ט) ס' הרצון (י) ס' גלוי השקריות (יא) ס' הישר (יב) ס' הרפואות (יג) ס' האמונה (יד) ס' הבחירות (טו) ס' שמירת הזירוז (טז) ס' כתות החכמים (יז) ס'התכליות.

47 *Ibid.* ספרים אחרים רבים הביאם אפולוניאוס בשמותם וקרא אחד מהם (יח) ס' המראות העליונות (יט) וס' נקרא ימליאש (כ) וס' נקרא מלאכה אלהית. . . (כא) עוד הביא ס' אחר קראו בחירת המדות.

48 Comp. רשב"ג וקצת בני דורו, pp. 46–48.

49 In his poem שטר עלי בעדים the acrostic is אני שלמה הקטן ברבי יהודה גבירול מאלקי חזק, and in his poem שמשי עלה נא זורח, verse 15 should read יה השב instead of והשב and should precede verse 14; then the acrostic will read שלמה הקטן מאלקי חזק.

50 Comp. above, note 47, No. 21, and note 46, No. 3. No. 12, ס' הרפואות, is rather doubtful if it could be Gabirol's since he did not engage in that study; on the other hand I venture to suggest that No. 9, ס' הרצון, is very likely identical with the work mentioned in *Fons Vitae* under the title "Origo largitatis et causa essendi" which treats of the will. Comp. Guttmann, *Die Philosophie des Salomon ibn Gabirol*, pp. 10–12, especially end of note on p. 12. Guttmann remarks (p. 11) that no mention can be found of this work anywhere. Evidently he did not see Sachs' essay.

51 Comp. poem כשרש עץ, verse 24: וקם לבוס כסיל תחת פעמיו ותחת פעמי עשרים ספריו.

52 Comp. Husik, *A History of Mediaeval Jewish Philosophy*, p. 62.

53 *Ibid.*

54 The fact that many proverbs are common to both the *Choice of Pearls* and the *Sentences of the Philosophers* goes to prove that Gabirol and Ḥunein ibn Isḥak drew upon a common older source.

55 Comp. מחזור אהל יעקב, vol. 1, Jerusalem, 1908, p. 252:

שוכן עד מאז נשגב לבדו שם מלכותו מיחד ואין שני לצדו
שכלל עולמו מאור לבוש מדו בשלשה ספרים נחתמים

56 Comp. לקוטים מן ספר מקור חיים ch. V., par. 62: והרצון הפועל במעלת הכותב ותהיה הצורה הפעולה במעלת הכתב, והיסוד המונח להם במעלת הלוח והדף. Comp. also Schmiedl, *M.G.W.J.* ix, 101.

57 Comp. ספר יצירה, chap. 1: בשלשים ושתים נתיבות פליאות חכמה חקק יה· · ·וברא את עולמו בשלשה ספרים בסופר וספור וספר.

58 Comp. אמונה רמה, p. 61.

59 Comp. המגיד, XVIII, 122, 140. Sachs believes that Ibn Ezra's reference to Gabirol in his commentary on Is. 43. 7 probably relates to the 7th verse of this poem.

60 Kaufmann, *Studien über Salomon ibn Gabirol*, pp. 116–123.

61 Comp. poem אהבתיך כאהבת איש, verses 5–6.

62 Comp. Munk, *Mélanges*, p. 515, and translation on p. 263; Steinschneider, *Cat. Bodl.*, 2314–2316; Simḥoni's Heb. translation in התקופה, XII, pp. 151,152. I have also made use of the Hebrew translation of my friend Dr. B. Halper who is preparing an edition of Ibn Ezra's work with a Hebrew translation.

63 Comp. תחכמוני, ed. Kaminka, pp. 40–41.

64 שירי שלמה, Hanover, 1858.

65 Comp. Dukes, *Salomo ben Gabirol aus Malaga*, Hanover, 1860, pp. 13, 14; also *JQR.*, N. S., IV, p. 60, note 2.

66 שירי השירים אשר לשלמה בן גבירול. חוברת ראשונה Paris, 1868.

67 Comp. Steinschneider, *Cat. Bodl.*, 2336–7; Neubauer, *Cat.*, 1970, III.

68 Comp. Luzzatto, לוח הפייטנים, p. 102. In השלח, I, 38, David Kahana stated that he prepared a complete edition of Gabirol's poems, but made no mention of any special Diwan, and nothing further is known of his compilation.

69 Harkavy, חדשים גם ישנים, No. 3 (published in a supplement to המליץ, 1893, No. 144, under the title of ארבעה מאמרים), p. 4.

70 *Gedenkbuch zur Erinnerung an D. Kaufmann*, Breslau, 1900, pp. 279–287.

71 Neub. and Cowley, *Cat.*, No. 2835, 47. In this index the poems of Gabirol follow those of Judah ha-Levi as in MS. Oxford 1970.

72 *MGWJ* vol. 55, pp. 76–97.

73 The MS. contains 36 poems, but Brody doubts Gabirol's authorship in two cases, fol. 30, a, b, and 33a.

74 For a list of these comp. Brody, *ibid.*, p. 92.

75 Comp. *JQR.*, N. S., IV, pp. 60–77.

76 As this volume was going through the press the Russian publication "Evreiskaya Mysl" came to my notice. It is edited by S. M. Ginzberg and was published as recently as 1922 in Petrograd. Among other learned articles it contains (pp. 13–30) an essay by S. Zinberg, entitled "Iz neopublikovanovo Divana Solomona Gabirol-ya" (From an unpublished Diwan of Solomon Ibn Gabirol).

The editor publishes from the Firkowitz collection fifteen hitherto unknown poems of Gabirol. This MS. is probably identical with the one from which Harkavy published the four poems already mentioned. See above, note 69.

NOTES ON TEXT

NOTES ON TEXT

1
בקשה

L. 2. אערך]. Comp. Ps. 5.4. שחרי וגו'] Comp. the similar expression in his poem שחרתיך בכל שחרי ונשפי.

L. 3. ואבהל] Job 23.15.

2
בקשה

Ll.1,2. תספר and תגיד are used here in the sense of praise. Comp. Ps. 22.23 and 30.10 where אספרה is used as parallel to אהלל and יגיד to יודה. The verse is to be construed as if it read ולך תגיד וכו'. The Aramaic use of the prep. ל for the acc. (לך for אותך) has many Biblical parallels. Comp. Lev. 19.18.

L. 3. The meaning of the verse is: To Thee the soul came into existence by the mere expression of "let it be".

L. 4. Comp. Keter Malkut, למשוך משך היש מן האין כהמשך האור היוצא מן העין and especially note to 1.97.

L. 5. תודה] Editions have תורה. בימין] H. M. Lazarus (J. C. *ad loc.*) considers it the Aramaic form of ימים. Brody and Albrecht make no comment. בימין is used in the sense of oath. Comp. Ps. 144.11. Comp. also Tosefta Nedarim 1, 1: האומר ימינה הרי זו שבועה

L. 6. את for אתה, comp. Deut. 5.24.

L. 7. This verse as it reads gives no meaning. I suggest reading לך תודה עלי עבדך בהודות i. e. the soul gives praise unto Thee with thanksgiving for Thy work. For בהודות comp. Ezra 3.11.

L. 8. אמת is here an adverb (comp. Jer. 26.15), the verse is to be rendered: For of a truth Thou hast sent it, i. e. the soul, to do Thy will.

L. 9. בעודה וגו'] While it is still in the body.

L. 11. עצמה] Its substance, essence. ואתה וגו'] Comp. the expression הוא מקומו של עולם ואין העולם מקומו (Gen. R. 68; פסיקתא רבתי Chap. 21, ed. Friedman 104b).

L. 12. קומה וגו'] Comp. Ps. 139.2.

L. 13. עד] Brody and Albrecht correct it into יש; עד is however to be taken in the sense of בטרם. Comp. Prov. 8. 26.

L. 18. Comp. Jer. 4.31.

L. 20. The antecedent of וצלעותיו is לב.

L. 23. כיקוד] Comp. Is. 10.16.

L. 26. Comp. Ps. 123.2.

L. 28. בנעתה] *In her prayer.* נעת is derived from נעה *to scream, to pray;* comp. 1 Sam. 6.12.

L. 29. The first תדמה means *is silent*, the second *is like.*

L. 32. לספר וגו'] Comp. Ps. 73.28. i. e. to tell of Thy works is her occupation.

L. 35. Ibn Ezra in his poem לך אלי תשוקתי has a similar phrase לך שברי רפא שברי (Ed. Kahana I,p.204 l.12).

L. 38. במקום וגו'] That is, in heaven, where only God and the souls abide.

L. 39. ולה] This is another instance where the preposition ל is used for the acc. (See above note on l. 2.)

L. 41. לעגו לה] The reading לעגולה (J. C.) is impossible and the note of the editor entirely superfluous.

L. 43. Comp. Ps. 118.5. Construe the verse as if it read היה במצר לצור מבצר מצר: In my distress be Thou a fortified rock against the enemy.

L. 44. יחידה] Comp. Ps. 22.21. שגדלתה] For שֶׁגִּדַּלְתָּה on account of the meter.

L. 45. Comp. Ps. 55.13.

L. 48. חברתה] Has reference to the body.

L. 50. I Kings 19.10.

L. 51. Ibn Ezra has a similar expression כי כמו שרש יהי הפרי in his poem אל נהר סוד (Ed. Egers, No.16; Kahana I, p. 125). Comp. also Brody, *Divan*, vol. I, notes p. 10. The reading of J. C. is not only far-fetched, but is also against the meter.

L. 52. Comp. Ezek. 16.44.

3

רשות

The anthropomorphism in this poem is very pronounced. The Jewish people addresses itself to God as a lover.

L. 2. יצועי] Comp. Gen. 49.4. לאדמוני] The Messiah, the descendant of David, who is called אדמוני. Comp. I. Sam. 16.12.

L. 3. צבי] An appellation of God. Comp. Song 2.9.

L. 4. תבור וגו'] Comp. Ps. 89.13.

L. 5. פראים] See Gen. 16.12. ליעלת חן] Comp. Prov. 5.19.

L. 8. עסים וגו'] Comp. Song 8.2. וקנמוני] Comp. Prov. 7.17.

4

רשות

The closing line of this poem which refers to the last words of the prayer ובמקהלות shows that it is intended as an introduction to ישתבח.

L. 8. הראש וגו'] Comp. I Sam. 17.58.

5

רשות

L. 3. לשמיך] *Because of Thy heavens;* comp. Ps. 8.4.

L. 5. מחשבתי] Geiger's (*ad loc.*) reading מחשבותי is incorrect, because this word is expected to rhyme with שבתי just as שמך with לשמיך (l. 3) and בקרבי with לבי (l. 7).

L. 6. רוקע] Comp. רקע הארץ Is. 42.5. אדני] Comp. על מה אדניה הטבעו Job. 38.6.

L. 7. הגיג] MS. reads הגות which is against the meter.

6

רשות

L. 1. שעלי] Comp. I King 20.10.

Ll. 7,8 The meaning of this clause is: Though He delay I know of a sooth that He will answer thee. Stern's copy of the MS. reads כי יענה· · · ·כי.

Ll. 9,10. The meaning of this clause is: He will comfort my bitter heart with the words of Zechariah which are very sweet to me; having reference to the prophecies of Zechariah as, *e. g.*, Zech. 1.16 *etc.* For the use of ישיחני in the sense of comfort, comp. the Talmudic interpretation of דאגה בלב איש ישחנה (Prov. 12,25) חד אמר ישיחנה לאחרים (Yoma 75a).

7

רשות

L. 2. נשערה שער] Comp. Ezek. 27.35, and Ps. 50.3.

L. 3. שפחת אמי] Allusion to the Arabs, the descendants of Ishmael, with reference to Gen. 16.1–11.

L. 4. יען וגו'] Comp. Gen. 21.17. The version of Sachs is against the meter. All his efforts to explain the irregularity (*l. c.*, pp. 130–131) are made unnecessary by our version found in MS. Parma.

L. 5. פרא] Comp. Gen. 16.12.

L. 6. חזיר יער] Allusion to Rome. Comp. Lev. Rabba 13 ואת החזיר זו אדום. Comp. also Pesaḥim 118b.

L. 7. הקץ וגו'] Comp. Dan. 12.4.

L. 8. מבין] Comp. Neh. 8.7 מבינים את העם לתורה.

8

רשות

L. 2. הודי] Sachs and Ms. T-S. read והודי which is against the meter.

L. 3. לנגדך וגו'] MS. T–S. reads לנגדך יהי לסביבך קומך וגו'] I omit ב of בקומך on account of the meter. MS. T–S. reads בקומך ומשכבך

L. 4. יעל] I omit the ו of ויעל and ב of בלכתך on account of the meter.

L. 5. ירצך] MSS. Guenzburg and T–S read ירצה

L. 6. למעצבך] Comp. Is. 50.11.

L. 7. ישלם] Meter requires reading of יְשַׁלֵּם.

9

רשות

L. 1. שש וגו'] Comp. Ex. 21.2.

L. 3. עבד וגו'] Allusion to the rule of the Arabs with reference to Gen. 21.10, 13 and *ibid.*17.27.

L. 4. יליד בית] Comp. Jer. 2.14. מצוק וגו'] Comp. Ps. 119.143.

L. 6. תפצה] Comp. Job. 35.16.

L. 7. הנה] The reading הנני in ש"ה is against the meter.

10

רשות

L. 1. מעוני] Comp. 2 Chr. 30.27 למעון קדשו לשמים

L. 5. תעצמך] Comp. Ps. 68.36.

L. 6. והיך] Dan. 10.17.

L. 7. נכחה] Comp. Is. 59.14.

L. 10. ומנחת וגו'] Comp. Num. 5.15.

11

רשות

According to Sachs (*ad loc.*) this was written about the time when the massacre in Cordova occurred (1066) during which R. Joseph ha-Nagid was killed.

L. 1. מחסי] Comp. Ps. 73. 28; 91.2. פחדי] An appellation for God, comp. Gen. 31.42 אלהי אברהם ופחד יצחק The meter according to the text of the editions is incorrect in reading here בפחדי and in l. 2 וְשִׁמְךָ and in l. 6 ומכל. These corrections were suggested by my friend Dr. B. Halper.

L. 2. מצור] Preferable to the reading of MS. מצר, but perhaps read ביום מצור; comp. Ezek. 5.2.

L. 4. יחידתי] Ps. 22.21.
L. 5. חלקי] Comp. Ps. 142.6.
L. 7. ברב אהבה וגו'] Comp. Prov 5.19.
L. 8. עבודתי] is used in the Mishnic sense of prayer; *i. e.* my prayer is the occasion for thanksgiving.

12

רשות לנשמת

L. 1. סעפי] Comp. I Kings 18.21.
L. 4. כמהים] Comp. Ps. 63.2
L. 5. משושי וגו'] The meaning is: I find in my Maker my joy and my portion.
L. 6. אזכרה וגו'] Comp. Ps. 77.4; ואהים is used instead of ואהמיה on account of the rhyme, הום and המה being considered identical (Suggested by Dr. Halper).

13

רשות לנשמת

L. 1. Comp. the expression שחרי וגם ערבי in his poem שחר אבקשך. Comp. also Is. 26.9.
L. 2. ופרשתי וגו'] Comp. Job 11.13.
L. 8. חשקך] That is, the desire that I cherish for Thee.
L. 9. אהודה] Comp. Ps. 28.7.

14

רשות לנשמת

L. 1. שפל ברך] Comp. Ta'anit 16a:. . . ר״י אומר מטופל ושפל ברך.
L. 7. הדרך וגו'] Comp. I Kings 8.27.
L. 10. Construe as if it read ולך תגדיל הנשמה להודות.

15

רשות לחתן

According to Sachs (*ad loc.*) this was composed in honor of the marriage of Joseph ha-Nagid to the daughter of R. Nissim.

L. 1. אדם] Song of Songs 5.10.

L. 2. כבן פרת וגו'] Comp. Gen. 49.22.

L. 6. מאן] Comp. 2 Kings 5.25; (ketib); as regards the meter, comp. Sachs, *ad loc.*

16

רשות לחתן

L. 2. מאורך] Editions read מהודך. My reading is based on MS. Poc. 74, I, as communicated by Neubauer (המגיד XII, 357). נעדר] Refers to מאורך, *i. e.* The light of the sun emanates from Thy light, yet Thy light is not diminished.

Ll. 3,4. Comp. Baba Batra 25a שכינה במערב; Sanhedrin 91b: מפני מה שוקעת במערב א"ל כדי לתן שלום לקונה; also פדר"א VI: והשכינה לעולם במערב ונכנס ומשתחוה לפני הקב"ה Comp. also כתר מלכות ll. 180–182, 277.

L. 6. יהדר] So in MS. Poc.; editions read יחרד.

Ll. 5,6. I follow the interpretation of Brody in preference to that of Sachs, viz.: since he (the sun) is serving Thee, he is himself ruler (comp. Gen. 1.16), and thus should a servant that fears his master be held in esteem. Comp. Shebu'ot 47b עבד מלך כמלך. Gordon (המגיד XIV, 253) suggests that שר refers to God and that וכן. . . . יהי נהדר is to be taken parenthetically. This use of שר is untenable.

17

גאלה לשבת שלישית אחר פסח

With the exception of one word, all editions of the German rite have one version of this piyyut, whereas the rituals of Avignon and Yemen not only vary from the German rite but vary among themselves in very many instances. The structure of the poem also shows that not one of the versions has preserved its original form. Thus, while it is evident that each stanza consists of four rhyming lines followed by a fifth verse ending in -יון some rites have several verses inserted which do not harmonize with this plan, and in certain stanzas the number of rhyming lines is five instead of four, while in other rites the number of rhyming lines is in some stanzas three instead of four. The version given here is reconstructed on the basis of all these rites with the view of making the structure of the stanzas follow a definite plan. The fifth stanza in the Avignon ritual is undoubtedly a later addition, and is, besides, defective, as it has only three rhyming lines.

L. 2. תשובב] Comp. Ps. 60.3.

L. 3. לבושי תשבץ] Comp. Ex. 28.4; the allusion is to the priests.

L. 4. תרעת] Comp. 1 Chr. 2.55; the allusion is to the Sanhedrin; comp. Sotah 11a and Sanhedrin 104a.

L. 7. ינון] Ps. 72.17. Metaphoric allusion to the Messiah; comp. Sanhedrin 98b.

L. 8. Comp. עתרי בת פוצי Zeph. 3.10.

L. 9. כטאנס] Targum of צען is טאנס; comp. Is. 30. 4.

L. 10. Comp. Is. 59.17.

L. 13. Construe this verse as if it read יריבני לעיני עד אן תוחיל, *i.e.* he asks me to my face how long wilt thou wait.

L. 14. כי לא וגו׳] Lam. 3.31.

L. 15. Is. 25.4.

L. 20. *Ibid.* 25.5.

18

גאלה לשבת רביעיה אחר פסח

L. 5. Comp. Mal. 3.1.

L. 6. Comp. Ps. 2.6.

L. 9. Zech. 9.9.

L. 10. All editions vocalize. לְאֵל The verse is to be rendered: O God, how long shall I wait in vain? Comp. Job. 24.25.

L. 11. גלות החל] Ob. 20.

L. 12. Comp. Is. 53.7.

L. 18. Comp. Dan. 12.9.

L. 19. ארמון זרים] Is. 25.2.

L. 21 מרפא ומעתור] Comp. the expression ונעתר להם ורפאם Is. 19.22.

L. 22. וידום] Comp. 1 Sam. 2.9. אי כפתור] Comp. Jer. 47.4.

L. 24. המוני The editions vocalize המֻנֵי באחת] Arnheim (*ad loc.*) suggest that באחת is an ellipsis for באחת הפחתים and פחתים is a figure of speech for bondage or servitude. Beer takes באחת to stand for באחת האומות, but the following נוף and בבל argue against the use of אחת here. I therefore suggest reading בשחת נטבע with reference to Ps. 9.16.

L. 25. נתבע] Post-Biblical for נדרש

L. 26. היות אני] This phrase is the antithesis to המוני in l. 24. Israel of the Diaspora says: My multitude in former times, though sunk in the pit, was soon released from (the bondage of) Egypt and Babylonia, whereas I (of the Diaspora) am still surrounded by the four ruling powers who prey upon me like the speckled bird of prey. כעיט נצבע] Comp. Jer. 12.9.

L. 27. מלכיות ארבע] Comp. Dan. 7. 17.

L. 30. Comp. Song 6.1.

19

יוצר לשבת חמישית אחר פסח

L. 1. שזופה] Comp. Song 1.6. נזופה] Comp. Abot 6.2 נקרא נזוף. שטופה] Comp. Ps. 69.3.

L. 2. מה לך וגו'] The poet addressess himself to God saying: What good is it to Thee to have a people that is bent-down, *etc.*? According to this interpretation, תשב and תצפצף are 3d pers. sing., whereas if the poet addressed himself to the people it should have read תשבי, תצפצפי. It would also be hard to explain the verse היה לה צור צנה which is addressed to God.

L. 3. עטופה] Comp. Lam. 2.19.

L. 4. תגור] This is 2d pers. sing., the subject is God.

L. 5. תצפצף כעגור] Comp. Is. 38.14.

L. 6. צנה] Comp. Ps. 91.4.

L. 7. Comp. Ps. 118.22.

L. 9. רענן ושאנן] This refers to the משנאי of the preceding verse.

L. 12. נכפה] Comp. Pr. 21.14. ונספה] *Ibid.* 13.23.

L. 13. Comp. 1 Sam. 6.13.

L. 14. תעטוף] Comp. Ps. 61.3.

L. 18. The context, as well as the construction of the poem, shows that a phrase is missing here. Every stanza consists of 3 long verses with one rhyme, 4 short verses with another rhyme, and one final verse whose rhyme runs through the poem. Supply perhaps יהיה למס

L. 19. That is, the Jewish people of whom it was said מי מנה עפר יעקב (Num. 23.10)

L. 24. Comp. Esther 9.22 אשר נחו בהם היהודים מאיביהם

L. 26. חלו] Comp. Jer. 5.3. וכלו וגו'] Comp. Ps. 69.4.

L. 27. כרחל] Comp. Is. 53.7.

L. 28. Comp. Berakot 5a: יסורין ממרקין עונותיו של אדם

L. 32. קשורה] More correctly קשור, *i. e.* I am bound; or perhaps construe the verse as if it read הנני ביד צר כצפור קשורה בכף תינוק

L. 34. צינוק] Jer. 29.26.

L. 36. Comp. Mal. 3.1.

L. 37. Ps. 30.6.

20

גאלה

L. 1. שביה בת ציון] Is. 52.2. בכור עני] Comp. Is. 48.10.

L. 4. Ex. 22.26.

L. 5. ידי וגו'] Comp. Deut. 28.32.

L. 8. Num. 10.36.

L. 9. למי איפוא מכרתיך] Comp. Is. 50.1. איש ריבך] Comp. Job 31.35.

L. 10. אריב וגו'] Comp. Is. 49.25.

L. 11. Comp. Zech. 2.9.

L. 12. 1 Sam. 1.8.

L. 13. Comp. Job 19.7.

L. 14. המונה] Comp. Is. 49.26.

L. 15. ער ועונה] Mal. 2.12.

L. 16. Deut. 28.68.

L. 17. Comp. Is. 51.12.
L. 18. Mal. 3.1.
L. 19. מזרה ישראל] Jer. 31.10.
L. 20. Ex. 8.19.
L. 21. לקבץ שלישי] Comp. Is. 56.8; Ex. 15.4.
L. 23. משמיע שלום] Is. 52.7.
L. 24. 1 Sam. 20.27.
L. 25. Gen. 22.16.
L. 26. Comp. Ps. 68.30.
L. 27. Is. 55.4.
L. 28. 1 Sam. 16.18.

21

בקשה לשבת נצבים

L. 1. Is. 26.12.
L. 3. תגעלנו] Comp. Lev. 26.11.
L. 4. Ps. 90.1.
L. 5. Is. 49.21.
L. 8. *Ibid.* 33.21.
L. 9. She dwells in exile under trial.
L. 10. כדמה] Comp. Ezek. 27.32. See Halper's Anthology, vol. I, p. 225.
L. 12. Jud. 1.1. יעלה is here Hif'il, *i. e.* who will bring us up from the depth, as if it read מי יעלה אותנו
L. 13. מחל] Comp. Lam. 2.8. ועופל] Micah 4.8.
L. 15. Comp. Eccl. 10.6.
L. 16. Is. 1.9.
L. 19. Lam. 4.18.
L. 20. *Ibid.* 4.19.
L. 21. Construe as if it read כצפור הכלואה בתוך רשת
L. 23. Comp. Prov. 14.22.
L. 24. Jonah 1.6.
L. 28. Hos. 10.3.

L. 29. להחביר] Comp. Job 16.4.
L. 32. Ps. 12.5.
L. 33. חסין יה] Ps. 89.9.
L. 36. Ps. 115.1.
L. 37. טאט] Comp. Is. 14,23. Elijah Levita, in his notes on Kimḥi's ספר השרשים *s. v.* טאטא, cites this clause in the name of Gabirol; so also does Joseph b. Ḥayyim in his בעל הכנפים (Ms.). See Dukes, שירי שלמה, p. 94. מלכי נביות] The rule of the Arabs, with reference to Gen. 25. 13 בכור ישמעאל נביות.
L. 39. Comp. Jer. 50.17.
L. 40. Ps. 83.13.
Ll. 43,44. 2 Sam. 21.5.
L. 48. Ps. 124.2.
L. 50. Comp. Is. 24.22.
L. 52. Lam. 5.5.
L. 56. Ps. 78.3.
L. 57. נאור] *Ibid* 76.5.
L. 60. *Ibid*. 44.27.
L. 62. Comp. *Ibid* 104.34.
L. 64. *Ibid*. 80.3.
L. 66. Comp. Is. 25.8.
L. 67. Mal. 3.20.
L. 68. Is. 9.5.
L. 71. Comp. *Ibid*. 52.7.
L. 72. Hos. 6.3.
L. 73. צהל] *Brighten*. Comp. להצהיל פנים משמן Ps. 104.15. Pi'el is used in the sense of Hif'il on account of the acrostic (Suggested by Dr. Halper).
L. 74. Comp. Is. 33.17.
L. 76. *Ibid*. 26.1.
L. 79. Comp. the expression אם תפקוד עליו עונו הנדלה in Gabirol's poem ה' מה אדם verse 24.

L. 80. Ps. 118.27.
L. 83. Comp. ארפא משובתם Hos. 14.5.
L. 84. Ps. 103.10.
L. 86. Comp. Ps. 6.7.
L. 88. Comp. Is. 26.12.
L. 92. Ps. 85.8.

22

מקדמה למשפטים לליל א׳ דראש השנה

Introduction to the biblical verses, each of which contains the noun משפט.

L. 1. Job 33.7.
L. 3. Job 14.3.
L. 4. נוחל] Comp. Ezek. 19.5. סרעף] Comp. *Ibid.* 31.5.
L. 6. Mal. 3.5.
L. 9. Ps. 149.9.
L. 10. An allusion to the 13 attributes of God.
L. 12. Ps. 143.2.
L. 14. מאבק דק] Metaphoric expression for man.
L. 15. Micah 3.9.
L. 16. מה אנוש] Edition reads מאנוש. יהלוך תמם] Ps. 58.9.
L. 18. Comp. Am. 5. 15. Edition reads והשיג.
L. 19. כלפי] Comp. the expression כלפי שאמרה תורה (Pesaḥim 8b) and for this reason read perhaps כלפי הכי אמרת
L. 21. Ps. 37.28.

23

רשות לנשמת יום א׳ דראש השנה

This poem is a prayer for the Ḥazzan, in the third person. שואף is therefore an epithet of the Ḥazzan, and the expression חסדך פרוש עליו refers to him. The poet prays that God may spread His mercy upon the Ḥazzan who longs for God as the servant longs for the hand of his master.

L. 1. Comp. Job 7.2.

L. 2. Comp. the expression in the liturgy: מחוק ברחמיך הרבים כל שטרי חובותינו

L. 3. Mal. 3.7.

L. 5. Analogous to the expression פתח להם הקב"ה פתח של תשובה (Gen. R., sec. 38).

L. 6. This reading, which is according to a MS. cited in Cremieu's הואיל משה באר, *ad loc.*, and another MS. in the J. Th. S. A., does away with all the difficulties of the reading of the editions: טרם להתפלל לך יערוך ניבו

Ll. 7,8. The editions read לי, רואי, בי, and לבי in this stanza; but since the entire poem is couched in the third person, it seems justifiable to assume that the ו was changed to a י by mistake.

L. 7. שיבה וגו'] Comp. Hos. 7,9.

L. 8. ישחה] Comp. Ps. 6.7. במו] Editions read במי which confuses the meaning.

L. 9. מחלך] Most editions read מיחליך; ברצלונה reads מיחדיך; מאה"י reads מיחלך, all of which are against the meter. Moreover, since this term refers to the Ḥazzan, it is more appropriate to speak of him as one who prays (comp. the expression פניך יחלו Ps. 45.13) than as one who hopes.

24

רשות ליום ב' של ר"ה

L. 1. שנים] That is, the tongue and the heart.

L. 5. משרתים] Metaphoric term for the angels.

L. 7. Comp. Lev. 5.7.

L. 8. Sachs justly remarks that the use ot שמן ורזה after תור and שור is based on Menaḥot 110a: נאמר בשור הנס אשה ריח ניחוח ובעוף הדק אשה ריח ניחוח · · · לומר לך אחד המרבה ואחד הממעיט ובלבד שיכוין את לבו לשמים

L. 10. Comp. Num. 19.21. The expression מזה for a priest is found in Berakot 28a: מזה בן מזה

25

נשמת ליום ב׳ דראש השנה

L. 2. Comp. 2 Sam. 20,5.
L. 3. Hab. 1.12. Editions read incorrectly צור.
L. 4. תלבבך] Comp. Song 4.9.
L. 6. Ps. 119.91.
L. 7. משבעים] Supply אומות. Comp. Lev. 20.26.
L. 9. Ps. 9.5.
L. 12. *Ibid* 51.6.
L. 13 חניטי] Comp. Song 2.13. Comp. also Rosh ha-Shanah 15b אילן שחנטו פירותיו. It is a term borrowed from agriculture analogous to the expression פרחי כהנה and is used metaphorically for זרע or בנים. Comp. חניטי ישׂשׂכר יקחו טוב שׂכר in *Poetic Fragments from the Genizah* (JQR. N. S., vol. I, p. 111).
L. 15. Ps. 89.15.

26

לשחרית יום א׳ דראש השנה

L. 1. Ps. 145.1.
L. 3. Comp. Jer. 10.12.
L. 5. Gen. 36.31.
L. 6. Job 26.7.
L. 7. Comp. Ps. 111.1.
L. 8. תעיד] Comp. Job 29.11.
L. 9. Ps. 24.10.
Ll. 11,12. *Ibid* 89.8.
L. 13. Esth. 1.10.
L. 16. Ob. 21.
L. 17. Zech. 14.9.
L. 19. ממדי] Job. 38.5. הדומים] Comp. Is. 66.1.
L. 21. 1 Kings 7.46.

L. 22. Comp. Jer. 5.22.
L. 24. Comp. Hab. 3.3.
L. 25. Esth. 1.2.
L. 26. דוק] Comp. Is. 40.22.
L. 28. Ps. 19.6.
L. 29. Gen. 49.20.
L. 34. 2 Sam. 14.22.

27

לשחרית יום ב׳ דראש השנה

L. 1. Ps. 81.4.
L. 4. Job 9.10.
L. 8. Job 38.38.
L. 9. ממדי] Job 38.5.
L. 11. Targum of אז יבקע כשחַר אורך (Is. 58.8) is בכן יתגלי כשפרפרא נהורך
L. 13. Ps. 97.10.
L. 14. Comp. Ps. 16.6.
L. 15. Comp. Is. 59.17.
L. 17. Ps. 22. 31.
L. 19. Comp. Is. 44.22.
L. 20. Comp. *Ibid.* 6.7.
L. 21. ליהלום] Ex. 28.18.
L. 23. 2 Kings 5.12.
L. 24. זרוייו] Comp. Ps. 44.12 ובגוים זריתנו
L. 26. Ps. 69.32.

28

מקדמה למלכיות

L. 1. Comp. Job 6.25.
L. 2. ערץ] Post-biblical for heaven.
L. 3. Ps. 97.1.

L.   6. 1 Chron. 17.21.
L.   9. Ps. 99.1.
L. 10. אנוחים] Post-biblical form from אנח.
L. 12. Is. 11.12.

29

מקדמה לזכרונות

L.   1. Comp. Prov. 11.27.   על] Comp. Hos. 11.7.
L.   4. Ex. 28.12.
L. 10. Gen. 1.3.
L. 13. Amos 4.12.
L. 14. Is. 1.16.
L. 16. Ex. 12.14.

30

מקדמה לשופרות

L.   1. מעוני] Plural of מעון (comp. Ps. 91.9) with suffix, on
         account of the rhyme.
L.   4. Ps. 98.6.
L.   5. נאור] Metaphoric term for God with reference to
         Ps. 76.5. ירהו] Comp. Is. 44.8.
L.   8. Is. 27.13.
L.   9. יחד] Comp. Ex. 18.9.
L. 10. Jer. 11.16.
Ll. 11,12. Ex. 20.18.
L. 14. Amos 5.15.
L. 16. Ex. 19.16.
Ll. 19,20. Is. 18.3.
L. 24. Josh. 6.5.
L. 28. Ps. 150.2–3.
L. 31. Comp. Zech. 9.15.
L. 32. Read ובקול as in 2 Sam. 6.15.

31

מעמד לערבית ליל יום כפור

מעמד] This is the heading given in the Oxford MS.

L. 1. והפליא] Comp. Ps. 17.7.

L. 2. משמץ] Comp. Ex. 32.25.

L. 4. Ps. 36.7.

L. 6. יצר לב] Gen. 8.21.

L. 7. בעון חולל] Comp. Ps. 51.7.

L. 8. Comp. Ps. 104.33.

L. 9. The word יצדק is to be supplied after ואיך, *i. e.*: how can he be justified who is ultimately lost and who returns to his original elements.

L. 10. Comp. Hos. 13.3.

L. 16. Comp. the phrase משול כחרס הנשבר. . .וכציץ נובל כצל עובר . . . . וכרוח נושבת in the liturgy of the New Year. Editions reads וברוח and MS: וברוחי ברח

L. 17. יאצל] Comp. Num. 11.25.

L. 18. פקדה] Comp. Is. 10.3.

L. 20. Comp. Abot 2.20.

32

רשות לקדיש

In some rituals it is assigned to the last days of Passover, in others to the Day of Atonement, and in still others it is used as a nuptial song.

L. 2. The use of קטרת is against the meter, but the poet uses here a Biblical quotation (Ps. 141.2) with slight change in the arrangement of the words. Dr. Halper suggests vocalizing קְטֹרֶת.

L. 3. Comp. Ps. 91.14.

L. 4. לסתיר] Comp. Is. 29.15.

L. 5. Comp. the expression (Ex. 13.14) והיה כי ישאלך בנך מחר, *i.e.*, I bear in mind continually that I am to return to Thee at some indefinite future time.

L. 6. The phrase ראשית תחלתי is tautological. I therefore suggest reading כי ממך הן ראשיתי כתכלתי; *i. e.*, both life and death are in the hands of God.

Ll. 7,8. This entire verse is quoted by Ibn Ezra in his commentary on Ps. 16.2

Ll. 9,10. Sachs (*ad loc.*) discusses a number of possible interpretations of this verse, none of which seems satisfactory to me. Taking the phrase היות עפר as a syncopated form for היות על עפר and עד לא to have the meaning of בטרם, the verse becomes clear in its meaning by making some slight transposition of the words and correcting it as follows: שחה לך נפשי עד לא היות עפר מעת במו שחק היתה גדלתי; *i. e.*: My soul has bowed down before Thee before it came down on earth, while she was yet in heaven.

33

תוכחה ליום הכפורים

L. 1. Comp. Ps. 144.3. בשר ודם] Comp. Pirke de-R. Eliezer, chap. 12 על שם בשר ודם נקרא שמו אדם

L. 2. Ps. 144.4.

L. 3. Prov. 6.15.

L. 5. Ps. 55.12.

L. 6 Comp. Job 14.2. וחם וגו'] Ex. 16.21.

L. 7 הנכמס] Post-biblical Niph'al from כמס; Comp. Deut. 32.34.

L. 9. וגמול] Comp. Ps. 119.17. כי וגו'] Micah 2.1.

L. 11. יתהולל] Comp. 1 Sam. 21.14.

L. 12. הטהור מטמא] Comp. Job 14.4.

L. 12. יקר וגו'] Jer. 15.19. Abudraham, in his commentary (תשלום אבודרהם, p. 91), interprets this as follows: Dost Thou, O Lord, expect clean things to come out of the unclean and the precious to come out of the vile? He also cites another reading הטהור מְטַמֵּא והיקר מְזוֹלֵל, *i. e.*: man makes the clean thing unclean, and the precious he makes vile.

L. 13. מעולל] Comp. Is. 3.12, according to which the phrase may be rendered "the sin of childish temptation." I would suggest reading מתעולל (comp. Ex. 10.2) and render the phrases as follows: the sin of the evil spirit who makes a plaything of man.

L. 14. Comp. Ps. 90.6.

L. 15. Ob. 13.

L. 16. יהיר] Hab. 2.5. ולא נחם] Comp. Jer. 8.6.

L. 17. ולחם וגו'] Comp. Prov. 4.17.

L. 18. נגרש] Comp. Is. 57.20. וכתנור וגו'] Comp. Hos. 7.7.

L. 19. Comp. Ps. 51.7 ובחטא יחמתני אמי

L. 22. Job 15.16.

L. 23. ופיו וגו'] Comp. Ps. 50.19.

L. 24. הנדלח] Comp. Ezek. 32.2.

L. 25. Comp. Is. 51.6.

L. 27. Job 4.19.

L. 28. נקסס] Post-biblical Niph'al from קסס; comp., however, Ezek. 17.9.

L. 29. אמת בצעו] Comp. Jer. 51.13. מרסס] Comp. Mishnah Shabbat 8, 5; comp. also Amos 6.11.

L. 30. סס] Is. 51.8.

L. 31. הנכסס] Post-biblical Niph'al from כסס; comp. Ex. 12.4.

L. 32. Comp. Ps. 58.9. נממס] Post-biblical Niph'al from מסס; comp. Ps. 97.5.

L. 33. [תדקדק] Talmudic expression. בעדם] Read perhaps עמדם

L. 35. Comp. Ps. 62.10. and Job 28.16.

L. 36. Comp. Jer. 5.27.

L. 37. Comp. the expression מעלו אשר מעל בי (Ezek. 17.20). The reading of the editions אם תפקוד עליו ועל לבך יעלה is not in harmony with the construction of the other stanzas, and gives no meaning. ימעלה for ימעל may be permitted on account of the rhyme.

L. 38. Comp. Ps. 102.4, and Job 13.28.

34

תוכחה

L. 4. Comp. 1 Sam. 2.1.

L. 7. גורה] Comp. Ps. 22.24.

L. 8. *Raise thy hand to Him in prayer.* The infinitive is used instead of the imperative on account of the rhyme.

L. 11. Hab. 3.4.

L. 13. Comp. Is. 44.8.

L. 20. Comp. Ps. 102.4.

L. 28. *Ibid* 37.20.

L. 33. Comp. *ibid.* 107.11.

L. 38. Comp. Jer. 22.14.

L. 43. Comp. Ps. 94.4.

L. 47. Comp. Is. 41.4.

L. 48. Comp. Ps. 95.4.

L. 49. Ps. 138.6.

L. 50. Comp. Job 40.11.

L. 52. 1 Sam. 2.8.

L. 57. Comp. Ps. 141.10.

L. 58. Is. 33.7.

L. 59. Comp. Deut. 32.14.

L. 60. Comp. Ps. 75.9.
L. 64. Is. 1.7.
L. 65. Comp. Ps. 5.7.
L. 68. Comp. Is. 30.14.
L. 70. וידמים] Post-biblical Hif'il from דמם
L. 72. Comp. Is. 29.4.
Ll. 75,76. Comp. Lam. 5.2.
L. 77. Comp. Job 33.6; Jer. 46.20.
L. 78. ולחרץ] Post-biblical noun; comp. Is. 10.23.
L. 83. Comp. Ps. 37.1, 7, 8.

35

תוכחה

L. 1. שוגה] Comp. Prov. 5.19.
L. 4. אם] *Although;* comp. אם יהיו חטאיכם כשנים Is.1.18.
L. 6. Comp. Gen. 25.2.
L. 7. קציר שדה] Joel 1.11.
L. 8. 'אילים וגו] Deut. 32.14.

36

תוכחה ליום הכפורים

L. 1. Job. 4.19; and comp. Is. 37.23.
L. 2. Eccl. 3.19.
L. 4. Comp. Job 13.12 and Prov. 18.12.
L. 6. חלף] In the Bible only in construct state; **comp.** Num. 18.21. 'לו חי וגו] Comp. Eccl. 6.6.
L. 7. בחמת קרי] Comp. Lev. 26.28.
L. 8. 'ולא וגו] Comp. Prov. 11.4.
L. 10. Comp. Abot 3.1.
L. 12. Comp. Jonah 4.10.
L. 13. 'ועמל וגו] Comp. Job. 4.8.
L. 14. Comp. Jer. 5.5.

L. 15. נופל] Comp. Job 12.3. ותפשע וגו'] Comp. Prov. 28. 21.

L. 16. תתמהמה] The subject of the verb is פת לחם; or it is 2nd per. sing, *i. e.*: if thou delay in providing food, *etc.*

L. 19. Comp. Ps. 49.18.

L. 23. Is. 55.7.

L. 24. יעתר] Comp. Gen. 25.21. יסתר] The subject of this verb is רשע of the previous verse.

L. 25. התקוששו] Zeph. 2.1. והתאוששו] Is. 46.8.

L. 26. Lam. 3.41.

L. 28. Comp. Hos. 12.2 and Is. 53.6.

L. 29. ועונותינו וגו'] Comp. Ezek. 9.6.

L. 31. דלה] Comp. Ps. 30.2.

L. 33. הפק] Comp. Is. 58.10.

L. 34. ועליך עינינו] 2 Chron. 20.12.

37

רשות לקדיש ליום ראשון של סכות

L. 3. אעטוף] Comp. Ps. 62.3. בלב נכון] Comp. *ibid* 57.8.

L. 4. Comp. Gen. 49.3 יתר שאת, *i. e.*, thy kindness is of great excellency.

L. 6. The world is a dream the interpretation of which is known only to God.

38

פזמון לשמחת תורה

L. 1. Comp. 1 Kings 8.27.

L. 4. Ps. 102.27.

L. 5. Ps. 104.1.

L. 6. יעריצון] Comp. Is. 29.23. טפסרי] Nah. 3.17.
L. 8. The repetition of the question is for greater emphasis, *i. e.*, who indeed can see Thee?
L. 9. Ps. 96.4.
L. 10. ימלל] Comp. Gen. 21.7. מבלי דומם] Comp. Is. 47.5.
L. 12. Comp. Neh. 9.5.
L. 13. Ps. 139.14.
L. 15. וקובה] Num. 25.8.
L. 16. Comp. Job 31.23. גלגל and מסבה stand for the universe; comp. Judah ha-Levi's poem יחו לשון חזות אישון verse 3: לך מעגל ברום גלגל והוא לא ישאך; and verse 20: ושם קבה במסבה ותלה בתוכה אדמה (ed. Brody III pp. 75.76).
L. 17. Gen. 26.16.
L. 18. חסין] Ps. 89.9. בארבע חיות] Has reference to Ezek. 1.5.
L. 19. זרויים] Comp. *ibid.* 36.19.
L. 20. לתועים כשיות] Comp. Ps. 119.176.
L. 21. Gen. 41.19.

39
רשות לפסח

The first two verses of this poem are the words of God to His people; the rest of the poem is the reply of the people to God.

L. 1. יפה-פיה] Metaphorical name for the people of Israel with reference to Song 4.1.
L. 3. לביא] Allusion to Nebuchadnezzar; comp. Megillah 11a: ארי נוהם זה נבוכדנצר הרשע. קם] in the sense of rising up against; comp. כי זרים קמו עלי (Ps. 54.5.) נמר] Allusion to the Greeks with reference to Dan. 7.6.
L. 5. פרא] Allusion to the rule of the Arabs, with reference to Gen. 16.12.

L. 7. האל] Fürst suggests reading הואל (*Litbl. d. Or.*, IV, 382).
L. 8. As this is a Biblical quotation (Gen. 16.9), the meter is disregarded.

40

רשות

L. 4. Is. 48.13.
L. 7. הוא] The antecedent of this pronoun is the preceding passage. The meaning is: this will happen when the light of the moon, *etc.*
Ll 7,8. Comp. Is. 30.26.

41

רשות לנשמת

L. 1. שחי] Comp. Is. 51.23. יחידה] For the use of יחידה in the sense of נפש comp. Ps. 22.21. יחידה החכמה stands for הנפש המדברת. Comp. Sachs, *ad loc.*, MGWJ, vol. 42, p. 485.
L. 3. עולם is used here in the sense of the future world. Comp. Eccl. 12.5; comp. also 'Abodah Zarah 10b: יש קונה עולמו בשעה אחת
L. 4. Johanan b. Joseph Treves (author of קמחא אבישונא) takes the second ולמה as merely an emphatic repetition. Wittkover (המגיד, *ad loc.*) reads וְלָמָה משולה את בעולמך, which is against the meter. Sachs (*ad loc.*) takes it as parallel to הבל but considers it as a philosophic term, *i. e.* why do you pursue things finite (שיש להם לָמות). Gordon (המגיד, XIV, 353) and so the marginal note in מחזור רומא (Venice, 1587, II, fol. 86b) take it for the Aramaic equivalent of תוהו, שוא (Comp. Targum of 1 Sam. 12.21; Is. 5.18). Ehrlich finds it in the Bible (Ps. 2.1). Comp. also Gen. R. 2: זה אדם הראשון שהיה ללמה.

L. 5. The parallels drawn between God and the soul in the next three lines are based upon Berakot 10a. Comp. also Sachs (*loc. cit.*, pp. 109–110) for other sources. בחייך] I adopt the reading of the MS. mentioned by Sachs (*ibid.* p.113) which he erroneously supposed to be against the meter.

L. 9. חסין] Comp. Ps. 89.9.

L. 10. גויה נאלמה] The body without the soul is mute. Sachs cites an Algier MS. where this hemistich is replaced by the following וגם תולה אדמה על בלימה and assumes that there were two versions of this poem, of which this line is the sole remnant.

L. 12. Treves (*loc. cit.*) interprets this to mean that the soul of man does not remain on earth as the body and refers to Eccl. 12.7. Sachs explains it that the soul is not made of mundane matter (כי הנפש היא אור דק בראו הקב"ה מכסא כבודו). I take it to mean that on the whole earth there is nothing like the soul of man.

L. 14. Comp. Ps. 150.6.

42

רשות לברכו ליום ראשון של פסח

L. 1. יחידתי] Comp. Ps. 22.21.

L. 2. Comp. Eccl. 12.1.

L. 5. Comp. Ps. 16.5.

L. 8. Comp. Shabbat 152b: נשמתן של צדיקים גנוזות תחת כסא הכבוד

43

רשות לשבת חוה"מ של פסח

L. 1. Comp. Is. 11.1 and Num. 24.3.

L. 2. כי וגו'] Song 2.11.

L. 3. עבד] The Arabs being designated by the name
    ישמעאל are called עבד because ישמעאל is called בן
    האמה (Gen. 21.13). בבן שרים] The Jews who are
    the descendants of the patriarchs who are called
    שרים. Comp. Tanḥuma on Num. 21.18: באר חפרוה
    שרים.... שניתנה בזכות אבות שנקראו שרים

L. 4. צעיר] Jacob, i. e., the Jews. Comp. Gen. 25.23.
    שעיר] Esau (Comp. Gen. 27.11), and hence Rome,
    or the Gentiles in general.

L. 5. The poet refers to the destruction of the Temple as
    having taken place 1000 years before, hence the
    poem must have been composed circa 1068. נעכר]
    Ps. 59.3.

L. 6. Comp. Ps. 102.7.

L. 7. The ה of האין is not the interrogative particle, but
    has an affirmative meaning as in הנגלה נגליתי (1 Sam.
    2.27), i. e., indeed, the man clad in linen is not here.
    לבוש בדים] Comp. Dan. 12. 6–7. יגלה] All editions
    put this word in the Pi'el which is against the meter.
    For the use of the Kal in this sense, comp. Prov.
    20.19.

L. 8. סתום וגו'] Comp. Dan. 12.4. The reading סָתוּם
    is required by the meter.

44
רשות לברכו ליום ב' של פסח

L. 2. Comp. Is. 49.11.
L. 3. Ps. 24.1.
L. 5. Comp Is. 44.23.
L. 8. Part of the liturgical benediction to which this poem
    is an introduction.
L. 10. סוד] This refers to the passage following אנה מקום
    כס אל
L. 12. Comp. Jer. 23.18.

L. 14. Comp. Is. 6.3.
L. 15. Comp. Ps. 89.9.
L. 18. Comp. Ezek. 1.13; Ps. 104.4.
L. 20. Comp. Pirke de-Rabbi Eliezer, 4.
L. 22. Comp. Ezek. 1.15 *etc.*
L. 23. Zeph. 3.9.
L. 24. Comp. Ps. 89.8.
Ll 25,26. Comp. Ps. 147.14.
L. 26. Comp. Ps. 104.3.
L. 29. Comp. Zeph. 3.8.
L. 30. Comp. Am. 5.15.
L. 32. Ex. 22.6.

45

רשות לשבת חוה"מ של פסח

L. 1. For שאל in the sense of *to desire*, comp. Ps. 37.4.
L. 2. Comp. ותבונה הרבה מאד (1 Kings 5.9). כלכל] *Ibid.* 5.11.
L. 3. ישכיל] Comp. Prov. 16.23.
L. 6. For the use of this metaphor, comp. Sachs (*ad loc.*).
L. 7. לך] has the force of עליך; comp. the expression השלך על ה' יהבך (Ps. 55.23).
L. 8. Job 12.10.

46

רשות לנשמת לימים אחרונים של פסח

L. 1. Comp. Ps. 57.9.
L. 4. Comp. Is. 38.14.
L. 5. Construe as if it read מאומה אין בידי as in the following hemistich. וסודי] Comp. the expression הפר מחשבות באין סוד (Prov. 15.22), where סוד has the meaning of עצה. Comp. Ibn Janah, ס' השרשים, *s. v.*

L. 6. וזולתי] Comp. the expression זולתי כלב (Deut. 1.36).
L. 7. Comp. Ps. 5.4.
L. 8. Comp. Job 4.19.
L. 9. Comp. the expression ועל סוד בחורים (Jer. 6.11), where סוד has the meaning of assembly. *i, e.*, the poet feels his insignificance when he stands up to pray in the congregation.
L. 10. The sense is: even if my wealth increase very much what does my wealth signify.
L. 11. תכל] Comp. Ps. 84.3. והודי] Construe it as if it read תכל נפשי הודי להללך, using הוד as a synonym of נפש.

47

מי כמכה

L. 1. Comp. Job 12.22.
L. 3. Comp. Ps. 17.7.
L. 4. Ex. 15.11.
L. 5. Comp. Menaḥot 53b: ידידים אלו ישראל
L. 6. העת is used in the sense of בעת. לודים] Name for the Egyptians with reference to Gen. 10.13 ומצרים ילד את לודים
L. 7. Comp. Ex. 14.25.
L. 8. Ps. 149.1.
L. 9. להקת] 1 Sam. 19.20. סערים] Comp. Is. 54.11.
L. 10. Ps. 93.3.
L. 11. Comp. Ps. 107.30 and 140.9.
L. 12. Ps. 78.53.
L. 15. So corrected by Sachs; MS. reads ובמצלולהו.
L. 16. Nah. 1.4.
L. 18. Ps. 102.14.
L. 20. Ex. 15.18.

48

מאורה ליום ב' של שבועות

L. 1. שמשי] The poet addresses himself in the name of the Jewish people to God, calling Him "Sun", with reference to Ps. 84.12 (כי שמש ומגן ה'). זורח] The use of the participle in place of the imperative is an Arabism adopted on account of the rhyme. This remark was suggested by Dr. Halper.

L. 2. Sachs suggests the interpretation to be: As the sun makes the moon to shine so make Thou my darkness to turn into light.

L. 3. Comp. Jer. 14.8.

L. 5. Comp. Is. 27.6. יציץ ופרח ישראל

L. 6. Comp. Song 2.13.

L. 7. Comp. Ps. 44.24.

L. 8. Joseph being called צפנת פענח (Gen. 41.45), this phrase has reference to Amos 5.15: אולי יחנן ה' אלהי צבאות שארית יוסף

L. 9. Comp. Ps. 44.23.

L. 10. Sachs suggest that this echoes Ex. 12.21:. . . .משכו ושחטו.

L. 11. Allusion to Nebuchadnezzar. Comp. Megillah 11a: אר נוהם זה נבוכדנצר הרשע דכתיב ביה עלה אריה מסבכו

L. 12. ופרא] Allusion to Ishmael, with reference to Gen. 16.12. פצח] Comp. Micah 3.3.

L. 13. חזיר] Allusion to the rule of the Romans. Comp. Lev. R. 13: ואת החזיר זו אדום; comp. also Pesaḥim 118b. מנפח] Comp. Ezek. 21.36.

L. 14. Comp. Dan. 8.4. and Sachs, p. 80.

L. 15. Comp. Is. 40.22.

L. 16. Comp. *ibid.* 22.22.

L. 17. Comp. Ps. 105.14.

L. 19. Comp. Zech. 9.11.

L. 20. Both אביר and שלח are terms for Jacob, the one with reference to the expression אביר יעקב (Gen. 49. 24), and the other with reference to Gen. 32.4: וישלח יעקב מלאכים. Comp. Sachs, *ad. loc.*, p. 97.

L. 21. עוצית] Allusion to Rome, with reference to Lam. 4. 21: בת אדום יושבת בארץ עוץ. On עוצית Comp. Zunz, S. P., p. 439.

L. 22. שעיר] Likewise alludes to Rome, with reference to Gen. 27.11: עשו אחי איש שעיר

Ll. 23,24. בני צפור stands for בני ישראל with reference to פרדר"א, 28: וגוזל אלו ישראל שנמשלו כגוזל, and the whole verse is a play on Deut. 22.7. Prof. Ginzberg called my attention also to Yalkut Ha-Makiri on Ps. 147.4: שלח תשלח את האם זו ירושלים שנקראת אמם של ישראל ואת הבנים תקח לך אלו ישראל

L. 29. On the use of צחצח comp. Zunz, S. P., 432–433; Dukes, שירי שלמה, pp. 80–81.

L. 31. ינון] Name of the Messiah; comp. Sanhedrin 98b. תצמח] Comp. אצמיח קרן לדוד (Ps. 132.17).

49

אהבה

From the point of construction this poem belongs to the class known as Muwassah. (See J. Q.R., N. S., IV, 85 note 20). From the point of interpretation it is one of the most difficult of Gabirol's compositions. One might apply to it the eighth verse of this very poem: לבב משכיל ילאה להבין סוד. The following interpretation is, therefore, given hesitatingly. The poet addresses himself to God, saying: "My soul yearns to understand Thee, i. e. Thy Glory (שׁכינתך) and Thy Chariot (וחיתך··· במרכבות). But though my mind is illumined with the radiance which my soul sends forth (זהר··· מנורתי תאיר לעמתי) yet, since the wisest weary themselves to comprehend the mystery, how can I attempt to tell the secret of thy glorious abode? In my great yearning (באותי), therefore, I turn to my own soul (אשאף ליקרתי)." The poet then dwells upon the wonders of the soul, and concludes with the appeal: "O, God, answer this daughter of Thine (the soul) who is love-sick (for Thee)." The last two lines are God's answer, assuring the soul of ultimate salvation (ממי ישועתי הלא תשתי).

Ll. 1, 2. Comp. Ps. 84. 3. יחידתי] Comp. *Ibid.* 22. 21.

L. 3. שׁכינתך] According to the interpretation given above, we have to construe the passage as if it read וגם תכלה רוחי··· לשׁכינתך. The same applies also to וחיתך in l. 5.

L. 5. וחיתך] This has reference to Ezek. 1. 20.

לרתם] Following the analogy of שׁכנה in l. 3 this ought to read רתמה, but this would be against the meter. On the other hand, even if רתמה were adopted, the use of מרכבות, in the plural, with reference to the Divine Chariot of the vision of Ezekiel, is incongruous. The following interpretation, if not considered forced, would solve the difficulty. The poet longs to understand the mystery of the Holy Ḥayyot (חיות הקדש) in order that, like the prophet Ezekiel, he too may bind them to Chariots of his own vision. If this interpretation be correct, the use of לרתם is correct, and the passage is to be construed as if it read וגם תכלה רוחי· · ·לרתם לחיתך במרכבות

L. 7. מנורתי] "My soul," comp. the expression נר ה' נשמת אדם (Prov. 20, 27).

L. 9. הוד] Undoubtedly used here in the Kabbalistic sense.

L. 10. את ממעון כבוד] Brody and Albrecht's interpretation, viz. "that which is deriving from the abode of magnificence," is utterly unsatisfactory. Two possible corrections suggest themselves: either read אכיל דעת מעון in which case דעת would be the parallel to להבין and לחקר of the two preceding lines, or else read אכיל את כל מעון. A כ and a ל when run together will form a מ

L. 11. באותי] Hos. 10. 10. ליקרתי] My Soul.

L. 12. כבודתי] My soul, comp. Kimḥi ס' השרשים s. v. ונקראת הנשמה העליונה כבוד לפי שהיא כבוד הגוף ויקרו In this sense the word כבוד is explained in Gen. 49. 6; Ps. 7. 6; *ibid.* 15. 9; *ibid.* 30. 13. כבודה in this sense is also used by Bedarshi. See Ben Jehuda מלון V, 2230.

L. 13. עצם] Substance. Comp. above No. II, l. 6.

L. 15. מסתר וגו'] Comp. Ps. 10. 9.

L. 18. התם] Ezek. 24. 10.

L. 19. ומכללה] Comp. *ibid.* 27. 24.

L. 20. בת] The soul. Comp. Zohar, Ex. 95a. ובת כהן דא נשמתא עלאה. אהבה וגו']. Comp. Song. 5. 8.

L. 22. אימתי] For the use of אֲיֻמָּה for soul, comp. Kalir's Piyyut אימה לגוף ירדה (Maḥzor Romania I 32a).

50

כתר מלכות

Ll. 1–6. This little introductory poem is cited by Moses Kimḥi in his מהלך שבילי הדעת, Venice 1546, fol. 46a, as a type of שיר פשוט, *i. e.* a poem in which there is no שוא נע. This, however, is surprising since the very first word בתפלתי, and בקצרה and באריכות in the fourth and מהללי in the fifth line contain שואים נעים

L. 7. Ps. 139.14.

L. 9. 1 Chron. 29. 11–12.

Ll. 10,11. המה וגו'] Ps. 102.27.

L. 12. הגבורה] Jellinek (*Beiträge*, II, 28) suggests that here the word גבורה is a technical Kabbalistic term.

Ll. 12,13. כי עצמת וגו'] Gen. 26.16. Here, however, ממנו is 3rd sing., instead of 1st pl., referring to רעיון, *i. e.* Thou art above human comprehension. This phrase was adopted by Ḥarizi in his introduction to תחכמוני (ed. Kaminka, p. 5).

L. 14. חביון העוז] Comp. Hab. 3.4. הסוד והיסוד] This phrase is explanatory of the word העוז, *i. e.* the "Strength" of God is both the mystery and the foundation of all creation. On the use of this expression by Gabirol, see Sachs, התחיה I, 59 note.

L. 15. חכמה] Jellinek (*Beiträge*, II, 29) reads החכמה and considers it as referring to the "Gnosis"; מתי החכמה, therefore, means the Kabbalists.

L. 16. Comp. Job 28.11.

L. 17. Comp. Ps. 117.2.

Ll. 17,18. והטוב וגו'] Comp. Ps. 31.20.

L. 22. מצל וגו'] This phrase was adopted by Ḥarizi in his introduction to תחכמוני (ed. Kaminka, p. 4): ונברא

מצל מאורה שתי נפשות חיה וצומחת. That the correct reading is מצל מאורו and not מְצָל מַאוֹרוֹ can also be seen from the concluding phrase אשר אמרנו בצלו נחיה which is a play upon the word צל. Bernfeld's assertion that in Ḥarizi's quotation the word מצל should likewise be punctuated מְצָל is erroneous. It is against all grammatical rules to say ונברא מצל (See Bernfeld, מיכאל זקש, Berlin, 1900, p. 81, note 1, and דעת אלהים, Warsaw, 1897, p. 164).

Ll. 22,23. אשר אמרנו וגו' Lam. 4.20.

Ll. 24,25. Comp. the expression היום לעשותם למחר לקבל שכרם. 'Erubin 22a.

L. 26. Comp. Abot 2.21: ודע שמתן שכרם של צדיקים לעתיד לבא

Ll. 26,27. ותרא וגו' Ex. 2.2. But here the verb is in 2nd per. sing., instead of 3rd, per. sing.

L. 28. Comp. the expression רוב בנינו ורוב מנינו Ohal. 2.1. Comp. also the opening words of Ibn Ezra's ספר האחד, Odessa, 1867: האחד סופר עצמו ואין אחר סופרו והוא כל מספר

Ll.29,30. כי לא וגו' Ex. 16.15. Comp. also Jellinek, *Beiträge*, II, 28–29.

L. 33. קנוי] is used here in the sense of "created", analogous to קנה שמים וארץ (Gen. 14.19).

Ll. 35,36. על כן וגו'] Ps. 39.2.

Ll. 37,38. ואילו וגו'] Eccl. 4.10. Here, however, the sense is that one cannot ascribe to God the idea of נפילה. The word ואילו is to be taken in the sense of ואי אפשר לו

L. 40. Ibn Ezra's objection (Gen. 29.4) to the use of אין for מאין undoubtedly has reference to this passage. Comp., however, the expression מאין ולאין בן זומא (Hag. 15a). S. Sachs suggests reading איך וכמה ואין (התחיה, II, 5).

L. 41. That is,real existence can be predicated only of God.

Ll. 42,43. ובלי וגו'] Comp. the expression: אנו יודעים שהוא מקומו של עולם ואין עולמו מקומו (Pesikta R. 21, p. 104b; Gen. R. 68). Comp. also above, poem 2 לך נפשי תספר l. 11.

Ll. 44,45. עמוק וגו'] Eccl. 7.23.

Ll. 50,51. ואכל וגו'] Gen. 3.22. Here ואכל has the meaning of אכול את המגלה הזאת (Ezek. 3.1). Comp. also Jellinek, *Beiträge*, II, 29.

L. 54. וגאה וגו'] This is usually rendered: ''and greater than the heavenly chariot'', referring to the divine chariot in the vision of Ezekiel. But the use of מכל in this connection is hardly possible, as there is only one מרכבה. Read perhaps וגאה מעל מרכבה. Halper, *Anthology*, I, 229, explains מרכבה as *composition* in analogy of Arabic; it is thus parallel to מחשבה.

L. 55. Comp. Neh. 9.5.

Ll. 56,57. אשר יעשה וגו'] Deut. 3.24.

L. 58. הגמורה] Comp. the expression צדיק גמור (Ketubot 105b).

Ll. 60,61. Comp. Yoma 69b: זו היא גבורתו שכובש את כעסו שנותן ארך אפים לרשעים

Ll. 62,63. המה וגו'] Gen. 6.4. Here the word גבורים refers to ורחמיך

Ll. 64,65. ועניי וגו'] Comp. Lam. 3.44: סכתה בענן לך מעבר תפלה

L. 66. Comp. Lev. R. 11, at the end: עתיד הקב"ה להיות ראש חולה לצדיקים לעתיד לבא · · · והן · · · מראין עליו כאלו באצבע ואומרים כי זה אלהים אלהינו עולם ועד. See commentaries, *ad loc.*

L. 67. Gen. 22.14.

L. 68. ותשתאה] Comp. Gen. 24.21.

L. 69. Num. 23.13. Here the verb is in the 3rd person fem., instead of 2nd per. mas. The phrase was used also by Ḥarizi (*Ibid.*, ed. Kaminka, p. 5).

Ll. 77-79. This passage was cited by one of the disputants before Alfonso III of Portugal: אמר הנוצרי הם לא כן ידמו עלינו וחכם שבהם אמר שאנו כעורים מגמת פנינו דרך המלך ותעינו ונפלנו בבור שחת (שבט יהודה, ed. Wiener, p. 64).

L. 81. Comp. Pesikta R., sec. 8 (ed. Friedman, fol. 30a): ולמה הרשעים דומים לאדם המהלך באפלה· · · אבל צדיקים ····דומים לאדם המהלך ונר לפניו. –נכוחים] The rhyme necessitates this reading, instead of נכוחה

Ll. 88,89.'הכל הולך וגו] Eccl. 3.20.

L. 91. Jer. 10.14.

L. 92,93. Comp. Prov. 8.30.

L. 96. On the meaning of חפץ in Ibn Gabirol's philosophy comp. S. Sachs, התחיה, II, 13–14, 15–16. Comp. also Arama, עקדת יצחק, (Gen. chap. 1, ed. Warsaw, 1883, p. 27.) where this passage is cited. Sachs (*ad loc.*) translates it by "Die Welt" and Jacob ibn Yizḥaki (מחזור אהל יעקב, *ad loc.*) interprets it by חומר הראשון. מזמן] is to be taken not in the sense of "prepared", but in the sense of "fit", or "ready", as in the expression הנני מוכן ומזומן

L. 97. Comp. Job 28.18. Here, however, משך is to be taken as representing the Arabic maddah, "matter", (comp. Kaufmann, *Attributenlehre*, p. 1, note 2, where other parallels are cited), and is not to be rendered by "thread of existence" (Sachs and Gaster, *ad loc.*) but the "fulness of existence." See Kaufmann, *Die Sinne*, p. 105.

Ll. 97,98. 'כהמשך וגו] According to Empedocles, vision was occasioned by particles continually flying off from the surface of bodies which met with others proceeding from the eye. Comp. Sachs, *Relig. Poesie*, p. 227, note 1, and Gaster's note on this passage. Comp. also Jellinek, *Beiträge*, I, 36, and II, 29.

L. 99. Gaster (*ad loc.*) reads ושואב, and renders it as if the subject was עין, which is ungrammatical; and besides he is obliged to begin a new sentence with ופועל הכל which certainly was not the intention of the poet. Sachs (*ad loc.*) correctly refers ושואב to God. But to keep the same tense I read ושאב in harmony with the following verbs וחצב וחקק *etc.*

L. 100. Comp. ספר יצירה 2, 2.

L. 101. Comp. Is. 34.15.

Ll. 101, 102. This passage was adopted by Ḥarizi (תחכמוני, ed. Kaminka, 147): וצוה על האפס ונבקע ועל האין ונרקע, and again *ibid.*, 248: ועל הסלע נבקע ועל ההר נרקע

L. 103. ותכן וגו'] Is. 40.12. וידו וגו'] Comp. note on this passage in Gaster.

L. 104. וכחה] That is, the "power of the hand of God." Comp. Sachs, *Relig. Poesie*, 228, note 2.

Ll. 105,106 היריעה וגו'] Ex. 36.17.

L. 108. Comp. also ראב"ע on Ps. 136.6.

L. 109. סובב וגו'] Eccl. 1.6.

L. 111. The uniformity of the rhyme would require the reading of והקפת גלגל האש על הרוח

Ll. 114,115. ומשם וגו'] Gen. 2.10.

L. 118. The poet uses round numbers, the exact time of the mean Synodical Revolution being 29 d., 12 h., 44 m.

L. 119. וסודיה] The pronominal suffix refers to דרך not to ירח; read, however, וסודותיה. This line has reference to the passage פעמים שבא בארוכה ופעמים שבא בקצרה (Rosh ha-Shanah 25a). Comp. also Maimonides,

קדוש החדש, XVII, 23: שהירח עקלקלות גדולות יש במעגלותיו

Ll. 119,120. וגופו וגו'] Maimonides (יסודי התורה, III, 8) reckons the earth nearly 40 times as great as the moon. Comp. also Sachs, *Relig. Poesie*, 231, note 2.

Ll. 121,122. Ibn Ezra ascribes to the moon influence over rivers, vegetation, and the brain: שיש לירח בנהרות ובצמחים הלחים ובמוח מעשים נאים (Eccl. 1.3).

Ll. 122,123. להודיע וגו' Ps. 145.12.

L. 125. ותקופות is to be taken like הירח as the object of בעשותך

L. 129. קו התלי] The line of the Dragon. On the meaning of this word and its use in mediaeval Jewish literature see Harkavy תלי—אתליא in בן עמי I, 27–35; Brüll, *Jahrbücher*, IX, 167–168; Luzzatto, אגרות, 791.

L. 141. This phrase is quoted in זהר רעיא מהימנא (קדושים, 82b) הא חזינן מסיטרא אחרא בלקיתא דסיהרא ושמשא דאסתלק נהורייהו ואשתאר כגופא בלא נשמתא דאית אדון עליהם מחשיך מאוריהם

L. 142. Eccl. 5.7.

Ll. 142–146. Comp. Gen. R. 6: לא נברא להאיר אלא נלגל חמה בלבד וא"כ למה נבראת לבנה אלא צפה חקב"ה שאוה"ע עתידין לעשות אותן אלוהות וכו'

L. 147. גמול is pass. part. of גמל *to deal kindly, i. e.* one of the sun's servants (the moon), the recipient of its kindness.

L. 148. 1 Kings 14.13.

L. 150. Comp. Ps. 144.14.

L. 151. הנקרא כוכב] Ibn Yizḥaki (מאה"י, *ad loc.*) suggests reading כּוֹכַב, considering it to be the nomen proprium of Mercury as distinguished from כּוֹכָב the generic term for star, and assuming that in the passage כוכב אלהיכם (Amos 5.26) the word כוכב is not in the construct state, but is a proper name and is to be rendered "Mercury your God." In support of this he cites R. Ḥananel's comment on Ex. 32.18, found in Baḥya's commentary on Lev. 19.21, that כוכב אלהיכם הוא מז' כוכבי לכת הנקרא ג"כ כוכב חמה

L. 153. במרץ] Post-biblical for מרוצה

L. 154. ורגנים] Post-biblical derivative from רגן; comp. Is. 29.24.

L. 158. Comp. Shabbat 156a: האי מאן דבכוכב יהי גבר נהיר וחכים משום דספרא דחמה הוא

L. 159. Prov. 1.4.

L. 161. וככלה וגו'] Is. 61.10.

L. 166. Comp. Shab. 156a: האי מאן דבכוכב נוגה יהי גבר עתירי וזנאי יהי מ"ט משום דאיתליד ביה נורא, to which רש"י remarks: אש תלוי באותו מזל יצר של תשמיש בוער כתנור

L. 167. מקשרת] Comp. העטפים ללבן והקשורים ליעקב (Gen. 30.42).

Ll. 167,168 ממגד וגו'] Deut. 33.14.

L. 175. Comp. Dan. 11.21.

L. 180. Comp. above, poem 16 שמש כחתן, ll.3,4. ובית וגו'] Prov. 8.2.

L. 182. Esther 2.14.

Ll. 185,186. ומושכות וגו'] Comp. Job 38.31.

Ll. 193,194 Comp. Saadia תפסיר ס' איוב, 38.19. (Oeuvres Complètes, vol. 5 p. 112).

L. 197. This proverb is quoted by Samuel Zarza in his מקור חיים (See מרגליות טובה 12a).

Ll. 199,200. וכל טוב וגו'] Gen. 24.10.

Ll. 202,203. ואם תחתיה וגו'] The allusion is to Lev. 13.23. The meaning of this phrase is that while the moon is near the sun its light is pale, and he continues to explain why the moon gets brighter the further it goes away from the sun until the middle of the month is reached and then how it proceeds to grow less luminous towards the end of the month.

L. 206. והאיר וגו'] Comp. Ex. 25.37.

L. 210. אדרתו] Comp. Zech. 11.3.

Ll. 214,215. והוא כחתן וגו'] Ps. 19.6.

L. 221. Nah. 2.4.

L. 223. נהפך וגו'] Comp. Ps. 32.4. Comp. also Shabbat 156a: האי מאן דבמאדים יהי גבר אשיד דמא

L. 226. Is. 59.7.

L. 230. This is a play upon Is. 1.21.

Ll. 235,236. Comp.Shabbat 156a:האי מאן דבצדק יהי גבר צדקן

L. 239. והוא וגו' Ps. 98.9.

L. 246. Is. 28.21.

L. 249. חשב אפדתו] A poetic expression for the Zodiac.

L. 250. This refers to the fixed stars.

Ll. 257,258. איש וגו'] Num. 4.49.

L. 262. ודמות וגו'] Ezek. 1.10.

L. 264. This is a play upon Lev. 21.3.

L. 266. נשת] Comp. Jer. 51.30. ויהי וגו'] Gen. 21.20.

L. 267. ולבדו] The meaning is that the constellation Pisces is by itself. The scheme of the constellations, according to the poet, is as follows: Aries and Taurus, Gemini and Cancer, Leo and Virgo, Libra and Scorpio, Sagittarius, Capricorn and Aquarius, and Pisces.

L. 268. Jonah 2.1.

Ll. 269,270. שנים וגו'] Gen. 25.16.

Ll. 277,278. Comp. note on poem 16, שמש כחתן, l. 4.

L. 280. This passage is cited by Palquera in מורה המורה, p. 122.

L. 282. מאפס וגו'] Is. 40.17.

L. 283. בריאותך] This passage is cited by Zarza in his מקור חיים (end of בחקותי; comp. מרגליות טובה,114a). Both he and Romania read בריאותך which is preferable to נוראותיך of the other editions.

L. 284. הוא. . . . לפני] 1 Kings 6.17. העשירי וגו'] Lev. 27.32.

L. 290. ואליך וגו'] Gen. 4.7.

L. 291 גלגל השכל] This reading, based on MSS., is also found in Palquera's מורה המורה, p. 89, where this passage is cited. The reading מזיו השכינה, found in all the editions, is perhaps an allusion to Ex. R., chap. 47, sec. 4: החיות שנושאות את הכסא מזיו השכינה הן נזונות. But as this section deals with the גלגל השכל, our reading seems to be the more plausible.

L. 296. אל וגו' Ezek. 1.12.

L. 297. גזרות] Comp. ספיר גזרתם (Lam. 4.7). פניניות] A payyetanic derivation of פנינים. On the use of this derivative in mediaeval Hebrew literature see Dukes in ציון, II, 160. שירי שלמה p. 16 note 4; Sachs התחיה I p. 52 note 30; Schreiner, Le Kitab Al-Mauhadara etc. p. 41 note 2. ופנימיות] Comp. פרדר"א,IV: שבעה מלאכים שנבראו מתחלה משרתים לפניו לפנים מן הפרוכת

L. 298. Comp. Pr. 31.27.

L. 299. ממקום וגו'] Eccl. 8.10. וממקור וגו'] Comp. Gen. R. Chap. 78 ומן אן הן אתבריין א"ל מן נהר דינור

L. 300. Comp. פרדר"א,IV: ד' כתות של מלאכי השרת מקלסין לפני הקב"ה. ועל וגו'] Comp. פסיקתא דר"כ, ed. Buber, 108b: טבלא יש לו על לבו של כל מלאך ומלאך

L. 301. נסיכות] Comp. Gen. R., chap. 78: מיכאל וגבריאל שהן שרים של מעלה מתחלפין ואינון לא מתחלפין. The use of the feminine form shows that נסיכות and the other adjectives that follow modify the word כתות not the word מלאכי mentioned at the beginning of the section.

L. 305. Comp. פרדר"א, IV: והמלאכים שנבראו ביום שני כשהן נשלחין בדברו נעשין רוחות וכשהן משרתין לפניו נעשין של אש שנאמר (תהלים ק"ד ד) עושה מלאכיו רוחות משרתיו אש לוהט

Ll. 305,306. מהם מאש וגו'] Comp. המלאך עצמו חציו מים וחציו אש (Yer. Rosh ha-Shanah, 2,4); also מדרש כונן, ed. Jellinek, בית המדרש p. 24: נטל אש ומים ועשה מהן חיות הקדש; also Targum on Job 25.2.

L. 310. Comp. Ps. 68.18.

L. 311. Comp. איכה רבתי 2,10; ארבעה אשמורות בלילה וארבע משמרות ביום; comp. also רש"י Berakot 3a,beginning אי קסבר

L. 316. ולא] The קרי in Ps. 100.3 is ולו אנחנו; hence here, where the second person is used, the correct reading is perhaps, ולך אנחנו, which is also corroborated by MS.

L. 319. Comp. Job 23.3.

L. 321. הסוד והיסוד] Comp. above, second note on l. 14. ועדיו וגו'] This phrase was used by Ḥarizi in his introduction to the תחכמוני (ed. Kaminka, p. 3). Comp. Kaufmann, Die Spuren Al-Baṭlajusis etc. Budapest, 1880, p. 27, note 2.

Ll. 322,323. ואיש וגו'] A play on Ex. 34.3.

Ll. 324,325. Comp. Shabbat 152b: נשמות של צדיקים גנוזות תחת כסא הכבוד

L. 328. כח וגו'] This reading,instead of יחליפו כח, is necessitated by the rhyme.

L. 329. ושם..כח] Comp. Gen. R. 9: כל זמן שהצדיקים חיים הם נלחמים כיון שהם מתים הם נחין הה"ד (איוב ג' י"ז) ושם ינוחו יגיעי כח. ואלה וגו'] A play on Gen. 9.19.

Ll. 324-330. This passage is cited in part by Naḥmanides at the end of his שער הגמול in the course of his argument that עוה"ב means עולם הנשמות. Menasseh ben Israel also cites this passage in his נשמת חיים (Amst., 1652, fol. 16b). He omits the phrase ואשר ייגעו וייעפו שם כח יחליפו

Ll. 331,332. Comp. Ex. 38.8. The phrase במראות הצובאות is to be taken in connection with לראות ולהראות, *i. e.* the souls who stand to behold the Lord in mirrors. This conception bears a resemblance to the idea found in the passage כל הנביאים נסתכלו באספקלריא שאינה מאירה משה רבינו נסתכל באספקלריא המאירה (Yebamot 49b).

Ll. 334,335. Comp. Berakot 17a: העולם הבא... צדיקים יושבין ועטרותיהם בראשיהם ונהנים מזיו השכינה

L. 335. והוא וגו'] Gen. 49.20.

L. 337. Num. 13.27.

L. 338. See Ḥagigah 12b.

Ll. 343,344 זעום וגו'] Prov. 22.14.

L. 345. Comp. Ḥagigah 12b. וחדרה של סופה וסערה. וקפאון וגו'] Comp. Zech. 14.6.

L. 346. Comp. Job 24.19.

L. 347. Comp. תנחומא section בא: במה הרשעים מתכסין כשיורדין לשאול בחושך

L. 349. Hab. 1.12.

L. 350. Comp. Is. 66.11.

Ll 351. Comp. Is. 51. 1. Brody (שע"ה 55, note 34) justly remarks that here בור = בֹּר i. e. purity. Comp. Ps. 18. 21. This passage is cited by Duran in his מגן אבות, 84a, by Menasseh ben Israel in

נשמת חיים, 72a (מאמר ב' פי"ז), and Ḥarizi, in his introduction to תחכמוני (ed. Kaminka, p. 4) uses this phrase with slight change of order.

L. 357. Comp. תחכמוני (*loc. cit.*): כי בחום הנשמה יצא האדם מאין ויה יש מפנ אשר ירד עליו י"י באש. Comp. Sachs, התחיה I, 17 and S. Horovitz, Die Psychologie bei den Jüdischen Religions-Philosophen des Mittelalters, p. 109 note 67.

Ll. 357,358. מפני וגו'] Ex. 19.18.

Ll. 369,370 Lev. 12.4.

L. 378. מבית וגו'] Ex. 25.11. Here, however, the poet uses תצפנו in the sense of "seeing", not "covering".

L. 398. אולי....ישה] Comp. Job. 11.6: כי ישה לך אלוה מעוניך

Ll. 398,399. ובמה וגו'] 1 Sam. 29.4. Here likewise the poet uses the Biblical verse with a slight difference of meaning. Whereas in the Bible the word בראשי is followed by האנשים ההם here we have to supply the word תהלותיו after בראשי, as in the preceding verse.

Ll. 404,405. This passage is cited by R. Joseph Caro (בית יוסף א"ח, סי' קי"ג) to show that in private devotions the use of many attributes of God is permissible.

Ll. 411,412. Ḥarizi in the 46th chapter of תחכמוני applies the phrases from גבה עינים *etc.* to Isaac b. Baruch of Damascus with the additional phrase of סגור ידים

L. 420. ונדמה] Comp. נדמה שמרון מלכה (Hos. 10.7).

L. 426. 1 Kings 8.34.

Ll. 435,436. Neh. 9.33 (with slight change at the end).

L. 447. Comp. Hos. 11.3.

L. 450. Comp. the proverb אפילו בעל הנס אינו מכיר בנסו (Nid. 31a).

Ll. 450,451 ובטרם וגו'] Comp. Meg. 13a: אין הקב"ה מכה את ישראל אלא א"כ בורא להם רפואה תחלה

L. 484. וישם וגו'] 1 Kings 2.5.

Ll. 492,493. אולי וגו'] Num. 22.6.

L. 498. Ḥarizi employed a similiar expression in his prayer (ed. Kaminka, 146): ולא אצא מן העולם כאשר באתי

Ll. 528,529. This phrase was used by Jehudah ha-Levi in his poem היוכלו פגרים (ed. Brody II p. 184). He reads ולדרוך בציות. It was also used by Ḥarizi at the beginning of chap. 20 of his *Taḥkemoni.*

Ll. 560–564. Immanuel of Rome paraphrased this in the 19th chapter of his מחברות as follows: אם תקטלני לך אוחילה אנוס לעזרה ממך אליך אתכם בכנפות יום צר ומחמתך אברח עדי צלך

Ll. 572,573. ומשארות וגו'] Comp. Immanuel, מחברות, chap. 3. (ed. Lemberg, p. 26) ומשארות אשמיך צרורות בשמלותם

Ll. 577,578. ובכור וגו'] Refers to his wandering. Comp. Sachs, *Rel. Poesie*, 217, note 3.

L. 586. This phrase, as well as the expression לשארית ימי המעטים a little further, points to the advanced age in which this poem was composed.

Ll. 594,595. יגיע וגו'] Ps. 128.2. But the word תאכל is here not the 2nd person mas. but the 3rd fem., having רמה for its subject.

Ll. 624,625. Cited by רמב"ן at the end of his שער הגמול and by Menasseh ben Israel in chap. 23 of his נשמת חיים (Amst., 1652) fol. 82b.

המקורות ושנויי נוסחאות

מפתח המקורות

ארגיל ב	קרובץ ·· שירות ותשבחות כמנהג ק"ק ארגיל ליוורנו 1823.
ארגיל ג	קרובץ שירות ותשבחות כנ"ל והוספת שבח תודה מאת חביב טולידאנו, ליוורנו 1852.
ארגיל ד	קרובץ שירות ותשבחות כנ"ל ע"י אברהם בוכבזא, ליוורנו 1902.
ארנהיים	סדר עבודה בלב ח"ב והוא יוצרות מתורנם ומבואר ע"י חיים הלוי ארנהיים, גלאגוי ולייפציג 1840.
אר"צ	מחזור ארם צובה, ד"ו 1527. בהעקז' של בית המדרש לרבנים דנויארק נמצא מן המחזור הזה רק מדף שכ"ט עד תי"ז, ודף ת"ך ותכ"א. הפיוטים החסרים בהעקז' הנ"ל נרשמו עפ"י רשימות בראדי ופריי מאן.
בית יעקב בקשות [רש"ד]	הר' שלמה חי בן בארון, תונים 1898. בקשות ונקוטטא בערך ש"ה) מכורך עם ספר נהר פישון לר' יצחק אבוהב, קושטנטינה 1538. העקז' היה לפנים בידי ר' שלמה מדובנא ורש"ד]. עי' צ.פ.ה.ב. ix צד 25 סי' 30.
ברנפלד	מיכאל זקש מאורעות חייו ופעולתו הספרותית מאת שמעון ברנפלד, ברלין 1900.
ברצלונה	מחזור לנוסח ברצלונה מנהג קאטאלוניה, סאלוניקי 1526.
נ"א	גנזי אוקספורד כולל פיוטים ושירים נאספו מאת צבי הירש עדעלמאן ומאת יהודה

דברי שירה　　ליב דוקעס ונעתק ללשון אנגלי מאת
מרדכי ברעסלוי, לונדרן 1850.

לליל שמחת תורה, ליוורנו 1780.

דרך החיים　　סדר תפלה ע"י ר' יעקב מליסא, שטעטטין
1862.

דרך ישר　　הנהגת האדם, ליוורנו 1864.

המ"ב　　הואיל משה באר, הגהות ובאורים על תפלות
[קלא] מר' משה כרמי, עיש 1829—1835.

הקפות א　　סדר הקפות לשמ"ת, חמוש"ד.

הקפות ב　　ספר שבעה הקפות לשמ"ת, בגדאד חש"ד.

זבחי שלמים　　הר' משה קורדואירו, לובלין 1613.

זכר צדיק לברכה　Memorial Exercises in memory of S.
Schechter. N. Y., 1916.

ז"ש　　זבחי שלמים הנ"ל, ירושלם 1883.

חדשים גם ישנים iii　נדפס ע"י הרכבי בהוספה לגליון 144 של
המליץ משנת 1893 בשם,ארבעה מאמרים".

חדשים לבקרים　　להתחנן לפי מנהג ק"ק ליואנטיני, מנטובה
1622.

חזונים　　כמנהג המערביים שנתגוררו בסיזיליא.
קושטאנדינה שנת הש"ם נפשינו בחיים
(1585 או 1580).

חסד ואמת　　ע"י מיימון עבו, ליוורנו 1866.

חפת　　חתנים מנהג תימנים, עדן 1902.

טל　　אורות כולל פ"א שירים שהעתיק והגיה רשד"ל
עם הערות שזח"ה, פרזעמישל 1881.

יגל א　　יגל יעקב בשירים מלוקטים. ירושלם 1885.

יגל ב　　יגל יעקב, תונס 1902.

יגל ג　　יגל יעקב, ליוורנו 1881.

	גרעץ, ברעסלוי 1862.
מ'–ארגיל א	מחזור קטן כמנהג ארגיל עם פי' אברהם אלנקאר, ליוורנו 1878.
מ'–ארגיל ב	מחזור קטן כנ"ל גם סדר תפלות בשתי בתי כנסיות אשנוגא לכבירא וחברת גוגנהיים, ליוורנו 1886.
מ'–ארגיל ג	הנ"ל בהוספת פזמונים ע"י אברהם בוכבזא, ליוורנו 1908.
מ'–תונים א	מחזור קטן כמנהג תונים, ליוורנו 1861.
מ'–תונים ב	הנ"ל, תונס 1895.
מאה"י	מחזור אהלי יעקב הר' יעקב ן' יצחקי, ירושלם 1908, 1910.
מבחר השירה	העברית ע"י חיים בראדי בהשתתפות מאיר וינר, ליפסיא 1922.
המגיד	מכ"ע י"ל ע"י אליעזר זילבערמאן, ליק 1857
המליץ	מכ"ע י"ל ע"י אלכסנדר הלוי צעדערבוים, אדעסא 1860 סט. פטרבורג 1871
מקרא קדש	בקשות ושירים, ליוורנו 1884.
מקרא קדש־ארץ	בקשות הנאמרות פה ארם צובה, ארם צובה 1873.
משמרת הקדש	פיסא 1822.
נחלת אבות	ותקון יצחק ע"י יצחק קורייאט, ליוורנו 1899.
נטעי נעמנים	קבוץ ענינים שונים ע"י שלמה זלמן היילבערג, ברעסלוי 1847.
ס	מחזור לשלש רגלים מנהג ספרד בקונשטאנ־טינה ומדינות מזרח ומערב ואיטאלייא, וויען 1860.
סii	מחזור לר"ה מנהג הנ"ל, וויען 1853.

פד	פזמונים, בלי שער וחמוש"ד, ע' R. E. J. vol. 62 pp. 125–127.
פזמונים לשמ"ת	ע"י מצליח קורינאלדי, חמוש"ד.
פירסט	סדר יוצרות ע"י פירסט. ליפסיא 1852.
פניני שד"ל	פרזעמישל 1888.
צ	L. Zunz, Literaturgeschichte der synagogalen Poesie. Berlin, 1865.
קה"פ	קונטרס הפיוטים עם הערות חיים בראדי, ברלין 1894.
קול שמחה (מנטובה)	סדר שנוהגין להלל בביהכ"נ של בני פורמיזיני מעיר מודינא בליל שמ"ת, מנטובה 1780.
קיו א	מחזור לר"ה ויוכ"פ מנהג קאטאלאן ישן וחדש אשר בשאלוניקי, שאלוניקי 1863.
קי"ו ב	מחזור לר"ה כמנהג הנ"ל, [שאלוניקי] 1869.
קי"ו ג	מחזור ליוכ"פ כמנהג הנ"ל, [שאלוניקי] 1869.
קל"א I	סדר התמיד ח"א כולל תפלות ימי החול כמנהג ארבע קהלות קארפינטראץ, אויגניון, לישלוה, קאוואליאון, מסודר ע"י אליהו כרמי, אויגניון 1767.
קל"א II	סדר התמיד ח"ב כולל תפלות של שבת כמנהג הנ"ל, אויגניון 1767.
קל"א III	סדר לימים נוראים [לר"ה] כמנהג קארפינטראץ ע"י אברהם מונטילי, אמשטרדם 1739.
קל"א IV	סדר לימים נוראים [ליוכ"פ] כנ"ל, אמשטרדם 1739.
קל"א V	סדר לשלש רגלים כמנהג הנ"ל, אמשטרדם 1759.
קל"א VI	סדר לארבע צומות ולארבע פרשיות כמנהג הנ"ל, אמשטרדם 1762.

קל"א VII	סדר הקונטירים, כולל פיוטים לשבת וכו' כמנהג ויניזין, אויגניון 1775.
קל"א VIII	סדר של ראש השנה כמנהג אויגניון, אמשטרדם 1765
קל"א IX	סדר של יוכ"פ כמנהג אויגניון, אמשטרדם 1766.
קל"א X	סדר האשמורות כמנהג אויגניון, אמשטרדם 1763.
קצנטינא	מחזור קטן כמנהג קצנטינא ע"י אליהו עלוש, ליוורנו 1872.
רבעון האנגלי	The Jewish Quarterly Review. London 1889–1908; N. S., Philadelphia 1910–
רומא ב	מחזור כמנהג ק"ק רומא עם פי' קמחא דאבישונא, בולונייא 1540.
רומא שד"ל	מחזור כמנהג איטאלייאני עם מבוא משד"ל, ליוורנו 1856.
רומניא	סדר תפלות השנה למנהג קהלות רומניא, קושטאנדינה [1574].
רומניא א	סדר תפלות השנה כנ"ל ע"י אליה הלוי, קושטא 1510.
רומניא ב	סדור תפלות השנה כנ"ל בבית דניאל בומבירגי, ד"ו 1522–1523.
רני ושמחי	ס' בקשות ופיוטים, [וויען בערך 1890].
ש"א	שבחי אלהים, והראן 1880.
שובע שמחות	ע"י אברהם אלמאליח בר יוסף, ליוורנו 1855.
שה"ש	שירי השירים אשר לשלמה בן גבירול, ע"י שניאור זקש, פאריש 1868.
שיר אמונים	בקשות ופזמונים קדמונים. אמשטרדם 1793.

שיר ושבחה — בקשות ופזמונים נקבצו ע"י רפאל חיים הכהן, ירושלם 1905.
שיר שבחה — בקשות ושירים לש"ק ומוצש"ק ופסח, ליוורנו 1841.
שירי זמרה — אלגיר 1889.
" " — ליוורנו 1872.
" " — תונס 1905.
שירים וזמירות — ותשבחות קושטא 1545.
שירת ישראל — מבחר השירים מימי ר"ש הנגיד עד היום מסודרים ע"י י"ח ראבניצקי וח' ג' ביאליק, קראקא 1906.
שמחת חתני התורה — כמנהג ספרדים שבעיר מודינא, ליוורנו 1793.
שנות חיים — לר"ה ויוכ"פ, ליוורנו 1865.
שע"ה — שער השיר: Brody and Albrecht, The New Hebrew School of Poets, London, 1906.
שער השמים — פי' על הסדור מר' ישעיה בן אברהם הלוי הורוויץ, אמשטרדם 1717.
שער התשובה — חמ"ד 1775.
ש"ר — שפתי רננות כולל סליחות ובקשות כמנהג טריפולי, ליוורנו 1837.
תוצאות חיים — ע"י יצחק בן אריה יוסף דוב, רעדעלהיים 1882.
התחיה — י"ל ע"י שניאור זקש, ברלין 1850—1857.
תחנונים — ופיוטים ופזמינים וקינות של חחברה שומרים לבקר אשכנזים, ד"ו 1597
תחנונים וסליחות — מנהג איטאליאני, ד"ו 1760.
תכלאל — סדור כולל כל תפלות השנה הנקרא תכלאל כמנהג תימן, ירושלם 1894—1898.

מחזור קטן לימים נוראים כמנהג תלמסאן ע"י אברהם אלנקאר, ליוורנו 1861.	**תלמסאן א**
מחזור קטן כמנהג הנ"ל, ליוורנו 1908.	**תלמסאן ב**
תלמוד לשון עברי, יהודה ליב בן זאב, ווילנא 1879.	**תל"ע**
אבודרהם י"ל ע"י אליעזר ליפמן בן רפאל פרינץ, ברלין 1900.	**תשלום**

Dukes, Ehrensäulen und Denksteine. Wien, 1837.

Dukes, M. b. E.: Moses ben Esra. Altona [1839].

Dukes, Zur Kenntniss der neuhebräischen religiösen Poesie. Frankfurt a. M. 1842.

Geiger, S. G.: Salomo Gabirol und seine Dichtungen. Leipzig, 1867.

Die Haggadah von Sarajevo von D. H. Müller und Julius v. Schlosser. Wien, 1898.

Heller, Die Echten hebräischen Melodien. Trieste, 1893.

J. C.: Jews' College Jubilee Volume. London, 1906.

Litbl. d. Or.: Literaturblatt des Orients. Leipzig, 1840-1851.

N. C. Neubauer and Cowley, Catalogue of the Manuscripts in the Bodleian Library. Oxford, 1906.

Neubauer: A Geniza Fragment. (In Gedenkbuch zur Erinnerung an David Kaufmann. Breslau, 1900, pp. 279–287)

Sachs, R. P.: Die religiöse Poesie der Juden in Spanien. 2d ed. Berlin, 1901.

1

שחר אבקשך

המקורות: אה 1. כל בו ח"א 4 ארבע תעניות 3: בית יעקב 96: בקשות רש"ד 6. דרך החיים ח"ב 27 זש 24: חפח א 16 יגל, א 6: יצחק ירנן 10: כפא 29: מבחר השירה 78 מקרא קדש 17: מקרא קדש—אר"ץ 13: משמרת הקדש 108. ס 166. (לפסח) סא 32. ס ליוורנו 194: (ליוכ"פ) ס שלו"ה 33. ס II 64: ס' השירים 12 ע"י 34 פב 5 קלא I 3. (החרוז הראשון נכפל בסוף הפיוט) שאו 1 שה"ש סי' 25 עמ' 150 שיר אמונים 3: שיר ושבחה 6: שירים וזמירות 26. Neubauer, verso, col. 1, No. 10. Ms. T-S. 13. K. 4[8] fol .1. צ. 188

שנויי נוסחאות: 3. ואתבהל (בכמה מן הדפוסים). 5. מי זה (בכ"י הגניזה) 6. ומה כחי רוחי (ברוב הספרים). 8. אודך בעת תהיה (חפח). בס' ש"א נמצא בסוף הפיוט עוד חרוז חמישי שר"ת שלו יהו"ה והוא הוספה מאוחרת וז"ל: יוצר גויתי, האר אפילתי, ושמע תפילתי, הקשיבה רנתי.

2

לך נפשי תספר

המקורות: הפיוט הזה נדפס בשער השיר צד 39 עפ"י שני כ"י באוקספרד סי' 1970 וסי' 1162 ובספר Jews' College Jubilee Vol. (J.C.) צד 207 עפ"י כ"י שזח"ה סי' 362. ומובא ג"כ במאמרו של נויבויער verso col. 1, No. 16. מלבד שנוים פרטיים נשתנו שני הדפוסים האלו גם בסדר החרוזים בכמה מקומות. חרוז ט' של שער השיר הוא חרוז י"א בס' J.C. ולהיפך חרוז י"א בשע"ה הוא חרוז ט' בס' J. C. החרוזים י"ט, כ', כ"א וכ"ב בשע"ה הם חרוזים כ"ב, י"ט, כ' וכ"א בס' J. C. בדפוס זה

מודעה: בציוני המקורות שמתי נקודה אחת אחר מספר הדפים להורות על עמוד א' ושתי נקודות להורות על עמוד ב'. מספר בלי נקודה מראה על העמוד או על סי' הפיוט שבמקור.

השתמשתי בשני הדפוסים הנ"ל ובפוטוגרפיה של כ"י אוקספרד 1970, ובסדר החרוזים אחזתי בדרך שער השיר.

שנויי נוסחאות: 3. לך היא בדבר יה נמצאה בי(J. C.) 4. כאור עין משבתה (J. C.) 8. חפץ (J. C. וכ"י 1970) 15. וספקה (J. C. וכ"י 1970). 18. כמבכירה ביום צירה בלדתה (J. C.). 23. בלב עקד (שע"ה וכ"י 1970). 27. לך תנוף (J. C.): כף למול כף (J.C. ושער השיר. בכ"י 1970 הנוסח כמו הנוסח שלי, ובלי ספק שגו המולי"ם בקריאתם). 31. חצות ליל (J.C.) 35. היה סתרה (J.C. וכ"י 1970). 39. ולב תושיב (J. C. וכ"י 1970). 41. לצורר לעגולה (J. C.). 43. היה מַצַר לְצָר מבצר במצר (J. C.). 45. ולא אויב תרפיה (J.C). 46. יצוריה בלדתה (J.C.). 48. והמה וחמסה (J.C.). 49. שלומה (J.C.). 51. ואמור כי פי העין בשרשו... האם כבתה (J.C.).

3
שוכב עלי מטות

המקורות: הלבנון 119, vi, מבחר השירה 90 Dukes, *Zur Kenntniss*, 158. Neubauer, verso, col. I, No. 21. כ"י פארמא 772 דף 61. צ 188.

הערה: בהלבנון נדפס כחלק מפיוט אחר (שמעה אדון עולם). המו"ל נויבויער חבר ט' פיוטים שונים לפיוט אחד ביניהם הם הפיוטים הבאים להלן סי' 4, 32, 35.

שנויי נוסחאות: 1. מטתי (כ"י פארמא). 2. יצוע (הלבנון) יצועתה תכין (כ"י פארמא). יצועי (דוקעס ומבחר השירה). 4. על ראש הרי וקנמוני (דוקעס–ולזה אין מובן); על שנירי וחרמוני (הלבנון–וזה נגד המשקל); על ראש שנירי וחרמוני (מבחר השירה–גם זה נגד המשקל); על הר שעיר וחרמוני (כ"י פארמא–אולם לא מצאנו שהר שעיר מחובר להר חרמון ולכן תקנתי תבר).

5. סורה (דוקעס); פראים אור נטה ליעלת חן (כ"י פארמא). 6 .אני טוב לכמוך (הלבנון, כ"י פארמא–וזה נגד המשקל); ואתה לכמוני (הלבנון); גם אתה לכמוני (כ"י פארמא, דוקעס). ואת טוב לכמוני (מבחר השירה–וזה נגד המשקל).

4

שחר עלה

המקורות: אמרי נעם 67: הלבנון vi 119 מבחר השירה 90 נטעי נעמנים 18: שירים וזמירות 208 Dukes, *Zur Kenntniss*, Neubauer, verso, col. 1, No.17. *157* צ. 188.

הערה: בהלבנון נדפס השיר הזה כחלק משיר אחר (שמעה אדון) דוקעס בספרו הנ"ל עמ' 157 הערה 1 אומר שהפיוט הזה נדפס ג"כ במחזור סנגילי ד"א תקי"ב וגם במחזור אויניון ולא מצאתי.

שנויי נוסחאות: 2. לראות פני אמי (אמרי נעם, הלבנון). 3. לך אפרוש (נטעי נעמנים, דוקעס). 4. אשים לך לחמי (אמרי נעם, הלבנון). 5. מזרק לך **אמלא** (הלבנון, נטעי נעמנים, דוקעס). 6. ושתה (מבחר השירה, נטעי נעמנים, דוקעס); **תשתה** בלבב טוב (אמרי נעם, הלבנון); תיטב לך טעמי (אמרי נעם); ייטיב לך טעמי (הלבנון). 8. ישי ראש בית הלחמי (הלבנון, נטעי נעמנים, דוקעס); בן דוד ישי הוא ראש לבית לחמי (אמרי נעם).

5

שלשה נוסדו

המקורות: מבחר השירה 78 שה"ש סי' 28 עמ' 159 כ"י אוקספורד 191: Geiger, S. G. p. 146. צ 189, 673 העתקה אשכנזית Geiger, *ibid* p. 96.

שנויי נוסחאות: 7. הגות לבי (כ"י אוקספורד).

6

שעלי אפרשה

המקורות: כ"י פארמא 772 דף 60 לוח 114 Neubauer, verso, col. 4, No. 14. צ. 728.

7

שער פתח

המקורות: רני ושמחי 22: 52: (ושם נסמן בטעות סי' שלמה סער); שה"ש סי' 19 עמ' 129 כ"י אוקספורד 192 כ"י פארמא 772 דף 60: Neubauer, verso, col. 4, No. 1. צ. 189

שנויי נוסחאות: 2. נסערה סער (בכל המקורות חוץ משה"ש). 4. יען שמוע אל אל קול הנער (שה"ש); יען כי שמע אל (רני ושמחי). 5. חצות לילה (שה"ש); 6. רמסו אתי חזרי (כ"י פארמא); הכה אתי (רני ושמחי). 8. מבין גם הנני בער (כ"י פארמא); גם הצבי בער (רני ושמחי).

8

שפכי לצור לבך

המקורות: שה"ש סי' 42 עמ' 106 כ"י הגניזה .T.-S. 13.K 48 fol. 1 צ. 188.

9

שש נגזרו

המקורות: הלבנון i 48 שה"ש סי' 20 עמ' 132 שירים וזמירות 212 Dukes, *Zur Kenntniss* 160 (חסר חרוז ב–ג); Jellinek Litbl. d. Or. IV. 309 (חסר חרוז ב–ג); Neubauer, verso, col. 1, No. 8. כ"י הגניזה, צ. 188.

שנויי נוסחאות: 2. אין קץ ואין קצה (הלבנון); לאין חוק ואין קצה (כ"י הגניזה). 4. ותחת יליד בית (כ"י הגניזה). 5–6. אזעק ולא אשמעה ... תענה אתי אלי (כ"י הגניזה). 3–6. חסרים בהלבנון ובליטבל· ובדוקעס. 7. האין פדות עמי הנני לקחני (ליטבל, דוקעס); ואם אין פדות עמי (כ"י הגניזה); הנני לקחני (שה"ש).

10

ששוני רב בך

המקורות: ברנפלד, 53 מבחר השירה 92 נטעי נעמנים 18: קה"פ 79 שה"ש סי' 22 עמ' 137 Sachs, R. P., p. 9; Neubauer, verso, col. 4, No. 10. צ. 189 העתקה אשכנזית Sachs, *ibid.* p. 39, ועוד פעם בספרו של ברנפלד, 53.

שנויי נוסחאות: 5.תעצומיו (ברנפלד, זקש,נטעי נעמנים); 6.ואיך יוכל שאת (זקש, נטעי נעמנים); ואיך יוכל שאתם (ברנפלד); ואיך יוכל שאתו (קהפ); ואיך יוכל שאתך (מבחר השירה); והיך יוכל שאתך (שה"ש) 7. וחנני נכונה (ברנפלד, זקש, נטעי, קהפ). 10. ומנחת עשרוני (קהפ, ומבחר השירה).

11

שתי בך מחסי

המקורות: שה"ש סי'27 עמ'156 מבחר השירה 79. Neubauer, verso, col. 4, No. 3. כ"י אוקספורד 192. צ. 188, 649 (שתי בה' מחסי)

שנויי נוסחאות: בכ"י אוקספרד נמצאו השנויים האלה: 2.מצר. 4. בידך. 5. חלקך.

12

שאלוני סעיפי

המקורות: ג"א 29 טל 27 הלבנון vi 94 מבחר השירה 77 קה"פ 8 כ"י הגניזה Neubauer, verso, col. 4, No. 13; T-S. 13, K. 4[7]. צ. 188. תרגום אשכנזי Heller 23.

שנויי נוסחאות: 3. לאל שדי (כ"י הגניזה). 5. משושי עם כוסי (ג"א); משושי גם מנת כוסי (טל, מבחר השירה); ועושי (ג"א, הלבנון, מבחר השירה, קה"פ); 6. אזכרה ואהים (ג"א, הלבנון). 5–6. משושי גם מנת חלקי וכוסי אשר עת אזכרה אצמא ואהים (כ"י הגניזה). 7. הינעם טוב לנשמתי (כן בכל המקורות מלבד כ"י הגניזה).

13

שחרתיך בכל שחרי

המקורות: כ"י פארמא 60: נטעי נעמנים 18: שה"ש סי' 21 עמ' 134; Dukes, *Zur Kenntniss*, 171; Sachs, R. P. 8; Neubauer, verso, col. 4, No. 7. צ. 188. תרגום אשכנזי–Sachs, *ibid.* 38.

שנויי נוסחאות: 1. בכל שחרי: כן בכ"י פארמא ושה"ש, ביתר הדפוסים: בכל שחר. 3. ואדמה לדל: כן בכ"י פארמא, בכל הדפוסים: ואכמה כדל. 5. מקומות לא יכילון שבתך (בכל הדפוסים, והוא נגד המשקל). נוסח שלי מורכב מנוסח כ"י פארמא (מרומות לא יכילוך לשבת) ונוסח כ"י אוקספורד (מקומות לא יכילוך לשבתך) מובא ע"י נויבויער בכבוד הלבנון vi 95; 6. תוך סעיפי (שה"ש); בכל הדפוסים האחרים ובכ"י פארמא: בין סעיפי. 7. הלא אשפוך (כ"י פארמא); 8. ונבר חשקי (נטעי נעמנים); חשקו (כ"י אוקספורד). 9–10. כ"י אוקספורד: לך אודה אלהי ואזמר בעוד נשמת אל חי באפי; כ"י פארמא: לך אודה אלהים נא אומר בעוד נשמת אלהים

יש באפי; בכל הדפוסים מלבד שה"ש: ואליך אומר בעוד נשמת חי באפי.

14

שפל רוח

המקורות: ארגיל א 105. (לשמחת תורה); דרך ישר 27. המ"ב ח"ד 42: זבחי שלמים 48: ז"ש 24: חפת א, 3 מאה"י ח"א 89: (לר"ה); מבחר השירה 79 ס 36: (לשלש רגלים); ס ליוורנו 78: ס ii 66: ספר השירים 17 עת ללדת, ב, 9. פב 14 פד 39: פאס 24. קה"פ 68 קיו, ב ii 17 (לר"ה); קלא v 62: (ב' דפסח, רק ראשו וסופו); רומניא ח"ב ii 92: (לסכות, הדף הזה נסמן בטעות צ"ג ויום כפור); רני ושמחי 18: שא 194 שה"ש סי' 13 עמ' 107 שירים וזמירות 29 שנות חיים לר"ה 85: Neubauer, verso, col. 1, No. 18; col. 4, No. 12. צ. 189

הערה: בס' עת ללדת, ובס' ש"א נדפס מיד אחרי השיר הזה עוד שיר לרשב"ג המתחיל: שמעה אדון עולם, כאלו היה חלק ממנו והמדפיסים רשמו עליו: סימן שלמה כפולה.

שנויי נוסחאות: 5. בכל הדפוסים מלבד רומניא: אין קץ לגדלו. 7–8. חסרים (עת ללדת, רומניא). 10. לך תגדיל להודות כל נשמה (דרך ישר, מאה"י, ס, ס' השירים, עת ללדת, פב, פד, קיו, שא); לך תגדיל להודות הנשמה (ארגיל); לך תיטב להודות כל נשמה (רני ושמחי); לך תיטב להודות לך נשמה (חפת); ולך ייטב להודות הנשמה (רומניא). בדפוס קלא נמצאו רק שני בתים, הראשון והאחרון, ונוסח הבית האחרון הוא: והטבת והגדלת חסדים לך תיטב להודות הנשמה. בקה"פ ובמבחר השירה חסר הבית החמישי ותחתיו נמצא נוסח זה: אשחר אל בראשית רעיוני אשר לשמו תהלל כל הנשמה.

15

שלחה לבת נדיב

המקורות: הלבנון i 48 שה"ש סי' 29 עמ' 163; Neubauer, verso, col. 1, No. 9.

שנויי נוסחאות: 2. שתול עלי מים (הלבנון). 6. מאין יבא עזרי (הלבנון). 7. לאלוף נעורה (הלבנון).

16

שמש כחתן

המקורות: שה"ש סי' 2 עמ' 1 שע"ה 41 לוח דיואן 333.

הערה: יל"ג, אגרת פתוחה (המגיד xiv 253). נויבויער, דברים עתיקים מאוקספרד (המגיד xii 357).

17

שדודים

המקורות: ארנהיים 248 כל בו ח"ד 313 כנור ציון 18 (רק ראשי פרקים); סליחות תימנים 39 ע"י 739 פירסט 113 קלא x 66: 76. שירים וזמירות 190 שער השמים ח"ב 106. תכלאל ח"ב ii 153. לוח 59 צ. 590

שנויי נוסחאות: בדפוס קלא נסמן בראש הפיוט: מסתאגיב אתה תקום תרחם ציון. 2. תשיב למרבץ (קלא). 3. עטרת לובשי תשבץ (סליחות תימנים, תכלאל) עבודת לובשי (קלא) 4. תרעת ושמעת (סליחות תימנים, תכלאל) בדפוס קלא חסר החרוז הזה. 5. בכל הדפוסים נמצא אחר חרוז זה הפסוק: אתה תקום תרחם ציון, ובדפוסי מנהגי אשכנז נמצאו ג"כ החרוזים האלה: חיש קל מהרה את פדותנו, למה לנצח

תשכחנו, ה׳ חננו לך קוינו, ה׳ מלכנו הוא יושיענו. 6. לגויי הארץ (סליחות תימנים, תכלאל); 7. תגביר ומתניו שנס (קלא). 8. עדרי תאסוף (דפוסי אשכנז); עַתְּרֵי תאסוף ונפוצי תכנס (סליחות תימנים); עתה תאסוף נפוצי כנס (קלא); עדרי תאסוף נפוצי תכנס (תכלאל). 9. תחדש גאולות טנס ותנס (סליחות תימנים); להעיר גאולה כמאז לחנס (קלא); תחדש גאולת טאנים וחנס תתן ליראיך נס להתנוסס (תכלאל). 10. בדפו׳ אשכנז חסר חרוז זה ותחתיו נמצא: חושה והשב את שבותנו. 12. מבקש להשמיד תקות המוני (סליחות תימנים, תכלאל); מבקש לאבד תקות אמוני (קלא). 13. יקראני עד אן תיחל לְעיני (סליחות תימנים; תכלאל: עוני); יריבנִי עד חיש לעיני (קלא). 14. עניתיו הן כתוב בספר חזיוני כי לא יזנח וכו׳ (סליחות תימנים; תכלאל: כי לא יזנח); הן כתוב בחזיוני כי לא יזנח וכו׳ (קלא). 15. ומעוז לאביון (סליחות תימנים); מחסה לדל ומעוז לאביון (קלא); ומחסה לאביון (תכלאל). בדפוסי אשכנז חסר הפסוק הזה ותחתיו בא: ישוב ירחם יכבוש עונותינו. 16. לנחלה ירשה (דפוסי אשכנז). 17. ופקוד ענושה בידי ענשה (קלא). 18. נתושה נטושה (תכלאל); נתוצה ורטושה (ארנהיים, פירסט). בסליחות תימנים וקלא חסר החרוז הזה. 19. חדש צדקת (סליחות תימנים, תכלאל); צדקות (קלא). בכל הדפוסים נמצא פה עוד חרוז „ושמים חדשים וארץ חדשה" שהוא בל"ס הוספה מאוחרת. 20. זרים (סליחות תימנים, תכלאל); וזדים תכניע בחורב ובציון (קלא). בדפוסי אשכנז חסר החרוז הזה ותחתיו נמצא: „ואז נשורר ברינונינו". בדפוס קלא נמצא פה עוד בית אחד שאין כל ספק שהוא מאוחר, וז"ל:

חזק רפיון עם שחויי אפים | זכרם לטובה בוחן שרעפים
כתבם לחיים היושבי בשמים | וקרב עת ישע ופדיון
אתה תקום תרחם ציון

18
שכולה

המקורות: ארנהיים 259 חזונים ח״ב 49: כל בו ח״ד 315 מבחר השירה 82 ע״י 745 פירסט 118 שער השמים ח״ב 109 לוח 96.

שנויי נוסחאות: 2. היאשי (ע״י, שעה״ש). 3. קצי (בכל הדפוסים מלבד חזונים). 4. כי עוד מעט כי (בכל הדפוסים מלבד כל בו, וע״י). 5. מלאך (בכל הדפוסים מלבד חזונים). 6. אנסוך (חזונים, מבחר השירה). 7. השורה הזאת נמצאה רק בחזונים בהוספת „כי״ בראש השורה, ונ״ל שהמלה הזאת רק דיטטאגראפיע מפני שהתיבה שלפניה חותמת בהברת „כי״. במבחר השירה השמיט המו״ל שתי התיבות הראשונות ומתחיל „יבא מבשר״. בשאר הדפוסים הנוסח: „ה׳ מלך ה׳ מלך״. 8. ה׳ ימלוך (בכל הדפוסים, מלבד חזונים, מבחר השירה ושעה״ש). 9. חסר „עוד״ בכל הדפוסים מלבד חזונים. 10. לחליי אלי (חזונים) לאלי אלי (מבחר השירה). 11. ועד אז (שעה״ש). 14. לפוקד ומוחל (בכל הדפוסים מלבד חזונים ומבחר השירה). 15. כי לעולם בך (שעה״ש); אני בך בוחל (חזונים ומבחר השירה). 18. וסתום (חזונים, מבחר השירה) לפתור (חזונים). 19. חרוז זה חסר בחזונים. 21. כי עוד אשוה בלחייך התור (חזונים); עוד אשים בלחייך (מבחר השירה). 22. ויפרח כפתור (בכל הדפוסים מלבד חזונים); ויפרח עוד כפתור (ארנהיים, פירסט, שעה״ש). 23. הושלך (חזונים, מבחר השירה). 24. „המוני לפנים״ חסר בחזונים; באחת נשבע (חזונים). 25. בקרב יתבע (חזונים). 26. הייתי אני כעיט (חזונים, מבחר השירה); כבעיט (כל בו, ע״י). 27. נקבצו עלי בשלוח אצבע (כל בו, ע״י); „מלכיות ארבע״ חסר בשעה״ש. 28. תאכל בשרי ועוד לא תשבע (חזונים, מבחר השירה). 29. אשר הוא נשבע (ע״י).

19

שזופה נזופה

המקורות: חדשים גם ישנים iii 5. חמש שורות הראשונות נמצאו ג"כ בכ"י הגניזה T-S. 8. K. 16. בדף א' ע"ב.

הערה: בכ"י שממנו נדפס בדפוס הנ"ל נמצא הפיוט הזה תיכף אחר הפיוט „שכולה אכולה" ורשום עליו בערבית „ולה איצׄא פי מתׄל דלך" [ולו עוד בענין הזה] ולכן קרוב הוא שהוא לשבת חמישי אחר פסח.

שנויי נוסחאות: 3. השב חטופה (בדפוס הנ"ל); תשב חטופה (כ"י הגניזה). 4. כלי מות חגור (חסר בדפוס). 11. אקום (בדפוס, אולם הרכבי כבר תקן לנכונה בהערה שם). 14. יעטוף (בדפוס). 15. אפיו וכפיו בדמעתו ישטוף (בדפוס).

20

שביה בת ציון

המקורות: טל 28 מבחר השירה 83 קה"פ 101 שע"ה 47 צ. 590 העתקה אשכנזית 25 Heller.

שנויי נוסחאות: 2. שבועות (טל). 19. מזרי (טל); אסוף (בכל הדפוסים, ואני אחזתי בנוסח הכ"י המובא בקה"פ בהערות). 28. בטל אורות נרשם: אולי חסר בית אחד, אולם צונץ (ליטג. 590) מודיע כי לפיוט הזה רק ז' בתים.

21

אמרה גולה

המקורות: אר"צ 415; רומניא ח"ב II 74. רומניא ב (שעד); ש"ר 36; N. C. II 2857, fol. 55b. צ. 191, 412

הערה: בדפוס אר"צ נרשם עליו: „לשבת אתם נצבים אחרת לרבי שלמה הקטן ז"ל בכ"י סופה".

שנויי נוסחאות: בדפוס רומניא חסר ההקדמה ה' תשפות לנו עד מעון אתה היית לנו ובדפוס אר"צ הנוסח הוא: ה' שלומך שים עלינו ה' לעד ואל תגעלנו ה' מעון אתה היית לנו ה' תשפות שלום לנו.

6. ביד צר (אר"צ) ביד זרים (ש"ר). 7. בעודי בבית גלות אסורה (אר"צ, רומניא). 10. רדומה (רומניא). 11. בכל עת תעורר (אר"צ). 14. סגורת במחשך (רומניא). 15. תאבד תשפל (רומניא). 16. „צבאות" חסר ברומניא וש"ר. 17. עם כל ממלכת (אר"צ). 18. כיונה קצורה (רומניא). 19. צדו צעדיה (אר"צ). 21. הפוכה כצפור (אר"צ, רומניא). 22. בכל לשחוט נדרשת (אר"צ); בכל יום לשחט (רומניא). 23. בכל עת חורשת (אר"צ). 25. נחשבו ואויבים אותם שבו (אר"צ). 26—27. ועמך בגלות ואויבים עלינו ישבו (רומניא). 33—34. חסין הופע בידך ושלח כמאז (אר"צ); חסין הופע בהודך ושלח כמאז (רומניא). 37. טאטא מלכות (אר"צ). 38. ושדוף פריץ חיות (רומניא). 39. טרופים פזורים (רומניא). 39—40. טורפי עמך כשיות אשר אמרנו רעה לנו (אר"צ); 41—42. יורש שעיר הגלנו והיום כמה אבלנו (אר"צ). יבוש שעיר אשר הגלנו זה כמה שנים אכלנו (רומניא). 45. כאין תמנו נגדך ונכחדנו (ש"ר). 46. מרוב אדונים אשר שעבדונו (רומניא). 47. כמעט מגוי אבדנו (ש"ר); כמעט מאשר נכחדנו (אר"צ). 49. לרגלי עבדים נכפפנו (רומניא). 50. ועל בור (בכל הדפוסים, ואני תקנתי לפי חקי הלשון); בור מסגר (רומניא, ש"ר). 54. גמלת אז (אר"צ); אשר גמלת את ידידיך (רומניא). 57—59. נאר גוים ושקץ וגלה פלאות הקץ וצעיר רודם הקץ (אר"צ, רומניא) 62. ושי יערב (רומניא). 65—68. חסר ברומניא. 67. וצמח צדיק יצמח (אר"צ).

69. פרק עול (רומניא); פרוק את עולי (אר"צ). 70. וזרים תוסף (ש"ר). 71. ושלח מהרה מבשר (אר"צ, ש"ר). 73. נבזה (אר"צ). 77. קריאת עניים (אר"צ); קריאת שמך (רומניא); קרית ענוים (ש"ר). 79. ותשא עון נאלח (אר"צ); ותכבוש עון (ש"ר); הנאלח (רומניא). 81. עושה תשובה (אר"צ) 83. ויודו נשואי משובה (אר"צ); ויודו אנשי משובה (רומניא). 86. ועון עמך נשאת (אר"צ, רומניא). 87. פשע וחטאת כסית (אר"צ). 88. כי גם כל מעשינו (אר"צ, רומניא) וזה לשון הכתוב אולם לפי הענין צ"ל כמו הנוסח בש"ר. 89. תהיה תמיד נגדך (אר"צ, רומניא).

22

אכה כפי

המקורות: אגרות שד"ל 503 סר"ע ח"ב 23. (אות מ"ם חסר מן הסימן); לוח 7. צ. 190.

הערה: לפי צונץ (שם) הפיוט הזה מכיל י"א חרוזים והסימן הוא אני שלמה הקטן, אבל לפנינו יש רק ז' חרוזים.

שנויי נוסחאות: *מקדמה למשפטיות (סר"ע). 2. ותשב לריב (סר"ע). 4. נואל סרעף (סר"ע). 7. יום בו נושה (סר"ע). 11. הפשע במאזני הישע (סר"ע). 14. למען תצדק (סר"ע). 16–18. חסר בסר"ע.

23

שואף

המקורות: אחות קטנה 14: אראגון א II 20. אראגון ג 42. אראגון ד 27: ברצלונה 37: דרך ישר 26: המ"ב ח"ה 14: מ' ארגיל 60: מ' ארגיל II 60 מ' תונים 62. מ' תונים ב 14: מאה"י ח"א 88: נחלת אבות 83. ס II 65: ס ליוורנו 77: פאס 23: קיו, ב II 22.

קלאIII 23: 14VIII: קצנטינא 40. שירים וזמירות 28 תלמסאן א 62: Neubauer, verso, col. 5, No. 1. כ"י אוקספרד Heb. e 38, fol. 13. צ. 881.

הערה: לחן פיוט זה נזכר בזמירות ישראל לר"י נגארא ח"ב 5, 43, וח"ג 17.

שנויי נוסחאות: 4. נכרע (מ' ארגיל, מ' תונים). 7. הה לי ראותי כי (המ"ב); הה לי בראותי (קלא). 9. תעיר (ארגון, פאס, קיו, קל"א, המ"ב). 10. לא יעשה פשע (המ"ב, קלא III).

24

שנים נפגשו

המקורות: גא 15 המ"ב ח"ד 226, 309. קלא v 144. (לשבת חוה"מ של פסח, השורה הראשונה מובאה ג"כ בעמ' 209. בשחרית שמחת תורה); שה"ש סי' 17 עמ' 121 (ליום ב' של ר"ה). כ"י אוקספורד 192. Neubauer, verso, col. 4, No. 8. צ. 188.

שנויי נוסחאות: 3. מהלליך (גא). 4. יביט ויחזה (קלא); ידע ויחזה (כ"י אוקספרד על הגליון). 6. עני ונבזה (כ"י אוקספרד). 7. שור זה (גא, כ"י אוקספרד). 8. בלב נכון יהיה (גא); בלב נבון (כ"י אוקספרד), בלב נכון מאד (שה"ש). 5–8. חסרים בקלא. 11. ונשמתי ברוחי (קלא).

25

נשמת שאר

המקורות: המ"ב ח"ה 105. קלא 67iii. viii 45. לוח 40 צ. 589.

שנויי נוסחאות: 2. יום למוסר (קלא); המ"ב מוחק „לך תודה" מפני שכבר אמר „תשבחך". 4. לפי המ"ב צריך להוסיף „עמך" אחרי ישרון או למחוק „להצדיקם" משורה הבאה כדי

להשוות מספר התנועות. 8. לפי המ"ב שמונה מספר התנועות בכל חרוז וחרוז צ"ל: „מלך עליון על כל עושה משפט וצדק", או, „מלך עושה משפט לאשורו וצדק", או צריך למחוק „משבעים" בחרוז הקודם ולנסח „מלך עושה משפט וצדק" כמו שהוא בדפוסים. 10. תהדרך (קלא) המ"ב מנסח: המוני סגולתך וכל דגלי שבטיך תהדרך 11. עוברי מצותיך (קלא). 13—15. לפי המ"ב צ"ל: חניטי עבדיך יראיך ... הקרוב ... כי צדק וכו', או אולי צ"ל חניטי ישרון יראיך וכו'. 17. לפי המ"ב צ"ל: קדוש ומרום שמו אל מלך וכו'. 18. המ"ב: האומרים לך ואלו וכו'.

26

מלך שדי

המקורות: אראגון א ii 30. אראגון ג 12. אראגון ד 6: ברצלונה 22: קיו, א 3: קיו, ב II 31: קלא x 48: (במחזור זה הוא סליחה לצום גדליה, וחסר בו הבית האחרון). צ. 191, 698.

הערה: צונץ, ליט"ג 191 משער כי סוף הסימן של יהודה נמצא רמוז בחרוז 30 בתיבות: ה'ד'ו'ר ה'מציאנו, כי לולי זאת אזי עלינו לאמר כי הפיוט חסר וזה איננו נראה לו. אבל אחרי שראינו כי בדפוס קל"א חסר הבית האחרון יוכל היות כי גם בדפוסים האחרים חסרים עוד שלשה בתים.

שנויי נוסחאות: 3. עשה הכל בחכמה (בכל הדפוסים מלבד קלא). 4—5. ונטה ... מלוך מלך (בדפוסי אראגון, קיו, ב); נוטה שחקים (ברצלונה, קיו, א). 7. בסוד עצה (ברצלונה, קיו, א' וב', קלא). 8. ולא תעיד (אראגון א, קיו, ב); ולכן תעיד (קלא); כל נשמה (בכל הדפוסים מלבד ברצלונה וקיו, א). 11. קדושים (חסר בכל הדפוסים

מלבד קלא). 15. מרומם (בכל הדפוסים מלבד אראגון ג׳ וד׳). 18. בחסדיו (קלא) 19. ממדי אדומים (אראגון א). 24. והודו (קלא). 26. יסוד הרקיע דוק (ברצלונה, קיו, א׳ וב׳). 29. חסר יתן (קיו א). 30. המציאנו הנך (אראגון א, קיו, ב). 30—33. חסרים בדפוס קלא.

27

לאדיר נורא

המקורות: אגרות שד״ל 511 אראגון א II 34: אראגון ג 16. אראגון ד 10. ברצלונה 27: מ׳ תונים 69. מ׳ תונים ב 23: סר״ע ח״ב 26: קיו,*א 6: קיו, ב II 37. ש״ר 106: צ. 191.

הערה: במנהגי אראגון וברצלונה מובא הפיוט שלפנינו בתוך הקרובה אתה כוננת לרי״ה ובמנהגי תונים וקי״ו בתוך הקרובה וארץ אתנפל לר׳ יצחק בר יהודה גירונדי.

שנויי נוסחאות: 3. להמיץ עושה (אראגון א, ג). 6. לנורא (אגרות שד״ל). 8. בצקת עפר (סר״ע). 9. אדני נשיה (בכל הדפוסים מלבד אגרות שד״ל וסר״ע). 10—11. מרומי עליה ומבהיק (מ׳ תונים). 14. ועולתם תשפר (אגרות שד״ל). 15. שריון צדק (סר״ע, ש״ר). 19. כעב פשעם (סר״ע). 20.וסר עונך וחטאתך (אגרות שד״ל). 21. כיהלום (בכל הדפוסים מלבד אגרות שד״ל). 23. כמי אמנה (מ׳ תונים, סר״ע). 24.זרויה (סר״ע); זרויים (ש״ר); לחקות זרעו בגוים (אגרות שד״ל).

28

ישמחו איים

המקורות: אגרות שד״ל 511. צ. 190.

הערה: הפיוט כפי מה שהוא לפנינו חסר בראשו וסופו, ובלי ספק כל הסימן הוא „אני שלמה״.

29

שוחר טוב

המקורות: אגרות שד"ל 506 סר"ע ח"ב 30. לוח 65 צ. 190.

שנויי נוסחאות: 2. מאין תחת (סר"ע). 3. חסר אליו (סר"ע). 5. יוצר נשיה (סר"ע). 6. נתנה שבח (סר"ע). 11. וקבל תקיעתי (אגרות שד"ל).

30

אל שוכן ברום

המקורות: אגרות שד"ל 508 סר"ע ח"ב 31. (סי' אני שלמה חנון); לוח 11 צ. 190.

שנויי נוסחאות: מסתאגיב: עלה אלהים בתרועה ה' בקול שופר (סר"ע). 2.ואדרוהו (סר"ע). 13.קריאת דל (סר"ע). 18.ובבוא פדותכם על הכל (סר"ע). 22. בשר על קמים (אגרות שד"ל). 24. וכשמעכם (סר"ע). 30. כמאז שבותכם (סר"ע).

31

שלח מלאך

המקורות: פאס 25: כ"י אוקספורד 2711, 2 Ac. צ. 192.

32

שמעה אדון עולם

המקורות: כ"ח iv 34 (לימים אחרונים של פסח); כבוד הלבנון vi 119 (נדפס שם עם עוד שירים אחרים מרשב"ג כאלו כלם שיר אחד) מבחר השירה 78 נטעי נעמנים 18: עת ללדת ב 9. פניני שד"ל 115 קצנטינא 75: (ליוכ"פ)· שא 194 (פיוט לחתן); שירים וזמירות 94 שה"ש סי' 23 עמ' 139 צ. 188. Litbl. d. Or. IV 306. Sachs, R. P., p. 7. Neubauer, verso, col. 1, No. 11.

הערה: בעת ללדת קצנטינא ובש"א נדפס השיר הזה בסוף השיר „שפל רוח שפל ברך" כאלו היה חלק ממנו. החרוז הרביעי מובא בפי' הראב"ע על תהלים ט"ז, ב'. העתקה אשכנזית Sachs, *ibid.* 37.

שנויי נוסחאות: 1—2. עולם שמעה תפלתי··· קטרת תחנתי (כ"ח, נטעי נעמנים, פניני שד"ל, כבוד הלבנון, ליטבל., רעליג. פאעז.); עולם שמעה תפלתי··· קטרת תפלתי (עת ללדת, שא). 3—4. חשק במאד··· הסתר עדי אראה חשקי (כבוד הלבנון, ליטבל.); ולא יוכל לראות עדי (עת ללדת, שא); ולא יוכל לראות עדי יחזה (קצנטינא). 4. הסתר (כ"ח, נטעי נעמנים, פניני שד"ל, רעליג. פאעז.); 5. אחשוב שובי (בכל הדפוסים מלבד קצנטינא); שובי בך (כבוד הלבנון); שובי לך אבחר (כ"ח, נטעי נעמנים, פניני שד"ל, רעליג. פאעז.). 6. ראשית תהלתי (בכל הדפוסים מלבד קצנטינא ושה"ש). 7. הנה בך (כבוד הלבנון); הנה לך לולי עומדי (עת ללדת, שא); הנה לך ולא לי (קצנטינא). 8. ולשם כבודך ולא (כבוד הלבנון). 9. שחר···מעת אזכור היות עפר (קצנטינא); מעת היותי (נטעי נעמנים). 9—10. חסר (כבוד הלבנון, ליטבל., עת ללדת, שא).

33

ה' מה אדם

המקורות: ברצלונה 100: מאה"י ח"ב 172: מבחר השירה 85 סא 376. ס ליוורנו 294: ס שאלוניקי 25: ס III 171. סליחות תימנים 30 סר"ע ח"ב 54: קיו א 72. קיו ג ח"ב 41: שנות חיים ליוכ"פ ח"ב 196. תשלום 91. Sachs, R.P. 6. צ. 411 העתקה אשכנזית, Sachs, ibid., p. 33.

הערה: בכמה דפוסים מובא הפיוט הזה בתוך הקרובה „וארץ אקוד" להראב"ע.

שנויי נוסחאות: 4. גיו (סא); נרפס (ברצלונה); בדפוס קיו חסר ונרמס. 5. וגם און (בכל הדפוסים מלבד ברצלונה וסליחות תימנים). 7. עון הנכמס (סר"ע, קיו, תשלום). 8. וגם קצפך (בכל הדפוסים מלבד ברצלונה וסליחות תימנים); ישא ועמס (בכל הדפוסים מלבד סליחות תימנים). 11. בשקר יתהולל ובשוא יתהלל (בכל הדפוסים מלבד ברצלונה וסליחות תימנים); בשקר יתהולל ובשוא יתמולל (סא). 12. והיקר (ברצלונה); ויצר מזולל (ס שאלוניקי). 16. יחיד לא נחם (סא); יהיר לא נחם (מאה"י, מבחר השירה, ס III, ס שאלוניקי, סר"ע, זקש). 19. אשר בו נחם (ברצלונה). 21. וכפר נא בעדם (סליחות תימנים). 23. כל יבגוד (סליחות תימנים); עיניו ברעה (ס שאלוניקי); ופניו ברעה (מאה"י, ס III, סר"ע, קיו, תשלום, זקש). 24. נוסח כל הדפוסים: „אם תפקוד עליו יהי נרפש ונדלח", אולם תקנתי הנוסח מפני שווי הרעיון בבתים האחרים וכן תקן בהערותיו בעל מאה"י. ובלשון זה השתמש רשב"ג ג"כ בפיוט אמרה גולה חרוז 79 ותמחה עון נאלח. 25. וכבגד (בכל הדפוסים מלבד סליחות תימנים); וכבגד יכלה (ס III). 28. כעץ נקצץ (ברצלונה, סא). 29. קש מרוצץ (ברצלונה). 30. יום יום ירקב (מאה"י, ס III, שאלוניקי, זקש). 32. וכדונג סנסס (ס שאלוניקי). 34. לבדו (תשלום, זקש). 35. ובהבל (תשלום). 36. ככלוב (ברצלונה, סליחות תימנים). 37. נוסח כל הדפוסים: „אם תפקוד עליו ועל לבך יעלה", אמנם תקנתי כדי להשוותו לבתים האחרים. 39. בחסדך לא בחסדם (סא, קיו).

34

לשוני חוד חידה

המקורות: ג"א 15 כ"י אוקספורד 195.

הערה: נויבויער ברשימתו טעה וחשב הבית החמישי של הפיוט הזה: „בעת שפוט עמים" להתחלת פיוט אחר. עי' רשימתו ח"א עמ' 654.

שנויי נוסחאות: 12. לך לא נסתרים (ג"א, כ"י אוקספורד). 51. יקים (ג"א). 57. ויפל במכמר (ג"א). 66–67. אלהי העולמים וישבר חרמים (ג"א).

35

שוגה בחיק

המקורות: הלבנון vi 119 תל"ע 345 (רק ב' חרוזים) Dukes, M. b. E., p. 96; Geiger, S. G. p. 191; Neubauer, verso, col. 1, No. 25. כ"י פארמא 1183 דף ז' ע"ב; צ. 188 העתקה אשכנזית Geiger, *ibid.* 82

הערה: החרוז הראשון של הפיוט מובא בס' צחות להראב"ע 10: בהלבנון נדפס כסוף מפיוט אחר (שמעה אדון עולם).

שנויי נוסחאות: 1. שוגר בחיק (הלבנון); בחן ילדות (כ"י פארמא, צחות, תל"ע); עורה – חסר בהלבנון; לבל תישן (ת"לע). 2. ימי ילדות כמו עשן (הלבנון); ימי בחרות (דוקעס); ימי נערות (גייגער, כ"י פארמא). 4. לעת ערב (הלבנון). 5. תריבני באמור (גייגער, כ"י פארמא–והוא נגד המשקל); הלא אב (דוקעס). 7. חציר שדה (דוקעס, הלבנון, כ"י פארמא). 8. יהיה כמו (דוקעס).

36
שוכני בתי חמר

המקורות: אלה הדברים [60.] אמרי נועם 126: [חסר חרוז 21, 32] ארגון ב ח"ג 13. ארגון ג 156. ארגון ד 113. ברצלונה 159: דרך ישר 14: המ"ב ח"ה 196: חדשים לבקרים 44: חסד ואמת 21–32: כל בו ח"ג [17] לקוטי אברהם 113 מ' ארגיל א 250: מ' ארגיל ב 421, 438 מ' תונים א 254. מ' תונים ב ח"ב 54: [במנהגי ארגיל ותונים מובא הפיוט שלפנינו בתוך הקרובה אנושי לב לרמב"ע]; מבחר השירה 88 נחלת אבות 222. סא 390: ס ליוורנו 300. ס III 174: סדר סליחות לימים נוראים כמנהג פוזנן והוראדני והגליל (ווילנא תרמ"ד) 99 סר"ע ח"ב 57. סדר התחנונים [22.] פאס 36: קיו ג ח"ב 83: קלאIII 98. קצנטינא 87: רומא ב 282.רומא שד"ל ח"ב 103: רומניא ח"ב II 5. שנות חיים ליוכ"פ ח"ב 199: שער השמים ח"א 127. שער התשובה 34. שר 17. תוצאות חיים 177 (עם העתקה אשכנזית 207) תחנונים 1597–44: תחנונים וסליחות 36: תלמסאן א 265: תלמסאן ב 283: [במנהגי תלמסאן מובא הפיוט שלפנינו בתוך הקרובה שלישית שוקדת שלישיה לר' יוסף אבן אביתור]; תשלום 137 זכר צדיק לברכה עמ' 6–9 (עם העתקה אנגלית מאת ישראל דאווידזאן); צ. 412

העתקה אנגלית–מאת אברהם בורשטיין במ"ע Jewish Independent (January 21, 1916).

העתקה אשכנזית Heller 215 Dukes, Ehrensäulen 72.

שנויי נוסחאות: המקורות לפיוט זה רבו כל כך ולכן אציין רק מקור אחד לכל שנוי נוסח. 2. הן מותר (המ"ב); ומותר אדם (סליחות פוזנן). 3. כי אנו תולעת (רומא). 4. לגבי חמר (סר"ע); וגב חמר (קלא); ואיך יגאה (קלא). 6. זה יהיה (אלה הדברים). 10. ולאין מוצאך (רומא). 11. כמו

קקיון (קלא). 12. ועד בקר לא היה (ארגון); ועד בקר לא נהיה (ברצלונה); ובבקר לא היה (דרך ישר); ועד בקר לא חיה (סר"ע). 13. טוב שלא נוצרת (אלה הדברים). 14. ואיך גדולות (כל בו); ואיך גדלה (סר"ע). 16. אם יתמהמה (סר"ע); ואם יתמהמה (ברצלונה); ואיך יתמהמה (קלא); אז תמצא (ארגון); הלא תמצא (רומא). 17. יש הרוח (ארגיל). 18. ואם תצא (רומא); כטיט (קלא). 19. מאמה בכבודך (אמרי נועם). 20. חילך יקום (כל בו). 21—32. חסר (אמרי נעם). 21. בכל זאת לו חשבת לתאוה לא הקשבת (ארגון); בכל זאת לא חשבת לתאוה לא הקשבת (ברצלונה); בכל זאת לא חשבת לתאוה לה הקשבת (תוצאות חיים); בכל זאת לא חשבת ואליו לא קשבת (רומא); בכל זאת לא חשבת ולתאוה הקשבת (קלא). 22. ואם תטיב ראשיתה מה תעשה באחריתה (ארגון); ואם לא טוב ראשיתה מה תעשה באחריתה (מבחר השירה); ואם תטיב בראשיתה מה תעשה באחריתה (רומניא); ולא תטיב ראשיתה מה תעשה באחריתה (תוצאות חיים); ואם לא תטיב ראשיתה מה תעשה באחריתה (תשלום). 23—24. חסר (חסד ואמת, נחלת אבות, ס III, סר"ע, קיו). 23. ויטיב לפני מלכו (המ"ב, קלא). 24. ואולי צור (המב); ומחרונו נסתר (רומא). 25. יחידים התקוששו (פאס); וזכרו והתאוששו (רומא). 26. ושאו לב בכפים (רומא); שאו לב אל כפים (קלא); לאל ארך אפים (רומא); אל ארך אפים (רומניא). 27. הוי על נפשותינו ואוי על חטאתינו (תוצאות חיים); הה על חטאתינו ואוי על נפשותינו (סר"ע). 28. וגם כצאן תעינו (סר"ע). 29. ומה נבקש מה נדרוש (תוצאות חיים); ועונות עברו ראש (ארגון); כי עונותינו עברו ראש (כל בו); כי עונות נשאו ראש (רומא). 30. רבו עונינו

(מבחר השירה); ואם רבו עונינו אתה הוא אדונינו (רומא)
32. ידיך אל תרף (מבחר השירה); עוז ידך אל תרף
(רומא). 33—34. חסר (קלא). 34. ואליך תלויות עינינו
(כל בו); ואליך עינינו (תוצאות חיים).

37

שדי אשר יקשיב

המקורות: הלבנון vi 119 רומניא ח"ב ii 92: (ונסמן בטעות צ"ג ויוהכ"פ); שה"ש סי' 16 עמ' 118 שירים וזמירות 102
Litbl. d. Or. iv, 307; Neubauer, verso, col. 1, No. 19.
כ"י ב"מ דף ה' ע"ב צ. 188 לוח 61.

שנויי נוסחאות: 2. „תהא" כן הוא בכ"י ב"מ, בכל הדפוסים „תהי".
3. בלב נבון (רומניא). 4. על חסדך יתר (הלבנון); על חסדך יותר (ליטבל.); ואם חסדך יותר (כ"י ב"מ). 5. בך אבטח (הלבנון); ולבי בך אבטח (ליטבל.); ולבי בך נבטח (כ"י ב"מ); כחולם (שה"ש); כחלום (מבחר השירה, הלבנון); חולם חלום תסתום (רומניא); כחולם··· ויבטח עלי (ליטבל.).
7. הקשב (הלבנון, כ"י ב"מ); להקשיב (ליטבל.); תפלתי (שה"ש, מבחר השירה); אותך אבקש (כ"י ב"מ).

38

שבעה שחקים

המקורות: ארגיל א 22: דברי שירה 20. הקפות א 4 ס 131: סליחות תימנים 82 פזמונים לש"ת 11: קה"פ 89 קול שמחה–מנטובה 5: שירים וזמירות 37 שמחת חתני התורה 8. צ. 188

שנויי נוסחאות: 2. תסבול ולא יסבלוך (קה"פ). 3. מעת בראתם הם יהללוך (קה"פ); „המה יאבדו" נכפל בדברי שיר, ס , פזמונים לש"ת, קול שמחה, שמחת חתני התורה–נוסח

חמשת הדפוסים האלו אחד הוא ובציונים הבאים ארשום רק הראשון). 6. טפסרי מרומות (סליחות תימנים); „עומדים" חסר בקה"פ, ובדברי שיר הנוסח: ושנאן יודה במזבח פנימי. 8. יראים מחזות (סליחות תימנים); יראים חזות (קה"פ). 8—9. ומי יחזה ומי גדול כי״י ומהולל מאד (ארגיל); „כי" חסר בדברי שיר וסליחות תימנים. נוסח קה"פ: כי אל גדול ונורא מאד. 10—11. מי זה יזמר מבלי דומם לך יערך שיר ליל ויומם (קה"פ); מי יזמר מבלי דומם לך יערך שיר לילה ויומם (סליחות תימנים); מי ימלל עד בלי דומם לך יערך שיר לילה ויומם (דברי שיר). 12—13. ואם אתה על כל ברכה מרומם ומהולל ונפשי וכו' (ארגיל א); ואתה על כל ברכה מרומם כי גדול ה' מהולל מאד (קה"פ); ושמך··· מרומם ולבי ונפשי יודעת מאד (דברי שיר). 14. הדרת עוזך (ארגיל א, דברי שיר); הדרת קדשך (סליחות תימנים); גדלה ורמה (דברי שיר). 15. תשכון באהל וסוכה (דברי שיר); באהל נקובה (סליחות תימנים). 16. שאת לא יוכל (סליחות תימנים); כי אותך לא יוכלו לגלגל מסבה (קה"פ); ובשאר הדפוסים שאת לא יוכל גלגל מסבה. 17. עצמת ממני (סליחות תימנים). 18—21. חסר בארגיל א ובדברי שיר וכו'. 18. חי הנאדר (סליחות תימנים). 19. תקבץ מזויות (קה"פ). 20. שנת ישע (סליחות תימנים).

39

שאלי יפיפיה

המקורות: חפת א 18 המגיד xii 357 המליץ ii 111 נטעי נעמנים 19. קלא II 214. (פיוט לחתנים); קלא VII 39. שא 82. (רשות לפסח); שובע שמחות 14: שה"ש סי' 18 עמ' 126 שירי זמרה–ליוורנו 91: שירי זמרה–תונים 72. Dukes, *Zur Kenntniss*, 158.

Litbl. d. Or. iv, 308; Neubauer, verso, col. 1, No.24.
כ"י פארמא 772 דף 60, צ. 188

הערה: יעללינעק, ליטבל. iv 382; משה כרמי, הואיל משה באר ח"א קמ"ח.

שנויי נוסחאות: 2. קול תמונתך (נטעי, דוקעס); נשמע באזני (נטעי דוקעס, ליטבל.); נשמע במו אזני (חפת); עלה באזני (קלא vii); במאזני (כ"י פארמא). 3. ובא אחריו (חופת, המגיד); וקם אחריו (המליץ, כ"י פארמא); בא אחריו (נטעי, ליטבל. דוקעס). 4. ואעזוב בני (נטעי, דוקעס). 5. עבור אלי (קלא ii, vii); עבור דודי (שובע שמחות); והנה דמות (חופת, המגיד, המליץ, שירי זמרה). 6. בחצי (חופת, שירי זמרה); וישב (המגיד, המליץ, שירי זמרה); ושב (קלא viiii,); ושב על (כ"י פארמא); אלי כני (חופת); עלי בני (נטעי, דוקעס); 7. קרא אלי (חופת, נטעי, דוקעס, ליטבל.); כקראך (המגיד, קלא ii, המליץ, שובע שמחות, שירי זמרה); בקראך (חופת, קלא vii); כקוראך (שא); קראך (כ"י פארמא); אלי אמי (חופת, נטעי); אל אמו (שא, שובע שמחות); עלי אמי (דוקעס, ליטבל.); לאמו (שירי זמרה). 8. רוצי ושובי אל עפרה והתכני (נטעי, דוקעס); רוצי ושובי אל עפר והתעני (ליטבל.); ושובי תחת גברתך (שירי זמרה); שובי אל גברתך תחתה והתעני (שובע שמחות).

40

שכחי ענותך

המקורות: כצ 22 שה"ש סי' 1 לוח דיואן 176. צ. 189.

שנויי נוסחאות: 1. נושאי כפים (כ"י ב"ג מובא בשה"ש); נושאה עינים (כ"י גינזבורג מובא שם). 5. כבוא עתך (כ"י ב"ג):

41

שחי לאל

המקורות: חזונים ח״ב 50. חפת א 5 מבחר השירה 77 המגיד xvi 355 (לר״ה ויוהכ״פ); פאס 24. קה״פ 77 רומא ב 239. (יוהכ״פ); רומא, שד״ל ח״ב 77. (יוהכ״פ); רומניא ח״א 83 (לפסח); רני ושמחי 24: 45: שה״ש סי׳ 14, עמ׳ 111 שובע שמחות 40: (לשמיני של פסח); שע״ה 42 .Dukes, Moses b. Esra, p. 106 צ. 188.

שנויי נוסחאות: 1. שיחי לאל (פאס, רני ושמחי, שובע שמחות). 3. לעולמך פנה (פאס, רומניא, רני ושמחי, שובע שמחות); יומך ולילך (פאס, רני ושמחי, שה״ש, שובע שמחות). 5. משוכה את (שובע שמחות); בחיותך (מבחר השירה, קה״פ, שע״ה); בחייתך (חזונים, חפת, רני ושמחי, שה״ש, שובע שמחות); משולה··· בעולמך (המגיד, רומא); משולה··· לעולמך (רומניא, דוקעס). 6. וכאשר הוא נעלם (רני ושמחי, שובע שמחות); וכאשר נעלם (חפת, המגיד, רומניא, רומא, שה״ש); את עלומה (שובע שמחות); וכאשר נעלם את נעלמה (חזונים). 7. הלא יוצריך (שובע שמחות); כי יוצרך (המגיד, רומא). 8. דע (פאס); וקמה (דוקעס, רומניא); ורמה (חזונים, רומא ב, רני ושמחי, שה״ש). 9–10. חסין נושא··· זרועו וגם תולה אדמה על בלימה (פאס); זרועיו (המגיד). 10. כמוהו תשאי (דוקעס); גויה נעלמה (דוקעס, רומניא). 11. נפשי לאל חי (חזונים, חפת, פאס קה״פ). 13. קרבו ברכו (המגיד). 14. לשמו תברך כל נשמה (חזונים). 9–14. חסרים ברני ושמחי 24; שם 45: נמצאו תחתיהם ג׳ חרוזים אחרים סי׳ חזק, ד״ה: „חי ה׳ אלהי עולם הוא ימציא לך תעל ולבית קדשו תעל״.

42
שאי עין

המקורות: ברנפלד 52 מבחר השירה 76 המגיד xii 357 נטעי נעמנים 18: פאס 4. (בקשה לימי החול); קה"פ 7 רומניא, ח"א 83. (ליום א׳ דפסח); רני ושמחי 1. (בקשה לשבת); שא 36 (בקשה לימי החול); שובע שמחות 12: שה"ש סי׳ 15 עמ׳ 117 שיר שבחה 4: (בקשה לשבת); שירים וזמירות 193 Dukes, *Zur Kenntniss*, 171; Sachs, R. P., 8. צ. 188.

הערה: נויבויער, גרגרי אוקספרד (הלבנון vi 95). העתקה אשכנזית Sachs, *ibid.*, p. 38, No. vii. נדפסה ג"כ בס׳ „מיכאל זקש" לברנפלד עמ׳ 52.

שנויי נוסחאות: נוסח שיר זה בדפוסים פאס, רני ושמחי, שא, שובע שמחות, שיר שבחה אחד הוא (חוץ ממקום אחד בשא); ונוסח הדפוסים ברנפלד, נטעי נעמנים ורעליגיאזע פאעזיע ג"כ אחד הוא, וע"כ אציין רק הספר הראשון משני המינים האלה: 1. ליוצרך (פאס). 2. בימי נעורך (ברנפלד, מבחר השירה, המגיד, קה"פ, ובכ"י אוקספרד שמובא ע"י נויבויער בהלבנון vi 95); נְעוּרַיִךְ (פאס). 3. לילה ויומם (ברנפלד,פאס). 5. חלקך בעודך על אדמה (ברנפלד, הלבנון, קה"פ); בעודך באדמה (מבחר השירה, המגיד); ועודך באדמה (פאס); בעודך כאדמה (שא); ושם מבטך בצאתך (הלבנון). 7. התכיני לפניו (המגיד); הכין לפניך (הלבנון); מנוחיך (פאס). 9. אברך שם י"י אשר כל הנשמה (פאס); כל הנשמה תברך יה (המגיד).

43
שרש בנו ישי

המקורות: ארגיל א 25: המ"ב ח"ד 60. (רק הבית הראשון והאחרון); טל 29 כ"צ 23 הלבנון I 48; VI 119 ל"ש 17 מבחר השירה 91 עת

ללדת ב 18. קלא v 83. (רק קצור); רומניא ב׳ 138: רני ושמחי 49. שא 81 שירים וזמירות 24 שירת ישראל 20 Die Haggada von Sarajevo, p. 81. Litbl. d. Or. iv 307, xi 317. כ״י פארמא 772 דף 60. כ״י הגניזה (fol. 1b) T-S. 13, K. 4[8] Neubauer, verso, col. 1, No. 22. צ. 188. העתקה אשכנזית Heller ,29

שנויי נוסחאות: 1. בנו שי (הלבנון I). תהי נטמן (רני ושמחי). 2. הוציא (עת ללדת, שא, הלבנון vi). 3. בדין שרים (הלבנון I); בבן השר (רני ושמחי). 4. ותחת מלוך (ארגיל א); מלוך מלך (רני ושמחי). 5. מני זמן אלף ושש מאות שנים (רני ושמחי—הוספת המעתיק); אני נעבד (ארגיל א, הלבנון I, vi, טל, שא, כ״י הגניזה). 6. דומה בתוך גלות (רני ושמחי, כ״י הגניזה); במו מדבר (עת ללדת, שא). 7. האיש לבוש בדים (עת ללדת, שא). 7–8. האיש לבוש בדים שואל עד אן יכלה הקץ (רני ושמחי). 8. והוא צוה (המ״ב, קלא); סתום וחתום (בכל הדפוסים מלבד המ״ב– והוא נגד המשקל).

44
שחק וכל המון

המקורות: ארגיל א 16: שע״ה 44 צ. 590.

שנויי נוסחאות: 9–10. מקור סור זה (ארגיל א). 11. אנא מקום (ארגיל א). 15. שם להיות נורא אחד (ארגיל א).

45
שאל להודות

המקורות: ארגיל א 17: (שבת וחוה״מ פסח); מבחר השירה 77 רני ושמחי 57: 63. בהוספת חרוזים עפ״י הסוד); שה״ש סי׳ 24 עמ׳

145. Dukes, *Zur Kenntniss*, 172 כ"י פארמא 772 דף 60:.

הערה: צונץ (ליטג׳ 312, 728) מטיל ספק אם הוא לרשב"ג או לר׳ שלמה בן אבון.

שנויי נוסחאות: 2. לא איש תבונתו (רני ושמחי); רחבה (בכל הדפוסים, והוא נגד המשקל); כמו כרכל (דוקעס). 3. ישכיל תהלתך (מבחר השירה, שה"ש); ישכיל תהלתו (דוקעס); יגיד תהלתך (ארגיל, כ"י פארמא); יגיד פלאיך (רני ושמחי). 4. גברו חסדיך (רני ושמחי). 5–6. ואיה כל זולתך סובל עולם (דוקעס); ואיה צור זולתך סובל עולם (כ"י פארמא ומבחר השירה). 7–8. הן··· נשלח (כ"י פארמא); הן לך אני מושלך ואיך (רני ושמחי 57:). 7. הן אני מושלך ואיך (רני ושמחי 63.); ואיך לא אקוה (ארגיל). 8. נשמת כל חי (רני ושמחי).

46

שחרים אקראה

המקורות: טל 23 שה"ש סי׳ 26 עמ׳ 152 שירים וזמירות 99 (וממנו לוקח בהכרמל i 21) התחיה ii 1; Neubauer, verso, col. 4, No. 15 צ. 188. תרגום אשכנזי Heller, 113.

הערה: שניאור זקש, הכרמל ii 13.

שנויי נוסחאות: 4. מנדודי (הכרמל). 11. אבל נפשי תהללך בעודי (הכרמל).

47

מי כמכה

המקורות: שה"ש סי׳ 8 עמ׳ 63.

48

שמשי עלה

המקורות: חזונים ח"א 44. שה"ש סי' 10 עמ' 68 כ"י הגניזה צ 193.
שנויי נוסחאות: 4. ותדמי (חזונים) .5. הנץ פרח (חזונים, כ"י): הציץ פרח (שה"ש). 8. שארית צפנת (חזונים). 13. חזיר מנבח (כ"י). 15. שחקים (חזונים, כ"י). 24. בכ"י חסר „לא". 25. והשב עלמה (שה"ש); יה שב עלמה (חזונים); עלמות (כ"י). 28. והקם שירים לנצח (כ"י). 29. ידידות ישבח (חזונים); לצחצח (כ"י). 31. קרן ציון (חזונים). בשה"ש יצאו השורות 25–26 ממקומן ובאו לפני השורה 30, וע"י זה טעה זקש בהקדמתו (שם, עמ' 68) באמרו כי סי' חרוזי השיר הוא שלמה הקטן מאלק חזק. אולם מנוסח שלפנינו שהוא נוסח הכ"י וחזונים יצא הסי' „מאלקי" על שם עיר מולדתו של רשב"ג.

49

לך אל חי

המקורות: ג"א 29 שע"ה 45 תרגום אנגלי: M. H. Breslau, Treasures of Oxford. London, 1851, p. 29.
שנויי נוסחאות עפ"י ג"א: 2.וגם כלתה. 3. שכונה בתוך לבבות 6. מלאתי. 8. לבב תשכיל. 10. ואיך אוכיל ממעון. 14. כתם אופיר. 15. שכונה בגוף 19 ומכלולה.

50

כתר מלכות

המקורות: א ה (ערבית ליוכ"פ); כל בו ח"ב 49 כליל תפארת 17 מ' ארגיל I 149. מ' זקש ח"ג 130: מ' תונים 152. מאה"י ח"ב 52: סא 2. סב 2. ס גאסטער ח"ג 45 ס ויניציה 179. ס שלו"ה

ח"א 2. ס III 52: רומניא ח"ב II, 11.שנות חיים ליוכ"פ ח"א 59. תכלאל ח"ב 103: תלמסאן א 165. (חסר ט"ו סעיפים באמצע) תלמסאן ב 341 (חסר בו סעיף כ"א); עי' ג"כ בן יעקב אוה"ס 251 סי' 406—410; רמש"ש, רשימה עמ' 2330—2331; צעדנער, רשימה 724.

הערות: דוקעס, ציון ח"ב 160; Ehrensäulen 16; זקש, התחיה ח"ב 5 וכו'; יל"ג, המגיד שנה י"ד עמוד 253 הערה 12; שד"ל, אגרות 791, 1320; זקש, Relig. Poesie 223—246; Husik, Hist. of Mediaeval Jewish Philosophy, p.75-78.

העתקות: אנגלית–Elsie Davis ברבעון האנגלי שנה שביעית 461 (רק חלק מן הפיוט). Alice Lucas שם שנה ח' 71—73; 239—244 (חלקים מן הפיוט).

אשכנזית – דוקעס Ehrensäulen 58—70; זקש, Relig. Poesie 3—29 (רק חלקים מן הפיוט); Leopold Stein Ankündigung einer metrischfreien Uebersetzung der Königskrone des R. S. ben Gabirol (Geiger, Zeitschrift iii, 436-441. *Idem*, Königskrone von S. ben Gabirol, Prague s. a.

רומית–Diadema Regni per Fr. Donatum בספרו תפוחי זהב Poma Avrea (Romae, 1618) עמ' 214—239 (רמש"ש רשימה עמ' 2330 מביא תרגום זה בטעות תחת השם (Corona Regni

שנויי נוסחאות: הערה: מלבד הדפוסים המובאים ברשימתי השתמשתי לפיוט זה בשנויי נוסחאות של כ"י א' אדלער כפי שהדפיסם נייגער בצייטשריפט ח"ג עמ' 432 וציינתי אותו באות א', בשנויי נוסחאות שנמצאו על גליון מחזור ספרד משנת 1693 שציינתי באות ב' ובכ"י מחזור מנהג קורפו שציינתי באות ק'. שניהם נמצאו בבית המדרש לרבנים בנויארק. באחרונה בא לידי מחזור כ"י משנת קע"ה ע"י הרב דוקטר העליר והכנסתי פה רק השנויים החשובים, וציינתי אותו באות ה' גם כ"י זה עתה באוצר הספרים אשר לביהמ"ד הנ"ל

א

9. והמתנשא (חסר בדפוס אה); ברומניא נמצאו פסוקים אחרים מלבד אלה שנמצאו בדפוסים האחרים וזה סדרן: תהלים, נ"א, י"ז; ס"ט, י"ד; קל"ט, י"ד (בשלמותו); ע"א, ט"ז (עד האתנחתא); דהי"א כ"ט, י"א–י"ב עד והכבוד. 12. לך י"י הגדולה אשר בסודה (רומניא); נראו רעיוננו (מ' ארגיל, מ' תונים, שנות חיים, תלמסאן א); לך חביון העז והסוד והכח והעזוז והיסוד (רומניא). 14. אשר גבר על יראיך (רומניא). 19. שבח ורעיון (בכל הדפוסים מלבד רומניא). 22. מְצַל מֵאוֹרוֹ (מ' זקש, ס גאסטער); מצל אורו (תכלאל); נהיה כל הויה (כל בו, מאה"י, כי"ק); היה כל הווה (רומניא) 22—23. לך אמרנו בצלו נחיה (מ' ארגיל, מ' תונים, מאה"י, ס ויניציא, ס iii, תלמסאן א). 26. הגמול אשר צפנת (רומניא).

ב

28. ראש לכל בנין וסוד כל ענין ויסוד כל בנין (רומניא); וסוד כל ענין ורוב כל בנין (כ"י ה). 37. ואי לו האחד שיפול (מאה"י).

ג

40. איך וכמה ואין (כ"י ב'). 41. אתה נמצא לעצמך (כ"י ה'). 44. וסודך הנעלם (מ' ארגיל, מ' תונים, ס' ויניציא, ס III, שנות חיים תלמסאן א).

ד

47. בא"ה חסר חרוז: אתה חי ולא בנפש וכו'. 50. אתה חי והמגיעך ימצא (כ"י ה').

ה

52. בכ"י ה חסר החרוז הזה. 54. וגאית מכל מחשבה וגבהת מכל מרכבה (כ"י ה); ונאה מכל מרכבה (כל בו, א"ה, מ' זקש); גדול על כל מחשבה וגבוה מכל מרכבה (כ"י ב). 55. על כל ברכה ותהלה (בכ"י ה' ובכל הדפוסים מלבד א"ה, כל בו, כליל תפארת, מ' זקש).

ו

56—57. חסר בכ"י ה'. ברומניא נתחלף סדר החרוזים בסעיף זה על דרך זו: אתה גבור ולך הגבורה וכו' אתה גבור ומרוב גאותך וכו' אתה גבור ואין בכל יצירותיך וכו' אתה גבור ורחמיך וכו'. 60. ומרוב גבורתך תמחול (מ' ארגיל, מ' תוניס, שנות חיים, תלמסאן א', כ"י ב'). 60—61. בעת זעם אפיך ותאריך לחטאים זעפך (בכ"י ה' ובכל הדפוסים מלבד רומניא). 62. ורחמיך גברו על כל ברואיך (רומניא); גברו על כל מעשיך (כ"י ב).

ז

64—65. אתה אור ועיני כל נפש (בכל הדפוסים מלבד רומניא וכ"י ב'); ועיני עונים מעיניה יעלימוך (א ה, כל בו, סא, סב, כ"י ק); ועונני עננים (כ"י ה', כליל תפארת); מעוננים מעיניה (כ"י א); וחטאות ועונים (מ' ארגיל, מ' תוניס, ה ויניציאה, ס iii, שנות חיים, תלמסאן א' וב'); ואם עוניה מעיניה יעלימוך (רומניא); ועיני כל נפש זכה ממונים לכבודך והם לא יראוך ענני עננים יעלימוך (כ"י ב). 66. אתה נעלם בעולם הזה (רומניא); ונגלה בעולם הנאה (כליל תפארת, מ' ארגיל, מ' תוניס, ס iii, רומניא, שנות חיים, תלאמסן, כ"י א); בעולם העליון הנאה (כ"י ה', גאסטער); לעולם הבא הנאה והנוה (כ"י ב). 68. אתה עליון ועין השכל (בכל הדפוסים מלבד רומניא וכ"י ב').

ח

70. אתה אלהי האלהים ואדוני האדונים וכל הברואים (רומניא); אתה אלהי האלהים וכל הברואים (בכל הדפוסים מלבד כ"י ב). 72. ובעבור זה השם (רומניא). 75. כי כוננת כולם להגיע (כ"י ה). 77. ומגמת פניהם דרך המלך לא ראו ותעו (רומניא). 79. אל הפחת (רומניא). 80. לחפצם הגיעו (כ"י ב). 81—82. דרך נכונה ולא סרו

(רומניא); דרך נכוחה (בכל הדפוסים מלבד רומניא, ושניתי מפני החרוז). 82. אל חצר (רומניא). 84. וסועד הנבראים (רומניא); וסועד הרבים (כ"י ה'). 87. ומציאותך ואצלותך (כ"י ב).

ט

90. וממך נובעת (כ"י ה' ובכל הדפוסים מלבד מאה"י, רומניא) 90–91. ובחכמתך נבער (כ"י ה' ובכל הדפוסים מלבד רומניא). 92. קדמון לכל קדמון (בכל הדפוסים מלבד רומניא). 97–98. כהמשך האור מן העין (כ"י ה). 99. ופועל הכל (בכל הדפוסים מלבד כ"י ב). 103. וידו אֹהֶל הגלגלים במחברת (רומניא); אהל הגלגלים מחזרת (תכלאל). 105. על שפת היריעה הבריאה החיצונה הקיצונה במחברת (כ"י ה' ובכל הדפוסים מלבד רומניא).

י

109. והקפת על המים יסוד הרוח (כ"י ב); סובב סובב הרוח (רומניא). 112–114. ומוצאם אחד ושמו להם ראש אחד וממנו יוצאים (רומניא).

יא

116. בהקיפך על יסוד האש (כ"י ב); על גלגל האש רקיע הירח (כ"י א וכ"י ה). 118. ובתשעה ועשרים יום וחצי וחלקים ידועים (כ"י ב); יסוב כל גלגל (כ"י ה). 119. וסודיו (רומניא וכ"י ב' וה'). 121. חדש בחדשו עולם וקורותיו (א"ה, כל בו, כליל תפארת, מ' ארגיל, מ' תונים, מאה"י, ס ויניציא, ס iii, ס גאסטער, שנות חיים, תלמסאן א וב'). 122. להודיע לבני האדם גבורותיו וכבוד הדר מלכותו (כ"י ב').

יב

125. ואותות וימים ושנים (רומניא). 126. ובלילה ממשלתו (מאה"י, ס גאסטער, רומניא, תכלאל). 127–128. מעט קדרותו כי

ממאור פני השמש (רומניא); ממאור השמש הדרתו (כ"י ב). 132. כי ברואי מעלה הם (כ"י ה'); כי הם ברואי מעלה (בכל הדפוסים מלבד סב, רומניא, וכ"י א); ואם הם יקרים (בכל הדפוסים מלבד רומניא). 134. אך יהיה אחרי נפלו איד אפלו (רומניא). 136—138. על קו אחד... אם יעמוד הירח... כעב שחורה הסתר מעין רואה מאוריה (רומניא). 139. לצבא שחקים (רומניא). 141—142. בכ"י ה' חסר מן מחשיך עד וגבוהים עליהם). 144. בעת ההיא (רומניא). 145. והמחשיך אורה לבדו (א"ה, כל בו, כליל תפארת, מ' זקש). 147. השולח עליה עבד מעבדיו גמול חסדה (רומניא).

יג

149. על רקיעי הירח (מאה"י, ס III); על גלגל הירח (מ' ארגיל, מ' תונים, כ"י ב). 151. והוא הנקרא כוכב (בכל הדפוסים מלבד רומניא). 153. בעשרה חדשים (ס גאסטער, כ"י א וב' וה', תכלאל). 154. ואיבות ורננים (בכל הדפוסים מלבד רומניא, מאה"י, וכ"י א). 155—156. עשר ומזון (בכל הדפוסים מלבד כליל תפארת, רומניא, וכ"י א); ברומניא נוסח כל המאמר משונה וז"ל: מעורר בעולם ריבות ומדנים ואיבות. והוא כוכב השכל והחכמה. לתת לפתאים ערמה. ונותן כח לעשות חיל ולצבור הון. ולכנוס עשר וכבוד וממון. במצות הבורא אותו לשרתו כעבד לפני אדון.

יד

160. מי יבין סודך... על גלגל שני (רומניא); על גלגל השני גלגל השלישי (בכל הדפוסים מלבד תכלאל). 162. ובשנים עשר חדש יסוב גלגל וגופה (רומניא). 165—166. ודיצה ושירות ורננים מצהלות (רומניא); ומצהלות חפות חתנים חסר בכ"י ה'. 167. פרי תבואות (כליל תפארת); פרי תנובות ופרי מגדים (כ"י ב').

טו

169. גלגל הרביעי (מ' זקש). 172. מאה וחמש ושבעים פעם (רומניא). 174. חולקת לכל כוכבי (א"ה, כל בו, כליל תפארת, מ' זקש); לכל כוכבי שמים (בכל הדפוסים מלבד רומניא). 174—175. תשועה למלכים (בכל הדפוסים מלבד רומניא); והוד ומלכות (בכל הדפוסים מלבד מאה"י). 176. נפלאים בעולם (תכלאל). 178. להרים ולהשפיל (רומניא). 180. ובכל יום תשתחוה (רומניא, תכלאל). 181. תרים ראש ותשתחוה לערב (רומניא); ותקוד ערב למערבה (כ"י ב').

טז

183. בעשותך אותה ראש למנות (כ"י ב'). 185. להצמיח (מאה"י). 189. קרבתה אל הצפון (רומניא); ויאריכו הזמנים (בכל הדפוסים). 192. בפאת דרום (רומניא); במעגלים נכונים (כ"י ב'). 194. כפי מבחן (תכלאל): לפני מבחן בוחנים (רומניא). 195. שמץ (בכל הדפוסים מלבד רומניא וכ"י ב'). 197. כי מגדלת (כן הוא בסא, סב, רומניא ותכלאל, אבל בשאר הדפוסים חסר „כי"); כי כגדולת העבדים גדולת האדון וכבודו נודעת לכל יודעי הדעת (כ"י ה').

יז

201. מי יכיל אותותיך (בכל הדפוסים מלבד כליל תפארת, מ' ארגיל, מ' תונים, רומניא, וכ"י ב); מי יגיד אותותיך (רומניא); בהקיפך אותה (בכל הדפוסים מלבד רומניא וכ"י א' וב'); אור לכל כוכבי מעלה (רומניא). 204. וכפי אשר ירחק לעמוד נכחה (א"ה, כל בו, כליל תפארת, מ' זקש, ס גאסטער); מזיזה לוקח (כ"י א'); מזיו אורו לוקח (כ"י ב'). 207 והוא נוטה (אה, כל בו, מ' זקש, ס גאסטער). 211. עד מלאת חדשו··· בגבול עדיפתו (רומניא);

ויצא בגבול שפתו (כ"י ב'). 212. כיום וחצי שעה (כ"י ב'); כפי יום וחצי וחצי שעה (סא, סב, ס שלו"ה, כ"י א', כי"ק).

יח

216—218. מי יודע פלאיך··· כמלך בהיכלו וכשר צבא בחילו ושמנה עשר (רומניא). 219. פעם וחצי פעם ושמינית (כ"י ב'). 223. ולהוטי רשף (סא וב', ס שלו"ה, כ"י ב', תכלאל). 224. ושנת בצורת (בכל הדפוסים מלבד רומניא). 225—226. ושלופי חרב לנגדם כי רגליו (רומניא).

יט

228. גלגל ומסבה (כן הוא בכל הדפוסים ונוסח שלנו הוא עפ"י כ"י ב'). 231. חמשה ושבעים פעמים כמדת רחבה(כ"י ב'); כי מדתו נרחבה (רומניא). 233—234. והוא כוכב השכל והרצון (כ"י ב').

כ

240. ישוחח פלאי גדולתך (רומניא). 241. שבתאי (ס גאסטער, תכלאל, כ"י ק). 242. כגוף הארץ (רומניא); אחד ותשעים פעם (בכל הדפוסים מלבד מ' זקש, תכלאל); ותשעים פעמים (כ"י ב'). 245. ברצון הבורא אותו (כ"י ב'). 246. ברומניא חסר: „נכריה עבודתו"; בתלמסאן ב' חסר כל הסעיף הזה.

כא

247. בהקיפך על גלגל שמיני במסבתו (רומניא). 249. חשב אגודתו (סא, סב, ס שלו"ה, כ"י ק); שני הנוסחאות ביחד כזה: אגודתו נ"א אפדתו" (מ' ארגיל, מ' תונים, ס ויניציא, ס iii, שנות חיים, תלמסאן ב, כ"י ב'). 251—252. בששה ושלשים מרב גבורתו (רומניא). 253. מאה ושבעים פעמים. 255. נאצלו כל ברואי (רומניא).

כב

259—260. בעשותך··· היכולת בשתים (רומניא, תכלאל). 262. תאומים בשני בהתאחדם (רומניא). 265. למאזנים ועקרב אשר לצדו הושת (רומניא); והתשיעי נברא (מאה"י). 266. וכחו לא נשת (מ' ארגיל, מ' תונים, מאה"י, ס ויניציאה, ס iii, שנות חיים); כחו ולא נשת (אה, כל בו, כליל תפארת, מ' זקש, סא, סב, ס גאסטער, כ"י ב'); וכחו ולא נשת (תלמסאן ב); התשיעי הנברא כקשת גבור כחו לא נושת (רומניא). 267. ולצדו המזל האחרון (רומניא, כ"י א). 269. ואלה המזלות גבוהים (רומניא). 270. „נשיאים" חסר בכל הדפוסים מלבד ס גאסטער, רומניא ותכלאל.

כג

271. י"י מי יחקור (בכל הדפוסים מלבד מאה"י ורומניא); תעלומך (רומניא). 272—273. הגלגל התשיעי במעדנו המקיף על הגלגלים ובריאותם (רומניא); כל הגלגלים הברואים והם סגורים (כ"י ב'). 275—276. המנהיג כל כוכבי שמים וגלגליהם בתוקף מהלכו (רומניא). 279. וכל ברואי מעלה בתוכו (כ"י ב'). 279—280. וכל ברואי עולם כגרגיר חרדל בים הגדול כן המה בתוכו לתוקף גדלו (רומניא). 281. נחשב לאין וכאפס (תכלאל). 282. וכל מעלתו וגדלו (כ"י ב').

כד

283—289. מי יבין סודותיך··· ושם העז והחביון (כ"י ב'); מי יבין סודות נוראותיך (בכל הדפוסים מלבד רומניא); מי יבין בריאותיך בהרימך··· והוא ההיכל··· והעשירי··· ושם החביון אשר לכבודך··· ועל עמודי צדק מצבתו ומכחך מציאותו (רומניא); עמודי צדק שמת מסוכתו (כ"י א').

כה

291. י״י מי יעמיק (בכל הדפוסים מלבד מאה״י ורומניא); י״י מי יעמוד לסוד מחשבותיך (כ״י ב׳); מזיו השכינה (בכל הדפוסים מלבד כ״י א׳ וב׳, וה׳). 293—295. הם הם מלאכי (כ״י ב׳); ומשרתי פניך הם אדירים וגבורי ממלכת (רומניא); ועושי מלאכת (בכל הדפוסים מלבד כ״י ב׳). 297. גזריות פניניות (כ״י ק׳). 308. „ומהם זיקים״ (חסר בכל הדפוסים מלבד אה, כל בו, מ׳ זקש, סא, סב, ס גאסטער, ס שלו״ה, כ״י א׳; ברומניא ותכלאל הנוסח: מהם זיקים ומהם ברקים). 309. וכל כת משתחוה לשוכן ערבות וברום עולם נצבות (רומניא). 312. לנאה בגבורות (כ״י ב׳). 313. בחדוה ורעדה (כ״י ה׳); בחרדה ברעדה··· ומשתחוים לפניך (רומניא). 315. שאתה הוא ה׳ אלהינו (כ״י ב׳). 316. ולך אנחנו (כ״י ב); אתה עשיתנו ולא אנו (רומניא). 317. ואתה אדוננו··· ואתה בראתנו (רומניא).

כו

319. י״י מי יבא (בכל הדפוסים מלבד מאה״י ורומניא); עד תבונתך (סא, כ״י ק). 320. שם החביון (רומניא); נגה החביון (כ״י ב׳). 321. יגיע השכל ושם יעמוד (בכל הדפוסים מלבד רומניא). 322. גאית ונעלית (כ״י ב׳).

כז

326. נוה הנפשות הטהורות (רומניא). 328. שם יחליפו כח (בכל הדפוסים מלבד מאה״י). 329. ואלה הם בני נח (כ״י ב׳). 330. ובו תטעם בלי תכלית (כ״י ב׳). 333. פני האדון י״י צבאות לראות (כ״י ב׳). 334. בהיכל המלך ועומדות בשלחן (כ״י ב׳). 336. אין תכלית גודלה ויפיה (כ״י ב׳); תכלית לטובתה וליפיה (רומניא)

כח

339. מהם נוראות (בכל הדפוסים מלבד רומניא). 342. וגחלי נפרית (ס גאסטער); ואוצרות אש ונחל גפרית (רומניא); לא יכבה אשם (בכל הדפוסים מלבד כ"י ב'). 346. ברד וקרח וציה ושלג גם חם (בכל הדפוסים מלבד מאה"י); גם חם גוזלי שלג (מאה"י עפ"י איוב כ"ד, יט: ציה גם חם יגזלו מימי שלג, אבל אי אפשר שהפייטן יחרוז פעמים בשלג זה אחר זה). 348. נוסח כל הדפוסים: הכל הכינות בעתו אם לשבט אם לארצו אם לחסד חשבת אותו וקדשתו; בקצת דפוסים: חשכת אותו. אבל הנוסח הזה משובש מפני שדרך הפייטן לסיים כל סעיף וסעיף בפסוק, ו„חשבת אותו וקדשתו" לא נמצא בתנ"ך. נוסח כ"י ב' הוא; „אם לשבט אם למשפט עשיתו וצור להוכיח יסדתו". אבל ענין שבט ומשפט אחד הוא ואי אפשר לומר אם לשבט אם למשפט, ולכן בחרתי בחסד תחת שבט, ותחת עשיתו בחרתי במלה שמתו שהוא מלשון הפסוק בחבקוק א', י"ב).

כט

350. מזיו כבודך (בכל הדפוסים מלבד מ' ארגיל, מ' תונים, ס ויניציאה); יפעת טהורה (בכל הדפוסים מלבד סא, רומניא, תכלאל וכ"י ק). 351. מצור אמת נגזרה (כ"י ב). 352. וקראת אותה נשמה (בכל הדפוסים מלבד רומניא). 353. עשיתה מלהבות אש השכל חצובה (בכל הדפוסים מלבד רומניא); ונשמתו כאש בוערה בה (בכל הדפוסים מלבד רומניא שחסר שמה המלה „בה"). 355. שלחתה אל הגוף לעבדו (בכל הדפוסים מלבד רומניא שמנסח: שלחת בגוף לעבדהו). 356. ואל תשרפהו (מ' ארגיל, מ' תונים, ס ויניציאה, ס iii, תלמסאן א' וב'). 357. נברא הגוף ויצא (בכל הדפוסים מלבד רומניא); נבראת והגוף יצא (כ"י א' וה'). 357—358. ירד עליו באש (מאה"י); ירד י"י עליו באש (רומניא).

ל

359. י״י מי יגיע (ס גאסטער). 359—362. בתתך כח הדעה··· ויהי המדע יסודה. ועל כן··· כליון כי המדע מקור כבודה ותתקים כפי יסודה (רומניא); בתתך לנפש כח הדעת אשר בה תקועה ויהי המדע יסודה ועל כן (שאר כל הדפוסים). 363—367. וזה ענינה ויסודה. והנפש הסכלה בבלי דעת היא המנוגעת רק לא תאבד החכמה והנפש החכמה לא תראה מות רק תקבל על עונה מר ממות··· ואם נטמאה תטהר בשצף (רומניא). 367. בשצף אף וחרון (כ״י ב׳). 368. ימי טמאתה תשב גולה (רומניא).

לא

371. י״י מי יגמול (ס גאסטער); בשומך הנשמה לגוף (בכל הדפוסים מלבד רומניא). 372. וארח להורותו (בכל הדפוסים מלבד רומניא וכ״י ב׳). 373. להצילו מרעתו (מאה״י, רומניא). 375. אשר יבדל מהבהמה (רומניא). 377. ואתה בחוץ תכין (כ״י ב׳); תבין מעשיו (תכלאל).

לב

379. י״י מי יודע (ס גאסטער); מי ידע מפעלותיך (רומניא). 380. צרכי פעלותיו (בכל הדפוסים מלבד אה, כל בו, כליל תפארת, מ׳ זקש, ס גאסטער). 381. עינים לראות בריותיך (רומניא). 388. והם אלה קצות (מ׳ ארגיל, מ׳ תונים, מאה״י, סא, סב, ס גאסטער, ס שלו״ה, ס ויניציה, ס iii, תכלאל). 387—388. מרוממותיך ומקצת דרכי פעולותיך (כ״י ב׳). 393—399. יכיר אלהותך ואשר לא יכיר אלהותך איך תבא בלבו אמתותך ואיך יכול ליכוין רעיוניו · על כן נתן עבדך את לבו··· מראשי מפלאותיו··· הלא בראשי אלה טורי ספור תהלותי למנצח בנגינותי (כ״י ב׳). 386—399. כמונו היום אנחנו עבדיך בני אמתיך המספרים...לשוננו מעט···

ראשיהם ומה יקרו רעיהם כי חיים··· יוכלו השומעים להכירך ואם לא יבינו ולא ראו פני יקרך וכל אשר לא יכיר אלהותך איך תבא בלבו אמונתך ויכוין לבו לעבודתך על כן מצאו עבדיך את לבם לזכר לפני אלהימו מעט מזער מראשי תהלותיך לבקש לחלי חטאם צרי סליחותיך אולי מעונינו נמשה ובמה יתרצה עבד אל אדוניו הלא בראשי (רומניא).

לג

400. אלהינו בושנו ונכלמנו (רומניא, וכל המאמר בלשון רבים הוא כמו ל„דעתנו" „דלותינו" וכו׳, ואין צורך להעתיקם פה). 400–401. לעמוד לפניך בשועתי כי כפי עוצם גדולתך (כ"י ב׳); כן חסרוני (כן בכל הדפוסים אבל מפני החרוז תקנתי). 405. ואתה חכם ואתה יכול ואין כל פה יכול לשבחך (כ"י ב׳). 404–416. ואתה גבור ואתה יכול ואתה חכם ואתה אלוה כי אתה גדול העצה ורב העליליה אלהי האלהים ואדוני האדונים ואנו גוש ורמה··· כלי מלא מרמה··· כצל הולך רוח עובר ולא ישוב··· עקובי הלב··· ואצי ברגלים מה אנו מה חיינו מה כחנו מה גבורותינו ומה צדקותינו מה נחשב כל ימי היותינו··· מאין מבואינו וכאין המצאנו ולאין מובאינו והנה באנו לפניך (רומניא). 415. מאין מובאי ולאין מוצאי (כליל תפארת, מ׳ ארגיל, מ׳ תונים, ס iii, שנות חיים, תלמסאן א, תכלאל); מאין מובאי וכאין מוצאי (סא, סב, ס שלו"ה, כ"י ב׳); מאין מובאי ומאין מוצאי (סא, סב, ס שלו"ה, כ"י ב׳); מאין מובאי וכאין המצאי ולאין מוצאי (כ"י א) 416. בעזות מצח (בכל הדפוסים מלבד רומניא). 419. ותאוה מתנכרה (תכלאל). 421. מלא אספסוף כרגע יסוף (כ"י ב׳).

לד

422. אלהי יגעתי כי עונותי (סב); אלהינו ידענו כי עונותינו (רומניא. וכל המאמר בלשון רבים כמו לעיל). 424.

ואתודה עליהם (תכלאל, כ"י ב'). 427—436. אשמנו··· בזינו··· פשענו צררנו קשינו ערף··· כי אמת עשית ואנחנו הרשענו (רומניא); בזיתי למצותיך (מאה"י); לצתי לוצצתי, מרדתי מריתי, נאצתי נאפתי, נשבעתי לשוא ולשקר, סררתי פשעתי צררתי קשיתי עורף קצתי בתוכחותיך רשעתי שקרתי שחתתי דרכי (כליל תפארת); נאצתי נאפתי סררתי (כ"י ב).

לה

437—468. אלהינו נפלו פנינו בזכרנו··· על טובות גמלתנו···ברצון האהבה··· ונפחת בנו רוחך והחייתנו··· וקחתנו על זרועותיך ותרגלתנו··· שברת מלתעות כפירים והוצאתנו··· ובחול חליים רעים ונאמנים עלינו חנם רפתנו ובבא שפטיך הרעים אל העולם··· ובשבע גדול כלכלתנו ועוד הגדלת והוספת בתתך לנו לב טהור אמונה שלמה··· ובעבדיך יריבו··· ומראים תומה··· ומראים נפש (רומניא). 447. וקחתני על זרועותיך ותרגלתני (מ' זקש, סב, תכלאל). 462. ותורתך אמת (חסר בא"ה, כליל תפארת, מ' זקש, ס iii). 441—468. ונפחת בי רוחך הטובה והחייתני··· חזקתני על זרועותיך לקחתני והרגלתני··· ומהם הצלתני··· כן יסרתני··· חלק עם מורדיך ומכעיסיך וקמיך··· מראים ענוה ותומה··· נפש זכה ומטהרת (כ"י ב); מלאים תומה (כ"י ה').

לו

471. ועתה יי' קטונתי (כ"י ב'). 473. למען כי נתת בי נפש קדושה (כ"י ב'). 471—474. קטוננו מכל··· עשית עם עבדיך אמנם אלהינו כי נתת בנו נפש··· טמאנוה ובדמי עונינו חללנוה וגאלנוה (רומניא). 473—474. טמאתיה ובדמי עוני חללתיה וגאלתיה (כ"י א'); חללתיה וגעלתיה (כל בו). 475—489. ט"ו שורות אלו נמצאו ברומניא, תכלאל, כ"י א', כ"י ב', וכ"י ה' בקצת שנוי נוסחאות,

וגם באגרות שד"ל 1320—1321. 477—480. אבל יצרי האכזרי נצב··· וזה כמה שנים להביאו בכפל רצוני··· להשיבו מים התלאות (תכלאל). 475—493. אך ידעתי אם הרשענו··· יצרנו האכזרי··· ולהכין מנוחתנו··· כמה פעמים··· עד שמנו לכף רגלו הדום···· וכאשר חשבנו כן היתה גבר עלינו··· בו נתקפנו··· נכה בו ונגרשנו (רומניא). 484. עד שמני לכף רגלו הדום (כ"י א'). 478—495. ולהכין צידתי··· כמה שנים חשבתי להביאו בכפל רסני··· מים התלאות··· כי הניא··· חלל מוצא שפתי ואם אני חושב... הוא חורש... שמני לרגלו... עבודתי והמון רחמיך לעמתי כי אמרתי אם יבא יצרי האכזר... וכאשר פחדתי כן התגבר עלי (כ"י ב).

לז

494—559. יהי רצון ורחמים מלפניך י"י לכוף את יצרנו··· והסר פניך מחטאינו ואשמנו ואל תעלנו בחצי ימינו עד נכין צרכנו לדרכנו וצידתנו לנסיעתנו כי נצא מעולמך... ולמה נבראנו... טוב לנו עוד אנחנו שם מצאתנו... אנא י"י אלהינו ואלהי אבותינו..ו שפטנו... מיום היותו נגש ונענה... ראשיתו מוץ נרדף... ובחיי. כעשן נשדף... למחר תולעים... והקש יגפנו... ירב לאל אמריו וירבה נדריו... יגאה ולא ידע למה... לאסוף כל הון... ובכל עת הוא מזמן לתלאות הולכות ובאות··· ובכל הרגעים... או במלחמה ירד ותגפהו... או ישטפוהו המים הזידונים··· רקמה ותולעת וילבש רמה ותולעת... חלאת המשובה... והלוחצים חשים ואצים והזמן שוחק... לכן אלהינו... ואם אנו הרענו... ואל תגמול על עונינו מדה במדה לעבור על עונינו בלי מדה ובמותינו נלך בלי חמדה (רומניא). 509—526. נגוע ומעונה... וכאשר תחל רוח לפעמו (כ"י א'). 529—559. והיא מתהלכת בין החיות וכאשר רב הודו וכביר מצאה ידו··· פתאום תבואהו הוה··· אלה התלאות אשר על בן אדם באות··· ואל תגמול מדה במדה ועבור על עונותיו גם אם הם בלי

מדה לאיש אשר במותו ילך בלי חמדה (כ"י ב'); עד אכין צידה לדרכי (בכל הדפוסים מלבד אלה שנזכרו לעיל). 498. כי אם אצא מעולמך (בכל הדפוסים). 501. ולהגדיל ולהרבות אשם (בכל הדפוסים מלבד רומניא ותכלאל). 507. ובעלותו במאזני משקל (בכל הדפוסים מלבד רומניא וכ"י א'). 516. לרדוף העשר קלו נשריו (בכל הדפוסים מלבד רומניא). 517. בעת המצר ירב לאל אמריו (כ"י ה'). 523. נבא ולא ידע מה (כ"י ה'). 526. וכאשר תחל רוח י"י לפעמו (בכל הדפוסים מלבד רומניא). 533—534. וכל עת הוא מזמן לתלאות... ובכל שעות מאורעות (בכל הדפוסים מלבד רומניא). 543. ובעת כאבו יגדל שכלו ידל (בכל הדפוסים מלבד רומניא). 545. ויתנכרו לו כל יודעיו (בכל הדפוסים מלבד רומניא). 549. ולעפר ישכב וישוב אל העפר יסודו (תכלאל). 550. ולאיש אשר אלה לו (בכל הדפוסים מלבד רומניא). 553. והלוחצים (חסר בכל ההוצאות וכ"י, מלבד כ"י ה'). 557. תטיב אחריתי (נמצא רק בכ"י ה').

לח

561. ואם לא אוחיל עלי לרחמיך מי יחוס חוץ ממך (מ' ארגיל). 577. ובבור גלות (תכלאל). 579. צרפתני ולא שרפתני (בכל הדפוסים מלבד אה, כל בו). 586. הלא ימי חלפו רבם (מ' ארגיל, מ' תונים, ס iii, מאה"י, תכלאל). 560—594. אנא י"י אלהינו אם עונינו מנשוא גדול... לרחמיך מי יקום עלינו... שים בכף שניה... זכור נא אלהינו כי כמה זמן בארץ נוד צרפתנו ובבור גלות בהנתנו... צרפתנו ולא שרפתנו... הלא ימינו חלפו רבם... ואם לפניך הננו למחר עיניך בנו ואיננו... כי תאכלנו האש... שים עיניך עלינו לטובה באחרית ימינו השרידים והפליטים... ילק עונותינו... תקחנו למאכל (רומניא).

לט

596—608. יהי רצון ורחמים מלפניך··· וחדש עלינו גזירות טובות ובטל ממנו גזרות רעות ואל תביאנו לידי נסיון ומכל פגעים הצילנו··· והיה עם פינו והורנו מלהיות שגיאה בהגיוננו··· דבירך השמם וביתך החרב ולחון עפרותיו ולרצות אבניו ולהיות שם קבורתנו עם כל הצדיקים אבותינו (רומניא); לידי נסיון ומכל פגעים··· חרבותיו ולהיות שם קברותי עם כל עבדיך הצדיקים אבותי (כ״י א); ואל תביאני לידי נסיון ואל תביאני לידי בזיון ולא לידי עבירה ועון ומכל פגעים··· ועד יעבר הוות בצל כנפיך תסתירני והיה עם פי בעת הגיוני למען אשמור דרכי מחטוא בלשוני וזכרני ברצון עמך ופקדני בישועתך ובבנין··· דבירך השמם··· אבניו וללחוך עפרותיו··· ותבנה שוממותיו ולהיות שם קבורתי עם כל עבדיך הצדיקים אבותי (כ״י ב). 604. והיה עם פי בהגיוני (מ תוניס, מאה״י, סא, ס ויניציאה, שנות חיים, תלמסאן א׳ וב׳, תכלאל); והיה על פי בהגיוני (מ׳ ארגיל). 596. לשוב עלי ברחמים (בכל הדפוסים מלבד מאה״י).

מ

נוסח חלק זה הוא ברבו עפ״י דפוס רומניא וכ״י א׳ וב׳. ואלה הם השנויים עפ״י הדפוסים האחרים: 613—639. אין בי לא צדק··· ישר לא תחנה ולא מדה טובה··· תשובה לכן אל תסתר פניך ממני ומלפניך אל תשליכני ובעת מן העולם תוציאני··· תביאני ועם החסידים בכבוד תושיבני··· עד יום מותי תגמלני וביראתך הטהורה אל אחד תחזקני ובתורתך התמימה תאמצני ועל כל זה אני חייב להודות להלל לשבח לפאר ולרומם לברך ולקדש וליחד את שמך הגדול הגבור והנורא בפי ישרים תתברך ובלשון חסידים תתקדש ובקרב קדושים תתהלל ובלהקת אראלים תתפאר ותתהדר תשתבח בפי רחומיך תתקדש בפי קדושיך תתרומם בפי

מלאכיך··· מיחדיך תתנשא בפי מנשאיך כי אין כמוך··· כמעשיך ובמחנות חיות ואופנים וכרובים ועירין קדישין תתנשא ותתעלה בשמים ממעל ותתיחד בפי מיחדיך במורא ובפחד עמך ישראל עם אחד בשמים ממעל ועל הארץ מתחת אין עוד. יהיו לרצון וכו'. ואלה הם שנויי הנוסחאות עפ"י דפוס רומניא וכ"י א' וב': 609—633. אלהינו ידענו··· הליצו··· ואנו אין בנו מעשים··· תשובה יהי רצון ורחמים מלפניך רבון העולמים לרחם··· בפקודת שלום ורצון ולשאת··· ובחצי ימינו אל תעלמנו··· ואת מנויים מחלד··· באור פניך תזכרנו ומתהומות הארץ תשוב תעלנו ואז נאמר נודך י"י··· חסד על הטובה··· ועל כל זה אנו חייבים להודות (רומניא). 612—638. ואני אין בי מעשים כי אם נעור ורק כגפן אלה בוקק לא צדק··· יושר לא תפלה ולא אמונה לא תומה ולא תחנה לא צדקה ולא תשובה יר"מ רבון העולמים לרחם··· בפקודת רצון··· אל תגמלני ואל תסתר פניך ממני וחרפת נבל אל תשימני ובחצי ימי אל תעלני ומחטאתי טהרני ומלפניך אל תשליכני ובכבוד תנחני ואחר כבוד תקחני ובעת מן העולם תוציאני··· מותי תגמלני ועל כל זה··· תתקדש··· ואין כמעשיך אתה הוא האלהים בשמים ממעל (כ"י א'). 614—634. לא תפלה ולא מעשים כי אני בער ורק כגפן בוקק ואין בי לא תומה ולא אמונה לא ישרת לבב ולא שום מדה טובה לא עבודה ולא חסידות ולא תשובה··· אור פניך ולהמציאם וכפי מעשי··· תשוב תעלני ואזמרה אודך י"י כי אנפת··· ולרומם ולהדר ולברך (כ"י ב'). 626. ועם החסידים הנסיכים והמלכים בכבוד תושיבני (סב, תכלאל). 629—630. ותשוב תחייני ועל כל המלכים שהיו לפני תעלני ואמר אודך (סב).

TECHNICAL PAYYETANIC TERMS

OCCURRING IN THIS COLLECTION

אהבה	A piyyut preceding the prayer which concludes הבוחר בעמו ישראל באהבה
בקשה	Supplication
ברכו	A piyyut preceding the benediction ברכו את ה' המבורך
גאלה	A piyyut preceding the prayer which concludes גאל ישראל
יוצר	A hymn connected with the prayer which begins יוצר אור
מאורה	A hymn preceding the prayer אור חדש על ציון תאיר
מי כמכה	A piyyut beginning with these words
מְסְתַּנְאַב	From the Arabic مستخاب meaning a prayer that is heard. This designation is given to hymns based upon Biblical verses.
מעמד	A synonym for penitential prayer (סליחה)
מְקַדְּמָה	Arabic مقدمة for introduction
פזמון	A piyyut with a refrain
רשות	Introduction
תוכחה	Exhortation

מפתח הפיוטים על סדר הא"ב